태극기를 흔드는
그리스도인

IVP(InterVarsity Press)는
캠퍼스와 세상 속의 하나님 나라 운동을 지향하는
IVF(InterVarsity Christian Fellowship)의 출판부로
생각하는 그리스도인을 위한 문서 운동을 실천합니다.

한국교회탐구센터(The Research Center for the Korean Churches)는
'하나님나라를 위한 교회, 한국 교회를 위한 탐구'를 모토로
한국 교회 개혁을 위한 연구에 힘쓰고 있습니다.

이 책은 IVP와 한국교회탐구센터가 함께 만들었습니다.

태극기를 흔드는 그리스도인

정재영 · 최경환 · 송인규 · 배덕만 · 김지방 · 김현준 지음

교회탐구포럼 10

한국교회탐구센터 IVP

차례

머리말 7

01 보수 개신교인의 내면세계 _정재영 11

02 보수 개신교인의 정치의식 _정재영 71

03 공공신학과 교회의 정치 _최경환 139

04 극우적 사고: 정체, 형성 및 복음주의적 평가 _송인규 157

05 신학적 근본주의에서 정치적 극단주의로 _배덕만 209

06 광장의 교회, 당혹스럽고 익숙한 _김지방 229

07 복음주의는 반지성주의적 영성을 가졌는가 _김현준 243

부록: 보수 개신교인 집단 면접 조사 질문지/ 설문 조사 문항 271

머리말

태극기라는 국가적 표징과 태극기와 관련된 동작들(달기, 걸기, 날리기, 흔들기 등)은 대한민국 국민을 하나로 엮어 주는 유구하고 반가운 상징이었다. 적어도 2016년 10월 말까지는 말이다. 그 이후 태극기는 정치 이데올로기의 부수적 희생물이 되어 대한민국 국민을 양분하고 대립시키는 데 이용되었다. 이 얼마나 아이러니하고도 안타까운 일인가!

그런데 소위 태극기 집회의 참가자와 지지자 가운데에는 보수적 신앙의 개신교도들이 적잖이 포함되어 있었다. 설문 조사에 의하면 보수적 신앙인 가운데 11.0퍼센트가 집회에 참가한 경험이 있다고 말했고, 특히 극우 성향을 띤 이들의 경우에는 백분율이 20.6퍼센트로 껑충 뛰었다. 또 태극기 집회의 의의와 관련된 설문 통계를 보면, 72.8퍼센트가 앞으로도 이런 집회가 필요하다고 인정했고, 극우 성향의 답변자들은 무려 92.5퍼센트가 집회가 필요하다는 반응을 보였다. 그렇다면 보수적 신앙인임을 자처하면서 태극기 집회에 참가하거나 태극기 집회의 필요성을 외치는 이들은 대체 누구인가? 이름하여 극우파 그리스도인들이다!

지금까지 한국 교회는 극우파 그리스도인의 존재와 특징에 대해 막연하게 추정하며 주먹구구식으로 설명하는 데 급급했다. 이런 약점과 공백을 메우기 위해 한국교회탐구센터에서는 2020년 7월 27일부터 8월 4일, 그리고 9월 2일부터 6일 사이에 여론조사 전문 기관 '지앤컴리서치'에 의뢰해 두 종류의 조사를 시행했다. 하나는 '표적 집단 면접 조사'(Focus Group Interview)로서, 조사 대상인 소수의 응답자에게 집중 대화를 시도함으로써 연관 정보를 획득하는 방법이다. 또 하나는 우리가 흔히 알고 있는 설문식 조사 방식으로서, 다수의 표본을 추출한 후 미리 작성된 설문을 활용해 응답자의 의식이나 행위를 조사하는 연구 방법이다. 이러한 양면 조사를 통해 극우파 그리스도인의 정체를 좀더 자세하고 정확하게 파악할 수 있었다.

이 책의 첫머리를 장식한 두 글은 상기한 양면 조사의 결과를 보고하는 데 전념한다. 첫 번째 글 "보수 개신교인의 내면세계"(정재영)는 면접 조사를 통해 드러난 극우 성향 그리스도인의 내면을 정치의식의 측면에서 소상히 밝힌다. 이 표적 집단의 대상은 모두 태극기 집회에 참가했고 앞으로도 참가할 의향이 있는 보수적 신앙인들이다. 필자는 그 가운데 세 명을 선택해 구체적 사례로 소개한다.

두 번째 보고서 "보수 개신교인의 정치의식"(정재영)은 전형적 형태의 설문 조사에 의거한 결과를 바탕으로 한 글이다. 만 19세 이상 개신교인 가운데 자신을 보수라고 간주하는 570명이 설문의 대상이었다. 이들은 전국에 흩어져 있는 각 연령대의 남녀로서 다수가 정치적 우파의 입장을 취하고 있고, 그 가운데 상당수는 극우적 성향을 띤 것으로 분석되었다.

나머지 다섯 개 글은 개신교 극우파에 대한 분석과 비평 및 대안을 중심 의제로 삼았다. "공공신학과 교회의 정치"(최경환)는 제목이 시사하듯 합당한 의미에서의 (혹은 제대로 된) 공공신학이 무엇인지 피력하고, 이에 비추어 비뚤어진 형태의 공공신학과 정치 참여를 비판적으로 검토한다. 불행하게도 1990년대 이후 한국의 보수적 개신교는 후자의 유형에 속하는 치졸한 모습으로 광장에 뛰어들었고, 그 절정이 태극기 부대로의 합류 현상이었다는 것이다. 이 글은 공공신학의 관점에서 어떻게 하면 현 시대와 소통하고 세상 사람들의 신뢰를 회복할 수 있을지 적실하고도 실제적인 정치 참여의 길을 제안한다.

"극우적 사고: 정체, 형성 및 복음주의적 평가"(송인규)는 극우적 사고를 견지하는 이들이 대개 그 신념의 내용 및 표출 양태에 있어 극단으로 치닫는다고 말한다. 이들의 극우적 사고는 현실 차원의 요인(발원적·재현적·계도적 요인)과 종교 차원의 요인(신앙적 요인)에 의해 형성되었는데, 그렇다면 성경을 모든 신앙과 행위의 최종 권위로 여기는 개신교 복음주의 정신에 비추어 볼 때 극우적 사고는 어떤 평가를 받아야 할까?

"신학적 근본주의에서 정치적 극단주의로"(배덕만)에서는 근본주의와 정치적 극우와의 비극적 융합에 대해 역사적·현실적 분석을 행한다. 필자는 미국 교회의 근본주의가 어떤 식으로 한국적 근본주의의 흐름을 조성했는지 그 연관 관계를 추적하고, 또 한국의 근본주의자들이 어떤 사회심리적·신학적 요인으로 현재와 같은 정치적 극우 성향을 띠게 되었는지 밝힌다. 그러고 나서 어떻게 하면 한국 교회가 근본주의 ─ 동시에 정치적 극단주의 ─ 의 족쇄에서 벗어날 수 있는지 필자 나름의 대안 제시 또한 잊지 않는다.

"광장의 교회, 당혹스럽고 익숙한"(김지방)은 2000년 이후 교회와 정치 사이에 형성된 타산적 유대 관계를 속속들이 노정한다. 2000년 초기에는 보수 정치 세력이 교회의 덕을 입었지만, 2020년에 이르러서는 교회 내 극우 세력이 오히려 보수 정치인들에게 부담으로 작용한다고 지적한다. 이것은 서울광장에서 가진 (2000년 초와 2020년의) 두 가지 모임이 그리스도인의 참가 비율과 사람들의 참가 경위 면에서 현격히 다르다는 점으로도 설명된다. 이제 교회는 새로운 각도에서 정교분리의 원칙을 재고하고, 정치적 이념이 다른 이에 대해서도 복음적 용서와 포용의 팔을 내뻗어야 할 것이다.

"복음주의는 반지성주의적 영성을 가졌는가: 호프스태터의 『미국의 반지성주의』와 한국 보수-극우 개신교의 공통된 세계관"(김현준)에서 필자는 한국 교회 내 극우 성향 집단의 출현 원인을 반지성주의에서 찾는다. 그는 미국 복음주의의 반지성주의와 한국 보수-극우 개신교 사이에 역사적 연결점과 종교적·사회적 유사점이 있음을 포착한다. 심지어 한국이 자랑하는 기독지성 운동 속에서도 반지성주의의 증거와 징후를 발견한다. 그러므로 개신교 내에서 극우적 포퓰리즘이 번성한 것은 쉽게 예측할 수 있는 바였다. 오직 지성의 가치를 인정하고 지성을 제대로 훈련할 때에야 비로소 건강한 그리스도인과 건강한 교회가 세워질 것이다.

언제쯤이면 사상과 이념의 차이에도 불구하고 그리스도인 형제자매들이 함께 다독이며 같이 축하할 수 있을까? 언제쯤이면 흔들리는 태극기가 다시금 우리 그리스도인들을 하나로 묶어 줄 수 있을까? 쉽진 않겠지만 그래도 소망의 꿈을 꾸며 오늘을 부지런히 또 성실하게 살아야 할 것이다.

2021년 4월
송인규

01
보수 개신교인의 내면세계

정재영(실천신학대학원대학교 종교사회학 교수)

1. 들어가는 말

최근 우리 사회에서 극우 개신교인들이 주목받고 있다. 전통적으로 정교분리를 신념으로 삼고 교회나 목회자가 정치에 참여하는 것을 부정적으로 생각해 왔지만, 진보 정권이 들어선 이후 보수 진영에 속한 많은 교회가 정치적인 목소리를 내고 있고 정치 집회를 주도하는 경우도 늘었다. 엄밀히 말해 보수 진영의 목회자들이 정치에 전혀 개입하지 않은 것은 아니다. 우리 사회에서는 개국 초기부터 교회와 정치가 긴밀한 관계를 유지하며 크고 작은 문제를 일으켜 왔다. 초대 이승만 대통령이 개신교 신자였고 제헌국회는 목사의 기도로 개회되었을 정도로 자유당 정권 아래 한국 개신교는 정권과 긴밀한 유착관계를 유지했다. 또한 5·16 군사쿠데타가 일어났을 때는 한국기독교연합회가 지지 성명을 발표해 개신교계 내부에서조차 큰 갈등을 유발했다.

이때부터 보수 진영의 교회들은 엄격한 정교분리를 주장하며 실제로는 정권을 옹호했고 진보 진영의 교회들은 사회참여와 정권 반대 운동을 하면서 대립 양상은 더욱 심화되었다.[1] 또한 개신교인 장로가 대통령 후보로 나올 때마다 교회는 노골적인 지지 발언으로 갈등을 일으키기도 했다. 그리고 4년 전에 있었던 박근혜 전 대통령의 탄핵과 이를 주도한 촛불 집회에 대한 입장 차이로 한국 교회는 양분되는 양상을 보이고 있다. 한 교회에서 광화문 집회에 참석한 이들과 시청 앞 집회에 참석한 이들이 의견 충돌을 넘어 서로를 비난하며 교회를 떠나는 일도 벌어졌다.

급기야 최근에는 '애국 보수'를 자청하는 이들을 중심으로 태극기 집회가 수차례 열렸고 태극기 집회 참가자를 중심으로 정치적 발언들이 교회 안에서도 난무하는 실정이다. 또한 교인들 사이에 SNS를 통해 확산되는 정치 발

---

[1] 이진구, "현대 한국 종교의 정치 참여 형태와 그 특성", 「종교문화연구」 제10호(2008년 6월), pp. 12-13.

언과 정보 들 중에는 사실을 확인할 수 없는 가짜 뉴스도 다수 포함되어 있어 교회가 정치로 오염되고 있을 뿐만 아니라 바른 신앙관을 갖는 데에도 큰 걸림이 되고 있다. 특히 2020년 8월 15일에 있었던 태극기 집회는 집회에 참가한 사람들과 이 집회를 주도한 사랑제일교회를 중심으로 코로나바이러스 감염증-19(이후 코로나19로 표기함) 확진자가 다수 발생해 사회적 비난의 대상이 되기도 했다.

이런 상황에서 한국교회탐구센터에서는 보수 개신교인들의 내면세계와 정치의식을 파악하고자 조사를 실시했다. 극우 성향을 보이는 보수 개신교인의 정치에 대한 태도와 견해를 파악해 개신교인과 정치의 관계에 대한 이해를 넓히는 것이 조사의 첫 번째 목적이었다. 그런데 '극우'라는 말은 학문적으로 엄격하게 정립된 개념이 아니다. 극단적인 우익 성향을 말하는 것이지만 그 우익 성향은 이념적으로 나타날 수도 있고 때로는 행동으로 나타날 수도 있다. 그리고 서양에서 말하는 우익 성향과 우리 사회의 우익 성향은 성격이 매우 다르다. 서양에서는 대개 인종 차별, 곧 백인 우월주의가 극우의 대표적인 성향이라고 할 수 있지만, 우리 사회에서는 분단국가 현실에서 반공과 친미 등 이념과 관련되어 나타나는 경우가 더 많다. 이러한 상황을 고려해 극우의 다양한 유형을 분류하는 것도 이번 조사의 중요한 목적 가운데 하나였다.

먼저 보수 개신교인들의 정치의식과 관련한 내면세계를 파악하기 위해 표적 집단 면접 조사를 실시했다. 일반적인 통계 조사 방법은 수학적 방법을 통해 사회 현상의 특징적 모습을 드러내 보일 수 있다는 장점이 있다. 그리고 많은 수의 사람들의 의견을 묻고 수치화하기 때문에, 이해하고자 하는 현상의 전체 윤곽을 파악할 수 있고 이를 통해 일반화를 할 수 있다. 그러나 설문조사 방법은 정해진 질문에 대해 주어진 선택지에서 답을 고르기 때문에 매우 인위성이 강한 조사일 뿐만 아니라 응답자의 실제 생각을 파악하기 어렵다는 단점이 있다. 또한 깊은 내면의 이야기를 들을 수 없다는 한계도 있다.

이런 단점을 보완하는 것이 면접 조사 방법이다. 면접 조사는 조사 대상자에게 직접 질문함으로써 있는 그대로의 이야기를 들을 수 있기 때문이다. 당사자에게 듣고 싶은 이야기를 직접 묻는다는 점에서 가장 원초적인 조사 방법이라고 할 수 있다. 이러한 면접 조사는 설문 조사의 예비 조사 성격으로 설문 문항을 만들기 위한 기초 조사로서의 의미가 있고, 설문 조사로는 알기 어려운 내면의 의식을 파악하기 위해 사용되기도 한다. 이 연구에서는 보수적인 정치의식, 특히 극우적 사고를 총체적으로 이해하기 위해 통계 조사와 함께 면접 조사를 실시했다.

이러한 면접 방법에는 개인 면접 방법 외에 개인적으로는 불충분하고 불분명한 정보밖에 제공받을 수 없을 때 사용하는 집단 면접 방법이 있다. 특히 주제와 관련해 소수의 응답자와 집중적인 대화를 통해 정보를 찾아내는 방법을 표적 집단 면접 조사라고 한다. 이 연구에서는 태극기 집회 참가라는 공통 경험을 중심으로 그들의 보수적인 정치의식을 파악하고자 했다. 이러한 방법을 통해 통계 조사만으로는 파악하기 어려운 보수 개신교인들의 정치의식을 보다 심층적으로 이해할 수 있을 것이다.

2. 자료의 성격

면접 조사는 여론조사 전문 기관 '지앤컴리서치'에 의뢰해 2020년 7월 27일부터 8월 4일까지 9일에 걸쳐 수도권과 지방에서 진행되었다. 만 20세 이상 70세 미만의 개신교인 보수층으로서 태극기 집회 참가 경험이 있으며 이후에도 참가 의향이 있는 사람들을 대상으로 조사했다. 지방에서는 태극기 집회가 많이 열리지 않았기 때문에 참가 의향자를 포함해 조사를 진행했다. 지방 도시 중 정치의식이 상반되는 것으로 예측되는 대구와 광주에서 조사해 비교 분석하려 했으나 광주에서는 조사 대상자를 확보하지 못해 조사를 진행

⟨표 1⟩ 조사 설계

구분	내용
조사 대상	만 20세 이상 70세 미만 개신교인 보수층으로서 태극기 집회 참가 경험이 있거나 향후 참가 의향이 있는 자. 단, 대구는 태극기 집회 참가 의향자.
조사 지역	수도권(서울, 인천, 경기). 대구광역시. ※ 광주광역시에서도 조사하려 했으나 보수층을 확보하지 못해 진행하지 못함.
조사 방법	FGI(Focus Group Interview)
그룹 수 및 그룹 구성	4개 그룹 • 수도권 20-30대 1개 그룹 • 수도권 40대 1개 그룹 • 수도권 50-60대 1개 그룹 • 대구 50-60대 1개 그룹
FGI 진행	일면경(one-way mirror)이 설치된 전문 표적 집단 면접실(FGI Room)에서 실시. FGI 진행 경력 20년 이상의 전문 면접자가 진행.
조사 기간	2020년 7월 27일-8월 4일
조사 기관	(주)지앤컴리서치

하지 못했다. 조사 대상은 지역과 나이를 고려해 수도권 20-30대 1개 그룹, 수도권 40대 1개 그룹, 수도권 50-60대 1개 그룹, 대구 50-60대 1개 그룹으로 나누었다.

면접 질문은 박정희 시절에 대한 향수, 정치 사회적 관심, 정치 사회적 이념 형성 과정, 태극기 집회에 대한 경험, 마지막으로 교회 안에서의 정치 활동이나 표현에 대한 생각을 물어보았다. 자세한 설문 문항은 ⟨부록⟩(271-293쪽)에 첨부했다.

수도권의 면접 대상자들은 적어도 두 번 이상 태극기 집회에 참가한 사람들 중에서 전체적으로 성비를 고르게 선정했다. 이념 점수는 응답자들에게 '0-3점: 진보, 4-6점: 중도, 7-10점: 보수'로 구성된 11점 척도를 제시하여 얻은 결과다. 자세한 응답자 특성은 ⟨표 3⟩을 참고하라.

〈표 2〉 면접 질문 구성

분류	내용
도입/ 일반 질문	• 요즘 관심사는 무엇입니까? • 귀하께서는 생활이 즐거우세요? 왜 그렇게 느끼세요?
박정희 시절에 대한 향수	• 해방 이후 우리나라가 가장 좋았던 시절은 언제라고 생각하세요? • 존경하는 대통령은 누구인가요? • 박근혜 대통령 탄핵에 대해 어떻게 생각하세요?
정치 사회적 관심	• 귀하께서는 지난 4월 21대 국회의원 선거에 투표하셨습니까? 국회의원 선거, 대통령 선거, 지방선거에 몇 번이나 투표하셨습니까? • 요즘 우리 사회의 움직임에 대해 어떻게 생각하십니까? 잘못된 방향으로 가고 있다면, 어떤 것이 있습니까? • 잘못된 방향으로 가는 원인은 무엇이라고 생각하십니까? 누구의 책임이라고 보십니까?
정치 사회적 이념 형성 과정	• 귀하께서는 정치 사회적 이슈에 대한 정보나 뉴스를 어디서 얻습니까? • 귀하께서는 정치 사회적 문제에 대해 주위 사람들과 정보나 의견을 주고받으십니까? • 그렇게 정치 사회 정보/뉴스를 주고받다 보면 귀하의 생각이 영향을 받습니까?
태극기 집회	• 태극기 집회는 몇 번이나 나가셨습니까? • 태극기 집회의 가장 공감하는 주장은 무엇입니까? • 태극기 집회의 주장에 공감하고 찬성하는 데서 그치지 않고 집회에 참가하신 것은 무슨 이유입니까? 계기가 있었습니까? • 태극기 집회에 처음 나가셨을 때, 혼자 나가셨습니까? 누구와 함께 나가셨습니까? • 태극기 집회는 전광훈 목사와 기독교에서 주도했습니다. 이런 사회 문제를 기독교에서 주도하는 것에 대해 어떻게 생각하세요?
교회 내의 정치적 활동	• 문재인 정부를 하나님 뜻에 비추어 어떻게 평가하시겠습니까? • 교회의 모임에서 현 정부에 대한 비판적 이야기를 나누는 경우가 있나요? 어떤 모임인가요? • 교회에서 귀하의 생각과 다른 정치적 발언을 하는 사람들은 없나요? • 교회에서 자신의 정치적 이념을 드러내는 것에 대해 어떻게 생각하세요?

〈표 3〉 응답자 특성

수도권: 20-39세

번호	이름	나이	성별	거주지	직업	학력	이념 점수	태극기 집회 참여 횟수
1	고**	24	남	강북구	학생	대재	7점	2회
2	박**	30	남	영등포구	회사원	대졸	9점	3회

3	오**	33	남	관악구	회사원	대졸	8점	5회
4	김**	38	남	관악구	회사원	대졸	9점	15회
5	이**	36	여	송파구	전업주부	대졸	8점	5회
6	오**	32	여	금천구	CEO	대졸	7점	4회
7	정**	26	여	구로구	회사원	대졸	5점	3회

수도권: 40-49세

번호	이름	나이	성별	거주지	직업	학력	이념 점수	태극기 집회 참여 횟수
1	이**	43	남	분당구	회사원	대졸	10점	5회
2	곽**	40	남	용산구	회사원	대졸	8점	3회
3	남**	46	남	노원구	회사원	대졸	6점	3회
4	박**	44	남	서대문구	회사원	대졸	8점	3회
5	김**	47	여	마포구	전업주부	대학원졸	8점	2회
6	김**	46	여	영등포구	회사원	대졸	8점	2회
7	전**	44	여	강남구	회사원	대졸	7점	2회
8	박**	48	여	강남구	전업주부	대졸	8점	3회

수도권: 50-69세

번호	이름	나이	성별	거주지	직업	학력	이념 점수	태극기 집회 참여 횟수
1	고**	56	남	은평구	강사	대졸	7점	20회
2	서**	64	남	서초구	무직	대졸	8점	5회
3	조**	51	남	영등포구	회사원	대학원졸	8점	3회
4	정**	55	남	송파구	회사원	대졸	8점	6회
5	정**	63	여	서초구	전업주부	대졸	8점	3회
6	김**	60	여	성북구	전업주부	대졸	9점	5회
7	김**	65	여	노원구	전업주부	대졸	9점	20회 이상
8	송**	61	여	구로구	전업주부	대졸	10점	3회
9	양**	58	여	강남구	전업주부	대졸	9점	10회

대구: 50-69세

번호	이름	나이	성별	거주지	직업	학력	이념 점수	태극기 집회 참여 횟수
1	김**	65	남	동구	자영업	고졸	5점	1회
2	김**	67	남	수성구	일용직	중졸	10점	-
3	김**	54	남	수성구	자영업	대학원졸	9점	-
4	신**	63	여	수성구	전업주부	고졸	10점	-
5	이**	61	여	수성구	전업주부	대졸	10점	-
6	김**	56	여	수성구	전업주부	대졸	8점	-
7	김**	55	여	수성구	보험설계사	고졸	8점	-
8	김**	56	남	북구	목사	대학원졸	-	-

8번 '김**'은 일대일 심층 면접으로 진행했음.

3. 사례

면접 조사 결과를 분석하기 전에 세 명의 사례를 살펴보려고 한다. 결과 분석은 각 질문에 대한 면접자의 대답을 주제에 따라 분석한 것이기 때문에 한 사람의 전체 생각을 파악하기는 어렵다. 그래서 보수적인 정치의식을 강하고 분명하게 드러낸 사람 세 명을 선정해 인물별로 정리했다. 여기에 소개된 사람들이 모든 면에서 전형적인 사례라고 하기는 어렵지만, 이들의 이야기를 통해 이들의 보수적인 정치의식이 어떻게 형성되었고 현재 어떻게 전개되고 있는지 이해할 수 있을 것이다. 다만 일대일 심층 면접을 하지 않았기 때문에 각 사람의 생애사를 포함해 전체 삶의 이야기를 담을 수는 없었음을 참고해야 한다. 각 사례는 서울에 사는 40대 여성과 30대 남성, 그리고 대구에 사는 60대 여성이며 이름은 가명을 사용했다.

1) 박진숙

서울 강남구에 사는 박진숙 씨는 고등학교 3학년 딸을 하나 둔 48세 주부다. 강남에 있는 유명 대형 교회에 다니는데, 최근 화제가 되고 있는 부동산 3법에 반대하면서 특히 부동산에 관심이 많아졌다. 원래는 정치에 대한 관심이 전혀 없었는데 3년 전부터 관심을 굉장히 많이 갖게 되었다. 3년 전에 촛불집회로 박근혜 전 대통령이 탄핵당했는데, 그 후 새로운 부류의 사람들이 나타나는지 지켜보기 시작했다. 그런데 더 나쁘면 나빴지 더 좋은 면은 하나도 발견할 수 없었고, 그 뒤로 정치에 많은 관심을 두게 되었다.

태극기 집회에도 나가 보았다. 스스로 나간 것은 아니고 100세가 넘은 어머니가 태극기 집회에 나가겠다고 하셔서 잘못해 사람들에게 밟혀 사고를 당할지도 모르겠다는 생각이 들어 모시고 나갔다. 휠체어를 밀고 모시고 나갔는데, 나가서 깨달은 것이 많았다. 눈물도 났다. 어떤 특별한 뭐가 있는 것은 아니지만 우리나라를 사랑하는 사람이 그래도 아직 이렇게 많이 남아 있다는 생각에 울컥하는 마음이 들었다. 모르는 사람들과 같은 생각을 가지고 같은 곳을 향하는 공감대가 있다는 느낌이 들었다. 원래 데모에는 관심 없었는데 그런 느낌은 처음이었다. 그렇다고 전광훈 목사를 지지하는 것은 아니다. 전 목사가 집회하는 걸 봤는데, 트로트도 부르고 목사 같지 않아 보였다. 그리고 끝에 헌금하는 것이 의아하게 생각되었다. 교회가 아닌데 집회에서 헌금하는 것이 솔직히 불편하게 느껴졌다.

사실 박진숙 씨는 박근혜 전 대통령이 그렇게 큰 잘못을 했다고 생각하지 않았기 때문에 탄핵을 당하지 않을 줄 알았다. 그 당시 탄핵 판결이 내려진 것도 조금 이상하다 생각했고 그래서 다른 문제가 더 있나 하고 지켜보았다. 그러나 아무 잘못도 찾을 수 없었고, 그런데도 감옥에 가야 하는 것이 이상했다. 지금도 사람들이 세월호를 이용해 곰국 우려먹듯 계속 그걸 이슈화해 여론 몰이를 하고 있다는 생각이 든다. 그리고 어떤 사건이 터지면 다른 이슈로 덮어 버린다. 페미니스트를 등장시켜 남자와 여자를 편 가르기 하고, 그다음 그걸 표적으로 삼아 시선을 집중시키거나 해서 나쁜 여론을 무마하기도 한다. 지난 총선도 부정선거라는 의심이 많이 든다. 정확하게 밝히면 좋겠는데 제대로 밝히지는 않고 자꾸 무마시키려 한다는 생각이 든다.

박진숙 씨가 존경하는 대통령은 박정희 전 대통령이다. 우리나라 사람의 국민성 때문에 리더십이 강한 사람이 괜찮다고 생각한다. 전에는 전두환 전 대통령이 괜찮다고 생각 안 했는데 문재인 씨가 대통령 되고 나서 오히려 전두환 때가 낫다는 생각도 하게 되었다. 그리고 항상 아이에게도 이렇게 말한다고 한다. 그 당시의 역사 배경을 배제하고 그 사람이 한 행동에 대해서만 평가하려고 하면 잘못된 평가를 하게 된다, 어떤 사람을 평가할 때 현재 상황에서 그걸 바라보면 안 된다고. 백선엽 장군 문제도 그 당시의 상황을 참작해서 봐야 하는데, 이런 것 다 배제하고 그 잘못 하나만 딱 떼서 보면서 그것에 대해 욕할 수 있을까 생각한다. 박정희 전 대통령도 역사적 배경을 보면 정말 우리나라를 많이 발전시킨 사람이라고 생각된다. 강력한 리더십이 있는 사람이 우리나라에서 괜찮다는 생각이 든다.

박진숙 씨는 문재인 정부 이후 우리나라가 더욱 좌경화되고 있는 것 같아서 걱정이 크다. 대통령이 우리나라 대통령인지 북한 대통령인지 헷갈릴 정도다. 그리고 북한이 좋은 사람은 북한으로 갔으면 좋겠는데 왜 굳이 여기서 사람들 생각을 바꾸려고 하는지 이유를 모르겠다. 통일부 장관도 이상하다. 운동권 출신인 사람이 장관이 돼서 그렇게 북한을 지지하고 돈을 수상하게 북한으로 보내기도 했다. 그냥 북한 가서 살면 되는데 왜 여기서 분란을 일으키는지 이해할 수가 없다. 우리 세금으로 우리나라에서도 할 일이 많은데 통일부 장관이 되자마자 갑자기 북한을 도와야 한다면서 이것저것 지원해 주고 있다. 우리나라에도 아직 할 일이 많은데 왜 굳이 북한에 돈을 써야 하는지 도통 모르겠다.

윤리 과목이 없어져서 요즘 젊은 사람들은 제대로 된 교육을 받지 못했다. 이해찬 씨가 처음에 교육부 장관 했을 때 우리나라를 완전히 말아먹었다. 어떻게 아직도 버젓이 나와 정치를 하는지 이해할 수 없다. 지금 교육부 장관도 교육하고 아무 상관 없고, 그저 꿈이 교사였던 사람이 어떻게 교육부 장관을 하는지 모르겠다. 교육이 엄청 중요한데 전문성 없는 사람이 아무런 준비도 없고 공부한 것도 없이 자기 뇌피셜[2]에 가까운 것으로 장관 노릇을 하고 있다. 이번에 교육부 장관이 앞으로 온라인 강의를 반 이상 한다고 말했는데, 정말 할 말이 없을 정도다.

딸이 고3이라서 대입 전형을 많이 살펴보는데, 수시 전형을 보면 민주화 운동 자녀 특별전형이 40퍼센트나 된다. 이게 말이 안 되는 전형이다. 민주화 운동 자녀 특별전형이 5·18과 관련된 거라고 하는데, 그 사람들에게 특혜를 주는 이유를 이해할 수 없다. 교육부 장관으로서 관련 사실을 잘 알지도 못하고, 고등학생이 질문한 것에 대답을 못하는 경우도 너무 많다. 자기가 모르면 스스로 내려와야 하는데 버젓이 앉아 있는 그 자체가 이해가 안 된다.

박진숙 씨는 사실상 좌파는 없다고 생각한다. 돈을 너무 좋아해서 '머니파'라고 생각한다. 그 전에도 돈이 없지 않았던 사람들이 돈을 너무 추구하면서 자기네 당의 이익을 위한 것도 아닌 이상한 정책을 펴고 있다. 너무 그런 쪽으로만 발달되어 나라를 위하거나 그런 정책은 전혀 없고, 그저 너무 부자가 되고 싶은 욕심 덩어리로밖에 보이지 않는다. 결론적으로 돈을 추구하는 것이지 무슨 사상이 있거나 그런 사람들 같지 않다. 어떤 뚜렷한 입장을 가지고 그 방향으로 나아간다면 그게 뭘까 하고 그 사람들이 주장하는 것을 들어 보고 싶기도 한데, 그 사람들이 원하는 것은 오로지 돈밖에 없는 것 같다.

---

[2] '뇌피셜'은 신체 부위인 '뇌'와 '공식적인'을 뜻하는 영어 단어 '오피셜'(official)을 합쳐 만든 신조어다. 공식 검증된 사실이 아닌 개인의 생각을 가리킨다.

보수 야당도 문제다. 미래가 없다고 생각한다. 강력한 리더십도 없고 반격할 의지 자체가 없는 것 같다. 야당으로서 어떤 문제가 있으면 공격적으로 나가야 하는데 어떻게 해서든 여기서 살아남기 위해 조용히 있어야 한다고 생각하는 건지 야당의 역할을 전혀 못하고 있다. 좌파나 진보는 사람을 키우는데 보수나 우파는 사람을 안 키운다는 말이 딱 맞다. 그래서 지금 세대교체가 이루어져야 하는데 준비된 사람이 없으니까 이걸 대신할 사람이 없다. 나라 걱정에 밤에 잠이 안 온다.

2) 김철민

38세인 김철민 씨는 서울에 살고, 금융권에서 형편이 어려운 자영업자들이 은행 대출을 못 받을 때 보증과 관련해 상담하는 일을 하고 있다. 자신의 미래와 비혼주의 삶에 대해 고민이 많다. 혼자 사는 생활방식이 좋아서 몇 년 전 비혼을 선언했고 가족들도 이해해 주는 편이다.

중학교 때부터 신문 보는 걸 좋아해 정치에 관심을 가지기 시작했고, 박정희 정권 시절에 대해서도 관심이 많다. 김철민 씨는 박정희 전 대통령을 존경한다. 폐허나 다름없는 대한민국이 지금의 토대를 마련하게 된 것은 박정희 전 대통령의 경제정책 덕분이며, 그 사실은 누구도 부정할 수 없다고 생각한다. 특히 현대와 삼성 같은 기업이 없었으면 우리나라가 발전할 수 없었는데, 그 기업들이 토대를 마련하게 해 준 외자 유치도 박정희 전 대통령의 영향이 컸다고 생각한다. 그런 가운데 우리나라가 지금까지 발전해 왔기 때문에 박정희 전 대통령을 좋아한다.

고등학교 1학년 때 외환 위기가 왔는데, 어릴 때지만 집안 경제가 타격받는 것을 느꼈다. 그리고 IMF의 도움을 받게 되었다는 뉴스를 보는 순간부터 '우리나라는 정말 끝났구나' 하는 생각을 했다. 그 후에 김대중 대통령이 대통령 되고 나서 월드컵이 있었을 때 더 큰 충격을 받았다. 2002년 월드컵에서 우리나라가 경기를 하는 당일에 제2차 연평해전이 있었고 사망자가 있었는데 대통령이 그 자리에 가지 않았다. 물론 대통령으로서 월드컵이 중요해서 그랬을 수도 있지만 사고 현장에 갔어야 했다고 생각한다.

아마 그때 월드컵 때문에 연평해전이 있었다는 걸 모른 사람도 있었을 것이다. 그 당시 김철민 씨는 스물한 살이었고 군대 가기 1년 전이었는데, 그래서인지 더욱 충격을 받았다. '이렇게 어린 나이에, 처자식 있는 사람도 죽었는데, 우리나라 대통령이 그럴 수 있을까?' 하는 생각을 했다. 김철민 씨가 가슴 아프게 생각하는 것은 이른바 진보 진영의 대통령은 연평해전이나 그런 사고가 난 곳에 찾아가지 않는다는 사실이다. 국무총리나 국방부 장관을 대신 보내거나 한다. 그걸 보면서 '세월호 사건하고 이걸 다르게 볼 수 있나, 똑같이 봐야 하는 것 아닌가?' 생각했고, 그때부터 정치에 더 많은 관심을 갖게 되었다.

요즘 사회에 대해 말할 때 '기울어진 운동장'이라는 표현을 많이 쓰는데, 이것은 '인국공(인천국제공항) 사태'에서도 나타난다. 물론 계약직으로 근무하는 분들도 열심히 일하지만, 계약직과 정규직은 엄연히 공부한 것이 다르다. 그런데 갑자기 계약직 보안요원을 정규직으로 전환하면, 그것도 2천 명 가까이 되는 사람을 정규직으로 전환하면, 20~30대 입장에서는 불공평하다고 생각할 수밖에 없다. 처음에 대통령이 과정은 공정하고 결과는 정의로운 사회를 만들겠다고 했는데, 그것과 많이 다르게 가는 것 같다.

언론도 문제가 많다. SBS는 민영 기업이니까 그렇다 치고 KBS나 MBC는 정권이 바뀌면 사장도 바뀌고 그 아래 임원도 바뀌면서 방향성도 바뀌게 된다. 요즘 뉴스를 보면, 처음에 생활 뉴스가 나오고 중요한 사건 뉴스는 맨 뒤에 사람들이 별로 관심을 두지 않을 때 나와서 사람들의 주의를 다른 곳으로 환기시키는 느낌이다. 관심 있는 사람들은 찾아서라도 보겠지만 그렇지 않은 사람들은 그냥 보이는 것에 영향을 받을 수밖에 없다. 그래서 심지어 네

이버와 다음 같은 인터넷 사이트에서도 중요한 뉴스가 누락된다는 소리도 많고, 실제로도 그런 경우가 많아서 심각한 문제라고 생각한다.

김철민 씨가 다니는 교회의 목사는 정치 이야기를 많이 하는데, 주로 나라가 잘되고 있다는 식으로 말한다. 대부분 감성적인 내용인데, 대통령에 대해 항상 "눈빛을 봐라. 국민을 위하고 있지 않냐"라는 식으로 이야기한다. 실제로 나타난 결과는 별로 언급하지 않고 중간 과정만 이야기한다. 또래 20-30대들끼리 이야기해 보면 진보가 많은데, 나는 그렇게 생각하지 않는다고 밝히는 편이다. 싸우는 게 아니라 토론하고 이야기하며 서로 받아들일 내용은 받아들인다.

'극우'라는 말은 언론이 부정적인 이미지를 덧씌운 것이다. 히틀러 파시즘을 거기에 대입시켰다고 생각한다. 비치는 이미지가 그렇다. 그래서 사람들이 스스로 보수라고 하거나 미통당(미래통합당, 현 국민의힘)을 지지한다고 말하기를 꺼리는 것 같다. 보수색이 옅거나 이제 입문한 사람들은 그런 말 하기를 더 두려워한다. 이렇게 이야기한다고 해서 내가 극우나 꼴통은 아닌데, 언론이 그렇게 만들었다. 보수가 정권을 내줘서 그렇게 됐다고 생각한다.

그리고 사람들이 '친북, 친일'에 대해 말하는데, 보수 쪽 사람이 다 친일이 아니고 진보 쪽 사람이 다 친북도 아니다. 그리고 잘못된 발언을 하는 사람은 좌파 쪽에도 있고 우파 쪽에도 있는데 그걸 너무 이분법으로 나누어 생각하는 것은 잘못된 것이다. 요즘 말하는 애국 보수에서 생각하는 반공은 북한 인권 상황을 바꿔야 한다는 것이다. 빨리 통일해서 북한의 인권 문제를 해결해야 한다는 것까지 포함한 것이 애국 보수라고 생각한다.

김철민 씨는 태극기 집회에 열다섯 번이나 참가했다. 처음에는 어머니가 카톡으로 받은 메시지를 보여 주시며 이 상황을 어떻게 생각해야 하느냐고 물으셨다. 그러면서 태극기 집회에 나가고 싶지만 주저된다고 하셔서 어머니를 모시고 같이 나갔다. 그런데 그 후에는 오히려 김철민 씨가 더 자주 가게 되었다.

　태극기 집회에도 문제점이 있지만 받아들일 수 있는 내용도 많았다. 재판을 받을 때 무죄 추정의 원칙이 있다. 그런데 아직 1심도 나오지 않았고 모든 것이 명확하지 않은데 국회의원들이 자기 자리 하나 지키려고 분명하게 말하지 않으려는 분위기를 보면서 이해가 안 됐다. 자기 당에 속했던 대통령을 지키기 위해 단 한 명의 국회의원도 태극기 집회에 나오지 않는 것이 이해가 되지 않는다. 신이 아닌 이상 모든 것이 다 끝나야 제대로 알 수 있는 것인데, 너무 일방적으로 단정하는 것 같다.

　김철민 씨는 태극기 집회에서 만난 어르신과 같이 밥을 먹으며 이야기한 적이 있는데, 그분 생각이 단순하지 않고 우리나라의 전반적인 역사 흐름을 꿰고 있어 인상 깊었다. 잘 몰랐던 과거 50년대 6·25전쟁부터 시작해 역사가 어떻게 흘러왔는지 이야기를 들어 보니 이분들이 왜 여기 나와 있는지 이해가 되기 시작했다. 다급한 마음이 들 수 있겠구나 싶었다. 그분과의 대화를 통해 어르신들이 단순하게 우발적으로 태극기 집회에 나온 것이 아니라 다들 나라를 생각하는 마음으로 나왔음을 알게 되었다. 그래서 더 자주 태극기 집회에 나갔다.

3) 신숙경

대구 수성구에 사는 신숙경 씨는 63세고 교회 권사다. 신숙경 씨는 요즘 우리나라가 기독교가 추구하는 방향과는 매우 다른 쪽으로 가고 있는 것 같아서 걱정이 많다. 코로나 상황을 통해 정부에서 교회와 기독교에 너무 압박을 하는 것 같은 생각이 든다. 왜 우리 기독교만 탄압을 하는지 알 수가 없다. 재난지원금을 일률적으로 전 국민에게 똑같이 준 것도 문제다. 그 돈 받아서 쓰는 건 물론 좋지만, 이 재난지원금을 전 국민에게 시에서도 주고 정부에서도 주고 하면 결국 우리 주머니에서 다시 나가야 한다. 그래서 선별해 지급하는 것이 꼭 필요하다고 생각한다.

동성애 문제도 심각하다. 남성과 여성이 만나서 사랑하고 결혼해야 자녀도 생산하고 인구도 늘고 그러면서 나라가 발전하는데, 동성애를 허락하고 동성혼을 허락하면 결국 가정을 파괴하게 되는 것이 아닌가? 가정이 파괴되면 나라의 장래도 어두워져 국가도 결국 파괴될 수밖에 없다고 생각한다.

이것은 결국 지도자의 사상과 이념이 문제다. 운동권으로부터 교육받고 운동권에 속해 있으면서 좌파 세력으로 훈련받은 사람들이 집권하고 있어서 당연히 그렇게 갈 수밖에 없다. 현 정권 사람들이 수십 년 동안 주체사상으로 교육받고 그 이념에 사로잡혀 있는 것이 문제다. 과거 우파가 정권을 잡았을 때도 좌파의 사상이 잘못되었다고는 했지만 사라지게는 하지 못했다. 좌파가 사실상 종식되는 것만이 우리나라가 자유 대한민국을 유지할 수 있는 길이다.

그래서 종북 주체사상을 막아야 한다. 그런데 요즘 유튜브를 보면 초등학교 교과서도 옛날과 달라지고 역사도 바꾼다거나 하는 내용이 많이 나온다. 초등학교, 중학교 교육부터 진짜로 우리나라 역사를 바로잡는 교육을 해야 한다. 역사를 잘 판단해서 역사 교육을 똑바로 시켜야만 참 애국자가 나온다. 그게 아니고 우리나라 역사를 뒤집어서 거꾸로 알면, 그런 애들이 자랄수록 더 문제가 심각해질 것이다.

희망은 한 가지밖에 없다. 북한 정권이 무너지는 것이다. 그러면 주체사상이 다 물러가고 끝나 버린다. 러시아에도 공산 정권이 있다가 나중에 페레스트로이카 정책이 나오면서 다 갈라진 것처럼 우리나라도 결국 북한 정권 무너지는 것이 가장 큰 희망이다. 그러면 주체사상도 무너질 것이고 저쪽도 힘이 없어질 것이다.

그래서 기독자유당을 지지한다. 사실 이승만 대통령은 처음부터 기도하시면서 기독교하고 같이 나라를 세우셨다. 지금도 기독자유당은 하나님께 기도

하는 백성들이 모인 곳이다. 하나님께 기도하며 나라를 세우면 하나님의 통치가 있을 것이라는 말씀이 너무 큰 힘이 된다. 그리고 기독자유당은 나라를 살려 보겠다는 열성이 매우 높다.

기독자유당에서 전광훈 목사는 자기 교회만 담임하는 목사들보다 훨씬 유머 있게 말씀하신다. 자기 교회만 지키는 분은 자기 품격 지키느라 말을 너무 점잖게 하는데, 전광훈 목사는 나중에 말실수는 했지만 평소 말을 재미있게 잘한다. 그리고 기독자유당 사람들은 그리스도인들이기 때문에 최소한 안 믿는 사람들보다 양심이 있다. 그래서 정직하게 적극적으로 정치를 해 나갈 수 있다고 생각한다.

신숙경 씨 역시 박근혜 대통령 탄핵 때부터 정치에 대한 관심이 많아졌다. 그때부터 박근혜 대통령이 탄핵되고 좌파 쪽에서 정권을 잡으면 연방제로 간다는 소리를 많이 들었다. 연방제로 가면 초등학교, 중학교 가듯이 단계별로 이북하고 연합을 하게 된다. 급격하게 변하는 건 아니라고 해도 결국은 낮은 연방제로 시작해 단계별로 진행되어 높은 단계의 연방제로 가게 되면 우리나라가 진짜 공산주의가 될 수 있겠다는 염려를 많이 했다. 그래서 정치에 관심을 더 갖게 되었다. 한 사람이라도 자유민주주의를 주장하는 사람이 더 많아야 한다는 생각을 갖고 있다.

그리고 문재인 대통령은 취임사에서도 앞으로 경험해 보지 않은 나라를 만들고 정직한 나라를 만들겠다고 했다. 그런 부분이 진짜 하나도 안 되었는데 현 정권에서 너무 많이 미화를 하고 있다. 우리 국민들이 그 미화된 말을 듣고 다들 속고 있다. 그런데 그 속을 들여다볼 수 없다. 지금 3년 가까이 되어 가는데, 결과를 보면 말과는 전혀 다른 쪽으로 가고 있다. 그래서 미화된 말에 속아 넘어가서는 안 되겠다고 너무 많이 느낀다.

신숙경 씨는 이승만 대통령을 존경한다. 그때 나라가 너무 힘들고 어렵고 주체사상을 가진 사람도 많았다. 그 당시 정부가 잘하고 있는데도 한편에서 주체사상과 북한을 생각하고 있는 사람이 많았다. 그런데 그 위기 속에서 이승만 대통령이 이 나라를 자유민주주의로 세운 것이 매우 중요하다고 생각한다. 지금 한기총 전광훈 목사가 저렇게 나라가 망해 가고 있다고 외치고 있는데, 그걸 굉장히 실감하고 있다.

그런데 현재 보수 야당을 이끌어 갈 수 있는 강력한 리더십이 부족해서 문제다. 여당을 견제할 수 있는 능력을 갖추려면 그 당이 하나가 되어야 하는데 당 안에서 서로 분열이 있어 여당을 견제할 능력이 부족하다. 국민들이 그 당을 많이 지지해도 제대로 힘을 얻지 못하는 것은 그 안에 리더십을 가진 사람이 없고 그들이 하나 되지 못해서 국민들의 힘을 받지 못하는 것이다.

지난번 4·15 선거 때도 너무 답답했다. 자기 식구들이 잘못한 것이 있으면 감싸 주며 결속해 힘을 주고 북돋아 주면서 선거에서 밀어주고 하는 것이 너무 부족해 보였다. 그리고 비상대책위원장도 그렇고 선거위원장도 그렇고, 좌파나 우파 이런 이념이 너무 희박해졌다고 생각한다. 우파면 확실한 우파답게 이게 아니다 싶으면 자기 목숨을 내놓고라도 나라를 지켜 보겠다, 국민이 표를 줘서 나라를 맡겼으니 감옥에 가게 되더라도 나라를 지키겠다 하는 마음가짐이 부족하다. 자기 생명이라도 내놓고 일하겠다는 확실한 리더십이 있는 그런 우파 당이 생기기를 바란다. 지금 당은 못 믿겠다. 자기 밥그릇만 챙기기 바쁘고 국민 마음을 너무 몰라준다.

그래서 지금은 극우가 필요한 시대다. 극우는 우리나라 지키자고 태극기 운동도 하고 여러 가지 다른 운동도 하고 있다. 어떤 사람은 너무 지나치다고 하면서 극우를 나쁘다고 이야기하지만 신숙경 씨는 극우가 정말 많이 있어야 한다고 생각한다. 극우파가 점점 더 자리를 찾아 나가야 한다. 지금 시점에서 극우파가 없으면 나라가 다 친북파로 넘어가게 생겼다. 현재 정치를 막으려고 하면 극우파가 반드시 필요하다. 너무 대화가 안 되게 행동하는 사람을 극우라고 하는데, 오히려 지금 정권을 잡고 있는 사람들이 더 대화가 안 통한다.

그래서 극우가 적극적으로 안 나서면 이 나라를 못 지킨다. "진짜로 내 힘을 다 바쳐서, 내 생명을 바쳐서라도 이 나라를 지금 당장 살려야 한다"고 생각한다.

4. 조사 결과 분석

1) 한국 사회 동향에 대한 인식

면접 조사 결과를 바탕으로 보수 개신교인들의 정치의식을 살펴보도록 하겠다. 먼저 면접 참여자들은 현재 한국 사회에 대해 여러 가지 우려와 불만을 표출했다. 설문 조사 결과에서도 응답자의 대다수인 81.1퍼센트가 '잘못된 방향으로 가고 있다'라고 응답했는데, 특히 '매우 잘못된 방향으로 가고 있다'가 45.4퍼센트로 나와 개신교 보수층에서 현실에 대한 불만과 우려가 매우 큰 것으로 나타났다. 그리고 '우리나라가 사회주의가 되고 있다' '현 정부는 친북좌파가 주도하고 있다' '우리나라는 자유민주주의가 무너지고 있다' 등 세 가지 항목에 대해 80퍼센트 안팎으로 동의하여 개신교 보수층의 대다수는 현재 한국 사회가 좌경화 과정에 있다는 인식을 보였다.

면접 참여자들의 이야기를 들어 보면 이러한 생각을 보다 구체적으로 이해할 수 있다. 이 내용은 크게 세 가지로 정리할 수 있는데, 첫째는 '우리 사회가 공산화되고 있다'는 인식이고, 둘째는 '현 정부는 독재 정부다'라는 인식이며, 이 두 가지 인식에 따른 정책으로 인해 '국론이 분열'되고 있다는 인식이 세 번째다.

이들이 현 정부에서 우리나라가 '공산화' 과정을 겪고 있다고 인식하는 근거는 다양하다. 정부가 '북한을 미화'하고, 인천국제공항 비정규직의 정규직 전환과 같은 '결과적 평등'을 지향하는 것이 공산화라고 생각한다. 한 40대의 말이다.

"북한의 아름다운 모습이라고 웹상에서 통일부가 내세운 걸 봤어요. 이게 우리나라 맞나 그런 생각이 들어요. 그렇게 사회가 흘러가니까 공산화로 넘어가는 것이 너무 걱정스러워요"

이인영, 임종석 등 현 정부 주요 인사가 '운동권 출신'인데, 이들이 사회주의를 지향한다는 의심도 공산화에 대한 근거로 나온다.

"민주당의 정치를 하는 스타일 자체가, 그들이 운동권 출신이잖아요. 그들 생각 자체가 사회주의니까. 이인영 씨나 임종석 씨 다 운동권 출신이다 보니까 전부 다 우리 국민이 원하는 스타일로 갈 수 없지요." (대구 50-60대)

정부의 복지 정책이 개인이 노동과 노력을 하지 않아도 혜택을 받게 만들어 근로 의욕을 저하시키고 계층 상승 의욕을 꺾어 우리 사회가 '소수 상류층만 잘사는 사회'가 되었다는 인식을 보였다.

"공공주택 임대법도 그렇고 돈 쏟아부어서 국민에게 나눠 준 재난지원금 형태도 그렇고. 그건 국민에게 노력하지 말고 그냥 최소한 범위에서 머물러라 하는 것이, 상류층은 더 상류층으로 가고 하류층은 다 하류층으로 남게 하는 공산화 과정 중 한 부분이라고 생각해요." (수도권 40대)

복지 정책은 일반적으로 빈부 격차를 줄이기 위한 정책으로 시행되는 것인데, 이것을 오히려 경제적 양극화의 주요 원인으로 인식하고 있다는 점이 특징이었다. 그리고 경제 양극화는 진보 측에서 자본주의의 핵심 문제로 지적하는 것인데, 보수층에서는 오히려 공산화의 결과로 양극화를 인식한다는 점이 흥미롭다. 그런 면에서 '세금 인상' '재난지원금' 등과 같이 양극화를 사후에 보정하려는 시도 또한 공산화의 근거로 이야기한다.

이러한 인식을 바탕으로, 현 정부가 들어서서 보수층의 생각과 다른 방향으로 정책을 추진하고 있는 데다가 특히 4·15 총선에서 여당이 압승한 데서 온 충격이 '현 정부=독재'라고 생각하게 만든 것으로 보인다. 보수층이 '독재'를 공산화의 근거로 생각하는 것은 현 정부가 압도적 의석수를 가지고 '좌파 정책'을 일방적으로 추진한다고 생각하기 때문이다.

"21대 국회가 지금 열리는 가운데 있지만 거의 독재잖아요. 그래서 이런 모든 것을 볼 때 민주적인 것을 잃어 가고 있다 싶어서 정말 너무 잘못되어 가고 있지 않나 싶습니다." (대구 50-60대)

현 정부는 사회주의 정책을 독재적으로 펼치면서 세대 간의 갈등, 젠더 갈등, 동성애자로 인한 갈등, 수도 이전 갈등 등으로 국론을 분열시키고 있다고 말한다. 그래서 현 상황을 총체적 위기로 인식하고 있었고 빨리 정권이 바뀌기를 원하고 있다. 두 사람의 20대의 말을 들어 보자.

"국론 분열 정책을 펴고 있다고 봅니다. '인국공' 사태도 마찬가지로 애당초 정규직 트랙과 비정규직 트랙이 다른데, 비정규직이 정규직이 되려면 정규직이 보는 시험을 보고 들어가야 하는데, 그런 것이 아니고 별도의 특혜를 줘서 정규직으로 전환을 하거나…."

"세종시 수도 이전도 그렇고, 정규직하고 비정규직, 서울과 지방, 남녀 젠더 갈등, 나이 든 사람과 어린 사람, 무주택자와 유주택자, 이렇게 국론을 분열시키는 방향으로 가고 있다고 생각해요."

연령대로 보면 약간 인식의 차이가 나타나는데, 20-30대의 젊은층은 '패거리 정치'를 많이 언급한 데 반해, 40-50대의 중·장년층은 한국 사회가 공산화되어 가고 있음을 거론했고, 60대 이상의 노년층은 4·15 총선 결과에 따라 여당이 일방적으로 주도하는 상황을 많이 지적했다.

2) 한국 사회 혼란의 원인
그렇다면 현재 한국 사회가 총체적 난국에 빠진 원인은 무엇일까? 면접 조사에 참여한 사람들은 다음과 같은 점들을 한국 사회 혼란의 원인으로 응답했다. 첫째, 좌파가 득세하고 있기 때문이라는 것이다. 좌파는 운동권에서 주체사상을 교육받고 훈련받아 현재 집권하고 있으므로 자연스럽게 사회주의의 길로 가는 것이라고 본다. 주로 50-60대에서 많이 지적했다.

"우리나라는 자유민주주의, 시장경제가 기본인데 지금 정권은 시장경제를 부정하고 자유민주주의도 부정하는 것 같아요. 그분들 기본 생각 자체가 재벌은 적, 가진 자는 적, 못 가진 사람은 자기편이라고 생각해요. 시장 정책이 아니고 북한의 좌파 정책이기 때문에 경제가 제대로 돌아갈 일이 없고…."

"그들이 운동권으로부터 교육을 받고 운동권에 속해 있으면서 좌파 세력으로 훈련을 받아서 집권하고 있기 때문에 당연히 그렇게 갈 수밖에 없다고 생각합니다."

둘째, 좌파가 득세하게 된 것은 언론을 장악해서라고 본다. 국민들이 좌파의 실체를 잘 모르는데, 이를 알려야 할 지상파는 침묵하고 있고, 인터넷 포털 사이트에서도 좌파에게 불리한 뉴스가 누락되는 경우가 많으며, 중요한 이슈는 노출 순위를 뒤로 돌려서 대중의 뉴스 접촉을 최소화해 좌파가 강해졌

〈그림 1〉 현재 우리 사회의 흐름에 대한 인식

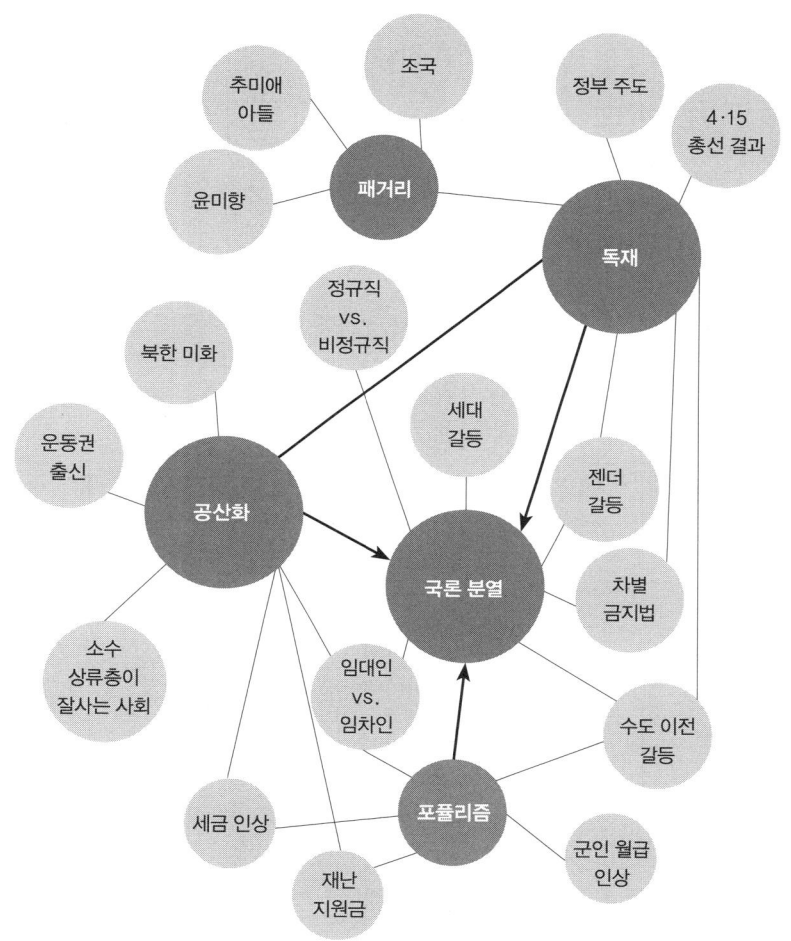

다고 믿고 있다.

"네이버, 다음에 중요한 뉴스가 누락된다고 하는 소리도 많이 있고 실제로 그런 경우도 많아서 이게 중요한 문제가 아닌가 하는 생각이 들어요."

기존 매체에 대한 좌파의 통제는 50-60대가, 인터넷 포털 사이트에 대한 통제는 20-30대가 주로 지적했다. 그뿐만 아니라 좌파에는 유시민, 공지영, 이외수, 김제동 같은 사회적 스피커 역할을 하는 이들이 좌파를 옹호하고 있는데 우파는 이러한 미디어 환경에서 열세이다 보니 진실은 가려지고 여론 형성에서 불리할 수밖에 없다고 이야기했다. 여러 참여자가 우파의 인물난에 대해 이야기했으며, 또한 좌파는 민주당 외에도 민노총, 참여연대, 전교조, 정의구현사제단, 실천승가회, 화물연대, 대학생진보연합, 그리고 여러 여성 단체와 친북 단체, 시민사회 단체가 많아서 진보에 유리한 여론을 조성한다고 보고 있다.

셋째, 좌파를 막아야 할 보수 세력이 취약하다고 지적한다. 가장 중요한 것은 보수 세력에 구심점이 없다는 점이다. 보수 정당인 '미래통합당'(현 국민의힘)이 국회에서 소수이고, 대여 투쟁을 적극적으로 하지 않는다고 불만을 표출했다.

> "미통당을 대표할 만한, 지금 더불어민주당을 반대하며 부정적으로 보고 있는 저 같은 사람이 의지하고 희망을 가질 만한 어떤 세력이 미통당에 없다는 거죠."

그뿐 아니라 시민사회에서 보수 세력이 취약한 것도 좌파에 열세를 보이는 원인으로 지적했다. 보수는 산업화 세력이 주축인데 이들이 나이 들어 은퇴하고 대신 주류로 들어선 이들이 진보적인 젊은이들이므로 시민사회에서도 보수 세력이 약해졌다는 것이다. 그리고 박근혜 전 대통령 탄핵 이후 보수가 분열되며 더욱 힘이 약해졌다고 본다. '태극기 집회'가 구심점 역할을 하면 좋겠지만, '태극기 집회'는 대체로 나이 든 어른과 극우가 주도하므로 보수의 구심점 역할을 제대로 할 수 없다고 주로 20대가 지적했다.

"보수 쪽은 딱히 그런, 구심점이 되는 것이 없어요. 태극기 집회가 있긴 한데 태극기 집회는 젊은 사람에게는 나이 든 어르신들, 극우 보수, 꼴통 보수가 참여한다는 인식이 많거든요."

넷째, 이렇게 보수 세력이 약해지고 진보 세력이 강하게 된 데에는 좌파 교육이 큰 몫을 했다고 응답했다. 전교조 교사로부터 자유민주주의를 부정하는 교육과 우리 역사를 왜곡하는 교육을 받아서 젊은이들이 좌파가 되었다는 것이다. 특히 50-60대에서 이런 생각을 많이 갖고 있었다.

"현 정권 사람들이 수십 년 동안 주체사상으로 교육을 받아서 이념이 있고 주체사상이 있다 보니까, 과거에 우파가 정권을 잡았을 때 그들 사상이 잘못되었다고 했잖아요. 그런데 그 속에서도 그런 공부를 했다는 이야기를 들어 본 적 있는데요. 그런 좌파 교육이 종식되는 것만이 우리나라가 자유 대한민국을 유지하는 길이라고 봐요."

좌파는 운동권 출신이고, 이들은 주체사상으로 무장되었으며, 이러한 사상을 교육과 언론을 통해 퍼뜨리고 있다는 인식이다.

마지막으로, 현 정권은 4·15 총선에서 압도적으로 승리한 후 일방적 독주로 정권을 운영하며, 여권에 비리 의혹이 제기되어도 이를 무시하는 오만한 행태를 보이고 있다는 점이 현재 한국 사회가 혼란한 상황의 원인이라고 지적했다.

"너무 이중적이라고 생각해요. 너무 뻔뻔스러워요. 보수도 잘못은 하거든요. 그래도 시인할 줄 아는데, 얘네는 너무 뻔뻔해요. 자기네가 하는 건 괜찮고 우리가 하는 건 전부 나쁘다는 거예요. 박원순 시장도 그렇고 윤미향도 그렇고 그냥 뭉개 버리잖아요."

사실 이 부분은 우리 사회에서 정권이 바뀔 때마다 반복되는 현상이다. 집권당은 자신의 수적 우세를 바탕으로 정책을 관철시키려 하고 야당은 여기에 반발하면서 힘겨루기 양상이 되곤 한다. 이러한 모습에 대해 자신의 입장에 따라 더 큰 박탈감을 느끼는 것으로 해석된다.

3) 보수적 정치 성향을 갖게 된 계기

보수층은 어떤 계기로 그러한 정치적 성향을 갖게 되었을까? 기본적으로 보수적인 부모님의 영향을 많이 받은 것으로 보인다. 어려서부터 부모님이 사회 이슈에 대해 보수적 견해를 펼치는 것을 듣고 보면서 자신도 모르는 사이에 보수적 관념을 갖게 되었고 그것이 어느 사건 혹은 계기를 맞아 발현된 것이다.

"제가 초등학교 6학년이었던 2008년에 광우병 사태가 발생해 수많은 사람이 촛불 집회에 나오고 미국산 소고기를 수입하면 전 국민이 무조건 광우병에 걸릴 거라고 했는데, 그건 선동이라고 보수적인 성향의 부모님이 말씀해 주신 것이 기억에 남았거든요."

위의 이야기는 20대가 말한 것인데 40대에서도 비슷한 표현을 한다.

"저도 부모님 영향이 커요. 부모님이 항상 TV를 보셨고 박근혜 팬이셨어요. 저희 어머님이 전에는 이놈이나 저놈이나 다 똑같다고 생각하고 살았는데 이번에 문 대통령이 되고 나서 한숨 쉬시더라고요. 그래서 왜 그런가 했어요. 빨갱이래요. 그래서 왜 빨갱인가 했더니 부동산 법을 자기들끼리 몇 시간 만에 마음대로 통과시켰다는 얘길 듣고 나니까 진짜 빨갱이가 맞다는 생각이 들었어요."

그렇다고 보수적인 부모 밑에서 자란 사람들이 모두 보수적 관념을 갖는 것은 아니다. 면접 참여자들은 부모님의 영향에 대한 개인의 정신적 반응과 친구 등의 사회적 공동체 그리고 배우자 등의 영향에 의해 보수적 관점을 갖게 되었다고 응답했다.

"결혼하며 남편을 어느 지역구 사람을 만나는지에 따라 달라지는 것 같아요."
(40대)

"그 친구가 속한 공동체 색깔에 따라서, 이 친구가 백지다 보니까 색깔이 들어오는 대로 아마 흡수가 된 것 같습니다."

잠재적 혹은 미약한 정치적 관심은 정치 사회적 이슈와 접했을 때 표출된다. 이때의 정치적 이슈는 크게 네 가지로 정리할 수 있다.

첫째, 가장 큰 요인으로 보이는 것은 대북 정책이다. 이들은 '북한은 적'이라는 인식이 명확하다. 특히 이러한 인식은 젊은층에서 더 강하게 느껴지는데, 진보 정권의 '적'과의 유화적 자세와 정책이 보수층을 각성하게 만들었다.

"저는 보수적인 면도 있고 그렇지 않은 면도 있는데 대북관 때문에 보수적인 면이 많다고 생각합니다. 가장 문제는 DJ 때 대북 송금으로 김정은의 목숨을 이어 가게 해 준 거죠. 북한을 멸시하고 혐오까지는 아니라도 경계 대상이라고 생각하는데, 지금은 무슨 상전으로 보는 것 같아요."

이런 인식은 현 정부 들어 남북 평화 교류를 강조하고 남북 정상회담을 추진하면서 더 강화되었다. 우리 사회에서는 오랫동안 남북한이 한 민족임을 강조하며 통일의 필요성에 대해 공감해 왔는데 보수층에서는 친북 정책에 대해 거부감을 가지고 있고 남북 평화 교류에도 불편함을 느낀다. 설문 조사에서도 북한과의 평화 교류 정책에 대해 절반 정도만 동의하여 매우 낮은 동의율을 보였다.

새터민에 대한 입장에서도 차이가 난다. 최근 교계에서 북한을 도와준 경력만 있어도 좌파나 사회주의라고 몰아세우는 일이 있었다. 이들은 북한은 인권을 탄압하는 공산주의 국가이고 새터민도 북한의 희생양이라고 생각한다.

"저는 새터민에게 북한의 실상과 인권에 대해 듣고 나서 북한의 인권에 관심을 가지게 되었습니다. 그쪽으로 어느 정도 정치에도 관심을 갖게 되면서 민주주의 운동을 하셨던 86세대 분들이 중국이나 북한의 공산주의를, 인권 탄압 국가를 왜 옹호하고 좋아하는지 모순이라는 생각이 들었습니다."

둘째, 현 정부와 노무현 정부는 사회주의 정권이라는 인식이다.

"노무현 대통령은 정치인일 때 되게 좋더라고요. 밑에서부터 성공해서 역경을 거치며 정말 딱 정의를 부르짖으면서 대통령이 될 때까지 과정을 보는데, 그분이 그렇게 좋았어요. 그런데 실제로 대통령 되고 나니까 사람이 완전히 바뀌었어요. 제가 옛날에 나쁘게 경험한 좌파 측 모습을 봤어요. 저도 그때부터 시장경제와 자유민주주의를 부정하는 사람은 도대체 상종할 수 없겠다고 생각해서 그때부터 완전히 '반좌'가 됐지요."

이러한 인식의 근거로 노조의 사회적 발언권이 강해지는 것과 종부세 등을 거론했다. 하지만 구체적 근거는 부족해 보이고, 구체적 정책보다는 전반적인 인식의 결과로 사회주의 정권이라고 결론 내린 것으로 추정된다.

"저는 정치에 관심 없었어요. 우리나라는 자본주의라고 하는데 어느 순간부터 사회주의가 돼 가고 있다고 하더라고요. 주부들도 그렇고 엄마들도 만나서 이야기하면 이 나라가 자유주의가 아니다, 사회주의로 흘러가고 있는데 이게 말이 되냐고 하거든요"

셋째, 박근혜 탄핵이다. 박근혜 전 대통령이 문제는 있었지만 탄핵을 당할 만큼은 아니라는 생각이 들면서 정치적 관심이 환기되었다고 한다.

"전 탄핵은 안 당할 거라고 생각했어요. 그렇게 커다란 잘못이라고 생각 안 했거든요. 그 당시에 그렇게 판결이 내려진 것도 조금 이상하다 생각했는데…."

그러나 박근혜 전 대통령이 전혀 잘못이 없었다는 응답은 거의 나오지 않았다. 설문 조사 결과에서는 박 전 대통령 탄핵에 대해 '탄핵은 정당하다' 42.9퍼센트, '탄핵은 부당하다' 44.4퍼센트로 두 의견이 비슷한 비율로 조사되었는데, 면접 참여자들 모두 태극기 집회에 참가한 경험이 있는 강한 보수 성향의 사람들로서 대부분 탄핵에 의구심을 갖고 있었던 것으로 보인다. 그러나 설문 조사에서 박근혜 전 대통령 탄핵이 부당하다고 응답한 사람들조차도 박근혜 대통령에게 '잘못이 없다'고 생각하는 비율은 13.5퍼센트에 불과했고, 대다수인 86.5퍼센트는 '잘못은 있지만 탄핵당할 정도는 아니다'라고 응답했다.

넷째, 부동산 정책, 차별금지법, 종부세 등의 정책적 이슈가 본인의 이해관계 혹은 정치 성향과 달라 정치에 관심을 갖게 되었다고 한다.

"점점 여러 법안과 정책(부동산, 차별금지법)이 우리 생각과는 전혀 다른 방향으로 가면서… 내가 침묵하는 것이 동조라는 생각이 들어 요즘 계속 조금 더 적극적으로 참여하려고 노력하고 있어요."

"원래 관심 있었는데 더 핵폭탄으로 관심을 갖게 된 계기는 성차별금지법 때문이에요."

이러한 면접 조사 내용을 바탕으로 이들이 보수적 정치 성향을 갖게 된 계기를 그림으로 표현하면 〈그림 2〉와 같다. 기본적으로 부모의 영향을 바탕으로 개인 성향이나 친구와 가족, 사회적 공동체의 영향을 받았고, 대북 정책, 사회주의 정부라는 인식, 박근혜 탄핵, 관심 있는 정책에 대한 인식에 따라 보수 성향이 강화된 것으로 정리할 수 있다.

〈그림 2〉 보수적 정치 성향을 갖게 된 계기

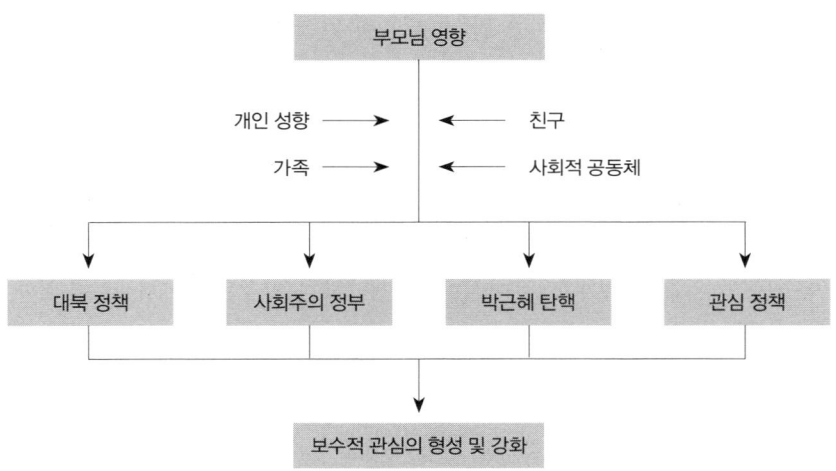

4) 존경하는 대통령

다음으로 존경하는 대통령에 대해 알아보았다. 역대 대통령 중 보수와 진보 또는 우파와 좌파로 구분되는 대통령들이 있는데, 이들에 대한 인식을 통해 개신교 보수층의 정치의식을 파악할 수 있다고 생각했기 때문이다. 이에 대하여 가장 많이 언급된 이는 박정희 전 대통령이었다. 설문 조사에서도 역대 대통령 호감도는 박정희 대통령이 100점 만점에서 66.2점을 얻어 2위를 기록한 이승만 대통령(49.1점)과 큰 차이가 났다.

박정희 대통령을 존경하는 가장 큰 이유는 경제 성장을 이루었다는 것이다. 낙후된 우리나라 경제를 살려서 오늘날의 초석을 놓은 것이 박정희 전 대통령의 업적이라고 여겼다. 두 번째 이유도 이와 관련된 것으로, 경부고속도로 건설을 들었다. 경부고속도로 건설은 시대를 앞선 안목으로 추진한 업적이며, 경부고속도로로 인해 수출 국가로 발돋움해 경제 발전의 기초를 이루었다는 것이다.

"경부고속도로를 내주신 것이… 물류 유통 사업에서 우리가 수출 위주 국가인데 그런 항만과 수도권을 연결할 수 있는 고속도로는 엄청난 생각이고…."

20대 청년이 이런 표현을 한 것이 흥미롭게 보였다. 박정희 대통령에 대해 긍정적인 면만 부각시키던 과거와 달리 지금의 20대가 중·고등학교에 다닐 무렵에는 비판적인 평가도 접했을 것으로 보이는데, 그는 매우 긍정적인 평가를 하고 있었다. 경부고속도로 건설 역시 지나친 밀어붙이기식 속도전으로 많은 인명 피해를 낳았고, 건설비보다 수리비가 수십 배 더 든 부실 도로라는 비판이 있음에도 보수 개신교인들은 긍정적인 면을 강조했다.

박정희 대통령을 존경하는 또 하나의 이유로 강력한 리더십을 꼽았다. 박정희 대통령에 대한 일반의 평가는 경제 발전을 이루었다는 긍정적 평가와 함께 독재 정치와 인권 탄압이라는 부정적 평가가 병존하는데, 이들은 긍정적인 측면을 더 높이 보고 있었다. 경제 발전을 이루고 수출 주도 국가로 부상할 수 있었던 것은 바로 박정희 전 대통령의 강력한 리더십 덕분이었다고 보고 있다. 강력한 리더십으로 인해 비록 독재 정치를 했지만 그것을 통해 경제 발전을 이루었다는 점에서 양해한다는 입장이다.

"우리나라를 잘살게 하기 위한 신념이, 나라를 사랑하는 마음이 굉장히 강했다고 생각해요. 그것 때문에 우리나라가 지금까지 살아 올 수 있는 기틀을 마련할 수 있지 않았나 생각하고 있어요. 그래서 존경하고, 마지막에 안 좋은 일이 있긴 했지만 그 당시 상황을 봐서는 그 독재 때문에 이 기틀을 마련할 수 있었다고 생각합니다."

마지막으로, 박정희 전 대통령이 비록 독재를 했지만 나라를 사랑하는 마음에서 그렇게 했다고 이해하고 있다. 나라를 사랑하는 마음이 바탕에 깔려 있었기 때문에 청렴했고, 자신의 사욕을 채우지 않았다는 점에서 박정희 전 대통령을 존경한다는 것이다. 한 40대가 "권력욕은 강했지만 사욕은 없었다"고 한 말이 이들의 생각을 대변한다. 다른 이들도 마찬가지다.

"일단 그분은 청렴했던 것 같아요. 정말 나라를 사랑했고, 지금 우리 의료 정책이 잘되는 것도 박정희 대통령 때 기본을 해 놓은 거라고 하더라고요. 모든 우리나라 산업 제도, 카이스트도 박정희 대통령 때 한 거라고 하고요."

면접 참여자들은 박정희 전 대통령 못지않게 이승만 전 대통령도 존경하는 대통령으로 많이 언급했다. 이승만 전 대통령을 존경하는 이유는 첫째, 우리나라를 건국한 대통령이라는 점이다. 혼란한 해방 정국에서 이승만 대통령이 없었다면 우리나라가 존립할 수 없었다고 말한다. 그리고 이러한 건국이 공산화를 방지했다는 것도 중요한 이유로 꼽는다. 남한만의 단독 정부를 반대하며 통일 정부를 지향했던 김구 선생이나 남로당의 박헌영이 득세했다면 적화 통일이 될 수도 있었을 것이라고 우려한다.

"이승만 대통령은 우리나라, 대한민국을 세운 대통령이고 김구나 다른 사람이 대통령이 되었다면 대한민국 남한마저 적화되지 않았을까."

또 이승만 전 대통령이 그리스도인으로서 제헌국회를 이인영 목사의 기도로 시작해서 존경한다는 이유도 있었다.

"우리나라에서 어쨌든 시작을 했기 때문에 그 공이 더 크다고 봅니다. 한국 정치를 외국에 알리기 위해서 독립운동 열심히 했고. 나라 세울 때 제헌국회 할 때도 이인영 목사님 통해 기도로 시작했고. 거기에 점수를 많이 줬습니다."

제헌국회가 목사의 기도로 시작되었다는 것은 유명한 일화다. 일부에서는 이것을 보고 우리나라 국민의 정서가 초기에는 기독교에 호의적이었다고 생각할 뿐만 아니라 건국 자체가 기독교 정신으로 이루어졌다고 과장된 해석을 하기도 한다. 하지만 당시 국회에서 기도를 하는 것에 대해 강한 반발이 있었음에도 이승만 대통령이 이를 무시하고 밀어붙였다는 비판도 있다. 이러한 사실에 대해서도 보수 개신교인들은 긍정적인 면을 더 두드러지게 인식하고 있었다.

전두환 전 대통령을 존경하는 사람은 다수는 아니었지만 다른 대통령에 비해 많이 언급되었다. 전두환 전 대통령을 존경하는 이유로는 먼저 강한 리더십을 들었다. 강력한 통치가 사회를 안정시켰다고 보는 것이다. 두 번째 이유는 박정희 전 대통령과 마찬가지로 경제 성장을 이루었다는 점을, 세 번째는 범죄 없는 나라를 만들었다는 점을 들었다.

"저도 박정희 대통령을 존경하지만 전두환 대통령은 진짜 리더십이 강하고, 물론 비자금 조성은 아주 나쁜 거지만 그래도 삼청교육대를 만들고 해서 우리나라가 안전하게 살았거든요. 그때는 범죄자도 별로 없고 거리도 깨끗해졌고. 그게 참 좋습니다."

특별히 대구에서 전두환 전 대통령을 존경한다는 응답이 많았는데, 이는 전두환 전 대통령을 대구 사람으로 생각하기 때문인 것으로 보인다.

존경하는 대통령과 그 이유를 그림으로 표현하면 〈그림 3〉과 같다.

〈그림 3〉 존경하는 대통령

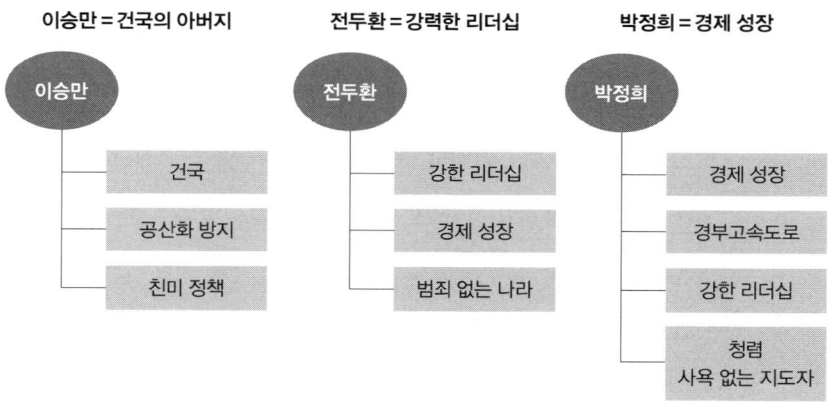

개신교 보수층이 선호하는 리더십은 박정희 전 대통령과 전두환 전 대통령을 선호하는 이유에서 나타나듯이 강력한 리더십이다. 그러나 앞에서 언급했듯 우리 사회에는 이에 대한 강한 비판도 존재한다. 그래서 보수 개신교인들에게 현대 사회에서도 이러한 리더십이 필요하다고 생각하는지 물어보았다. 그 결과 현재는 다원화 사회이고 화합/민주적 리더십이 필요하므로 박정희 전 대통령의 리더십이 부적합하다는 의견이 많았다. 그런데 50-60대에서는 여전히 박정희 전 대통령의 리더십이 필요하다는 의견도 있었다. 그 이유로는 '강력한 리더십'보다는 '청렴/사욕 없는 리더십' '국민 행복만 추구하는 리더십'이 주로 언급되었다. 한 20대의 말이다.

"그때는 근대화, 산업화가 굉장히 필요한 시기라서 강력한 리더십으로 경부고속도로같이 국민 반대가 심한 사업도 여론을 뒤엎고 추진해 나가는 리더십이 필요했는데 지금은 화합의 리더십, 조화의 리더십이 필요합니다."

〈그림 4〉 박정희 대통령의 리더십이 현재도 필요한지 여부

'필요 없다'는 이유
- 현대는 화합의 리더십이 필요하다.
- 현대는 포용의 리더십이 필요하다.
- 현대는 민주적 리더십이 필요하다.
- 현대는 소통의 리더십이 필요하다.

'필요하다'는 이유
- 청렴의 리더십을 갖고 있다.
- 강력한 리더십을 갖고 있다.
- 사욕 없는 리더십을 갖고 있다.
- 국민 행복 추구 리더십을 갖고 있다.

5) 보수 정당에 대한 평가

미래통합당

보수 개신교인들의 정치의식을 파악하기 위해 보수 정당에 대한 견해를 물었다. 먼저 미래통합당(현 국민의힘)에 대해서는 전체적으로 무기력/패배주의에 빠져 있다고 평가했다. 정부를 견제하는 역할을 미래통합당에 기대하는데 그런 모습이 보이지 않아 기대할 것이 없다는 반응이었다.

이들이 미래통합당이 무기력/패배주의에 빠져 있다고 생각하는 이유는 첫째, 우파 정체성이 부족하다는 것이다. 우파로서의 정체성이 부족하기 때문에 투쟁력이 부족하고 끝까지 이슈를 파고드는 집중력이 없다는 지적이다.

"비상대책위원장도 그렇고 선거위원장도 그렇고, 거기는 개인 이념보다 좌파나 우파 이런 이념이 너무 희박해졌다고 생각하거든요. 우파면 확실한 우파, 이게 아니다 싶으면 자기 목숨을 내놓고라도 나라를 지켜 보겠다고 해야 하는데, 지금 미통당은 못 믿겠어요. 자기 밥그릇만 챙기기 바쁘고 국민들 마음을 너무 몰라주고요."

한때 화제였던 부정선거에 대해서도 힘 있게 밀어붙이지 않아서 불만이었다고 말한다.

"요즘 미통당을 보면 자기 색깔이 분명하지 않다고 하는데, 저도 그렇게 생각해요. 어떤 이슈가 발생했을 때 예를 들어 이번에 부정선거다, 그랬다면 그게 단서가 잡혔으면 그걸 끝까지 파헤쳐서 끝장을 봐야 한다고 할까요. 그렇게 강력하게 대응해야 한다고 봐요."

다음으로, 새로운 인물이 나와야 주목을 받을 수 있고 당의 이미지도 쇄신할 수 있는데 그런 차기 리더가 없다고 말한다. 차기 리더가 없어서 미래통합당을 제대로 결집시켜 대여 투쟁을 하지 못하고 국민의 관심도 모으지 못한다는 것이다.

"인물이 없는 것 같아요. 왜냐하면 지금 보니까 딱 떠오르는 사람이 마땅히 없어요. 물론 나는 미통당을 찍을 거예요 앞으로도. 그런데 이럴까 저럴까 망설이는 사람들의 표를 가져올 만한 인물이 없어요."

마지막으로, 시대에 뒤떨어진, 소위 '올드한' 이미지를 꼽는다. 미래통합당의 이미지 자체가 올드하다는 것이다. 미래통합당의 주요 인물들이 모두 나이가 많고 정치를 오래 해서 올드한 이미지일 뿐만 아니라 지지층도 60대 이상의 노인층이어서 더더욱 올드해 보인다는 것이다. 그러나 최근 태극기 집회에 30-40대가 합류한 것이 눈에 보이므로 기회가 될 수 있다는 희망도 피력했다.

미래통합당에 대한 평가를 종합해 보면, 개신교 보수층이 보기에 미래통합당은 보수 정당이기는 하지만 보수 색깔이 뚜렷하지 않은 이미지다. 따라서 미래통합당은 보수층에게도 극우와는 거리가 먼 정당으로 여겨진다고 볼 수 있다.

〈그림 5〉 미래통합당에 대한 평가

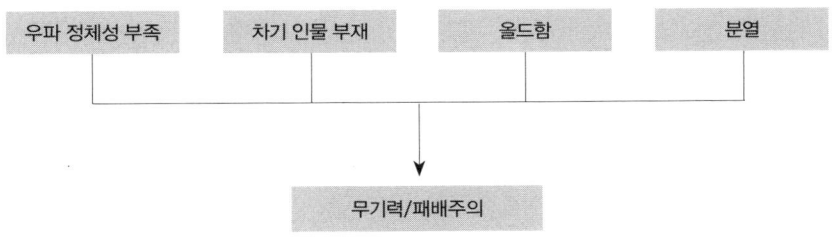

우리공화당

우리공화당에 대한 인식은 긍정적 측면과 부정적 측면이 분명히 대비되는데, 긍정적 측면은 박근혜 전 대통령 탄핵을 반대하는 투쟁에 앞장섰다는 것이다. 이 탄핵 반대 투쟁은 탄핵 반대에 머물지 않고 현 정부에 대한 투쟁으로 확대되어 정권 투쟁의 선봉에 섰다고 응답했다. 태극기 집회 참가자들인 만큼 우리공화당에 대한 일반의 낮은 지지도와는 상관없이 비교적 호의적인 태도를 보였다.

"박근혜 대통령 탄핵 관련해서 절차적으로 잘못된 것을 지적하거나 그런 것

말고도 저는 사상이 기본적으로 우파다 보니까 어떤 사람은 우리공화당이 극우라고 하는데, 저는 사상은 괜찮다고 생각해요."

한편 부정적인 측면에서는 '과격하다'는 이미지와 '올드하다'는 이미지가 있었는데, '올드하다'는 이미지는 주로 20-30대에서 나왔다. 이 두 가지 이미지가 중도층과 젊은층이 보수층으로 합류하는 데 방해가 된다는 인식을 갖고 있었다. 또한 우리공화당이 따로 존재함으로써 보수층을 분열시켜 보수의 힘을 약화시킨다는 점도 언급되었다. 그 결과 선거에도 부정적인 영향을 끼쳤다는 것이다.

"중도론자들이 어디에 표를 주느냐가 문제인데, 그런 분들이 기독자유당이나 우리공화당 때문에 보수로 넘어오지 못해서 같은 보수에게 역효과가 된다고 봅니다."

다음으로, 박근혜 전 대통령만 앞세우고 새로운 주장이 없다는 점을 이야기했다. 보수층의 최대 관심사는 현 정부에 대한 투쟁인데 여전히 박근혜 전 대통령만 붙잡고 있는 것에 대한 불만을 표출한 것으로 해석된다.

"대중들이 봤을 때 사실 박근혜 큰 사진 걸어 놓고 자극적인 글이 많거든요. 항상 시위가 시끄럽고 교통도 막히잖아요. 일반적인 사람들이 보기에 그 사람들이 우파 전체를 대표하는 것 같아 보여서 아쉽기도 하고."

박근혜 전 대통령의 탄핵에 대해 문제를 제기하고 태극기 집회를 주도한다는 점에서 보면 우리공화당이 극우 정당에 가장 가깝다고 볼 수 있다. 그런데 당세가 약하고 부정적인 이미지가 있어 보수층에서도 큰 호감을 얻지는 못하고 있다. 미래통합당에게 부족한 전투력을 가지고 있지만 보수층 전체를 아우를 수 있는 리더십은 갖고 있지 못한 것으로 평가된다.

〈그림 6〉 우리공화당에 대한 평가

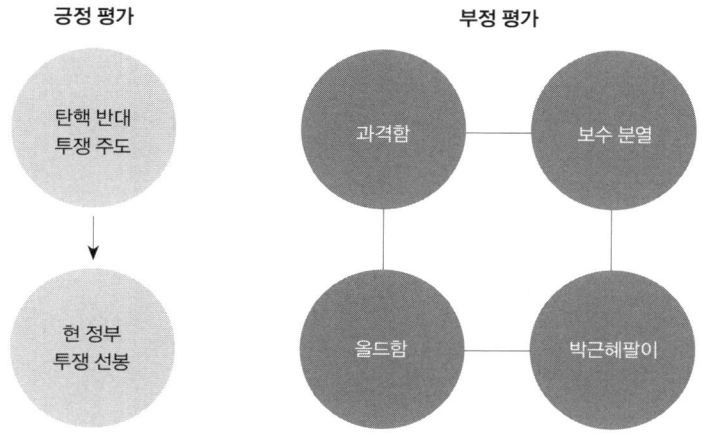

기독자유당

연구 대상이 개신교 보수층이므로 기독교 정당에 대한 인식을 통해 이들의 생각을 더 깊이 이해할 수 있을 것이라 여겨 기독자유당에 대한 이들의 견해를 물어보았다. 이에 대한 평가도 긍정적인 것과 함께 부정적인 것이 있었다. 먼저 보수 개신교인들은 기독교 정당을 하나님에 대한 믿음으로 운영되는 정당으로서 한국을 기독교 국가, 즉 하나님이 통치하시는 나라, 하나님이 기뻐하시는 나라로 만들 수 있다는 점에서 긍정적으로 평가했다.

"저도 기독자유당을 지지했거든요. 왜냐하면 그분들이 정말 이승만 대통령이 기독교를 근거로 나라를 세운 것을 굉장히 존경하면서 이승만 대통령의 마인드를 많이 가지고 있는 것 같더라고요. 비성경적으로 나아가는 이 정부를 성경적인, 하나님이 기뻐하시는 국가로 만들어 나가는 것이 좋아요."

또한 차별금지법을 진정으로 막아 낼 수 있는 정당은 기독자유당이라고 생각하기 때문에 지지한다는 의견도 나타났다. 그리고 현 정부에 부정부패가 많은데 기독자유당은 그리스도인이 모여 있으므로 청렴하고 윤리적으로 정치를 할 수 있다고 생각했다. 마지막으로, 한국이 사회주의 국가가 되는 것을 기독자유당이 막아 낼 수 있다는 생각으로 지지했다. 이는 기독교가 사회주의와는 완전히 대척점에 있기 때문에 기독자유당이 그 어느 정당보다 사회주의에 반대한다고 생각해 기독자유당을 긍정적으로 보는 것이다.

그러나 기독자유당은 개신교 보수층에서도 소수만이 관심을 보였다. 면접 참여자 가운데서도 일부만 긍정적인 평가를 했고 많은 이들이 비판적으로 생각했다. 기독자유당에 비판적인 이유는 종교가 정치와 분리되어야 한다는 생각에서다. 종교는 종교의 역할이 있고 정치는 정치의 역할이 있으므로 이 둘을 결합해서는 안 된다는 것이다. 그리고 정부의 금지에도 불구하고 8·15 태극기 집회를 강행하는 등의 기독자유당의 과격한 측면을 비판했다.

"지지는 하는데, 리더인 전광훈 목사님에게 아쉬운 점이 너무 지혜롭지 못하다는 거예요. 그래서 우리나라 모든 그리스도인이 하나 되지 못하게 하는 부분도 거기 있지 않나 싶어요. 코로나 사태가 터지고 집회하지 말라고 했을 때 무리하게 밀어붙이다가 기독교가 사회로부터 욕 얻어먹게 하는 하나의 계기가 되지 않았나 해서 그게 아쉬웠어요."

또한 전광훈 목사의 "하나님 까불면 죽어"와 같은 신성모독적 발언 이후 기독자유당의 기본 취지는 존중하지만 정도를 넘어섰다는 비판이 있었다.

"저는 기독자유당을 지지했거든요. 전광훈 목사님 말대로 두 석만 차지하기 바랐어요. 그런데 하나님에게 '까불지 마'라고 한 그 한 마디가 몇 만 표, 몇 십만 표 날려 버렸지요. 신성모독으로 가 버렸어요."

기독자유당을 지지하는 사람들도 신성모독적 표현은 용납할 수 없다는 입장을 나타낸 것이다. 전광훈 목사에 대한 평가는 뒷부분에서 태극기 집회와 관련하여 다시 살펴보도록 하겠다.

〈그림 7〉 기독자유당에 대한 평가

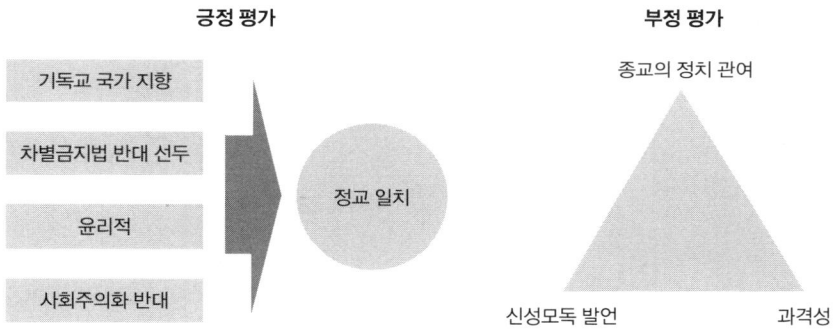

6) 보수와 극우에 대한 인식

보수의 정체성

우리 사회에서 보수는 어떤 사람일까? 보수의 핵심 정체성은 '반공/자유민주주의'와 '시장경제'다. 이 가운데 가장 핵심적으로 이야기하는 것은 '반공/자유민주주의'다. 즉 보수는 북한에 대해 강경하고 비타협적인 태도를 핵심 가치로 본다.

"우리나라 좌파는 종북에 가깝잖아요. 북한의 체제를 주장하고 간접적으로 이

〈그림 8〉 보수의 정체성

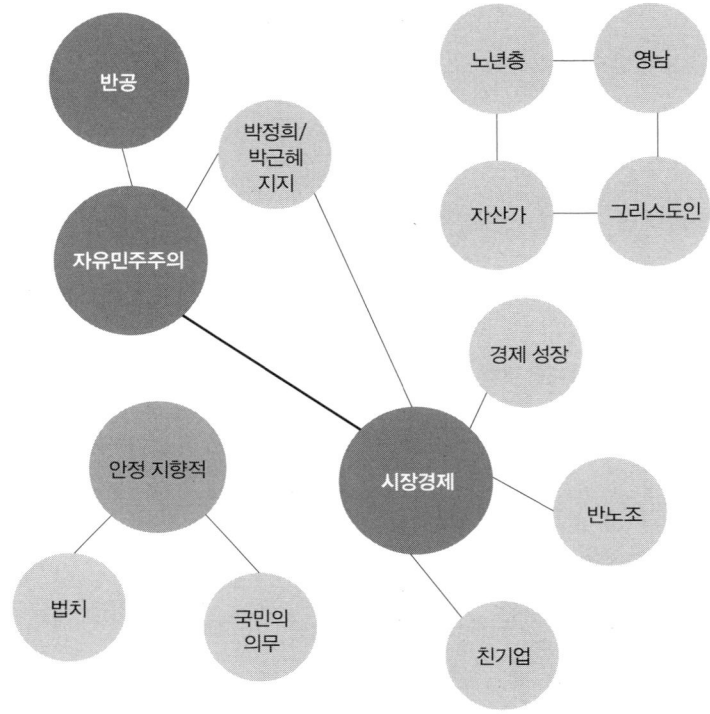

용하기 때문에 그게 우리나라에서 굉장히 중요한 것 같아요. 종북주의, 김일성 체제를 반대하는 것이 가장 기본에 깔린 게 보수지요."

좌파의 사전적 의미는 "진보적이거나 급진적인 정치관을 갖고 있는 사람"이지만, 우리 사회에서 좌파는 친북으로 여겨진다. 최근에는 북한에 종속되어 북한을 따른다는 뜻으로 '종북'이라는 말이 자주 사용되고 있다. 반면에 우파는 북한에 대해 강하게 반대하며 타협할 수 없고 타도해야 할 대상으로 여기는 경향을 강하게 드러낸다. 설문 조사에서도 '북한 정권은 무너뜨려야 한다'는 데 80퍼센트 가까이 동의했고, 태극기 집회 참여 의향자들은 90퍼센트 동의했다.

'시장경제'에 대해서는 '경제 성장'을 평등보다 더 중요하게 여기고, '친기업'이면서 노조에 반대되는 태도를 더 중요하게 여긴다. "자유민주주의는 곧 시장경제를 중시한다"는 입장이며, "진보는 '대기업을 도둑놈'으로 보고 보수는 '대기업을 국가 기간사업'으로 본다"는 말로 대표된다. 설문 조사에서도 '기업/시장의 자유로운 활동을 보장해 줘야 한다'는 의견이 61.9퍼센트로 '기업의 자유를 제한할 수 있다'는 의견보다 두 배 이상 높게 나왔다. 특히 태극기 집회 참여 의향자들은 74.7퍼센트로 평균보다 훨씬 높았다.

그 외에 '법치'를 중요하게 여기고 '국민의 의무'를 준수하는 안정 지향적인 사람을 보수로 보고 있다. 또한 노년층의 자산가와 영남 지역을 보수의 대표적 이미지로 보기도 한다.

애국 보수의 의미

최근 보수층에서는 '애국 보수'라는 용어가 사용되는데, 보수야말로 애국하는 사람들이라는 자부심과 함께 진보는 진정으로 나라를 사랑하는 사람이 아니라는 인식이 담겨 있다. 면접 참여자들에게 이 말이 어떤 특징을 가지는지 알아보았다.

"보수라는 큰 틀 안에 애국 보수가 있다고 생각하거든요. 국가를 먼저 생각하는 사람, 국가를 위해서 나를 어느 정도 희생할 수 있는 사람을 애국 보수라고 부르거든요. 대한민국은 나의 조국, 대한민국은 내가 지켜야 하는 나라, 대한민국을 빨갱이 세력으로부터 지켜야 한다고 생각하는 사람이 애국 보수예요."

반공의 기치 아래 나보다 국가를 더 앞세우는 국가주의적 가치관을 가진 보수를 '애국 보수'라고 부른다는 것이다. 이는 결국 극우파의 다른 표현이기도 하다. "애국자 중에서 더 진짜로 완전 보수, 더 진한 색을 가진 사람을 애국 보수라고 하지 않을까요?" "그 자체 용어를 극우처럼 생각해요"라는 말이 이를 대변한다.

〈그림 9〉 애국 보수의 의미

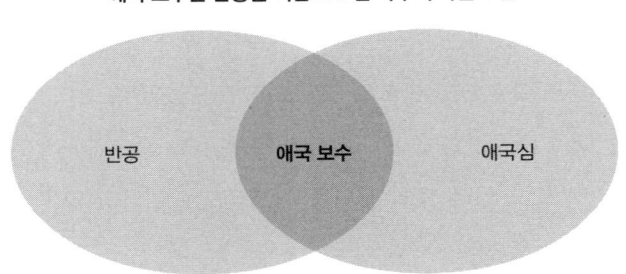

극우파

이 연구의 중요한 목적 중 하나가 극우 개신교인들의 의식을 파악하는 것이다. 그러나 앞에서 말했듯 극우라는 말은 학문적으로 정교하게 정립된 말이 아니다. 이 조사에서는 태극기 집회 참여자들을 통해 이들이 인식하고 있는 극우에 대해 알아보았다. 그런데 설문 조사 결과와 마찬가지로 극우파에 대한 이미지는 개신교 보수층 사이에서도 별로 좋지 않은 것으로 나타났다. 설문 조사에서는 극우파에 대해 '언행이 과격한 사람'(35.1퍼센트), '말이 안 통하는 사람'(29.0퍼센트)이라는 응답이 적지 않게 나왔고, '극우파야말로 나라를 진정으로 사랑하는 사람이다'라는 응답은 5.8퍼센트에 불과했다.

면접 참여자들은 극우파를 '반대자를 무조건 빨갱이로 모는 사람들'이라고 말했다. 극우파의 극단적 '낙인찍기'는 보수층에게도 부정적인 인상을 주었음을 알 수 있다. 보수층 가운데서도 20-30대가 특히 이 점을 지적했다.

"극우는 입 밖으로 '빨갱이' '종북좌파'란 말을 내뱉으며 '노무현은 빨갱이야' '문재인은 빨갱이야' '문재인은 종북좌파야' '문재인은 반역자야', 이렇게 한 나라 대통령을 극단적으로 이야기하는 사람이지요."

"자신과 반대되면 빨갱이라고 하며 친북으로 몰아가는 매카시즘적 태도를 보이는 사람이 극우라고 생각하고 있고, 그런 사람들은 자신과 조금만 달라도, 조금만 진보적인 이야기를 해도, 조금만 북한에 대해 포용적인 이야기를 해도 무조건 빨갱이니 종북이니 간첩이니 하며 반대를 합니다."

두 번째로 극우파의 특징은 '과격성'이다. "보수는 토론을 하려고 하고 극우파는 조용히 가스 밸브 여는 사람들"이라는 말로 보수와 극우를 구분하기도 한다. 여기서 '과격성'은 '난폭함'과 '불통'의 두 가지 의미가 있는데, 이들의 '과격성'이 심해질수록 사람들은 더 멀리 떨어져 나가는 부정적 효과를 낳는 것으로 보인다.

"극우라는 말은 모든 사람이 받아들일 수 있는 한계를 넘어선 것이거든요. 극우는 타협과 대화가 될 수 없는 상황, 더 이상 타협도 소통도 안 되고 대화가 안 될 때 극우 보수라고 생각해요."

세 번째는 '무식함'이다. 이는 첫 번째와 두 번째 응답과 연결되는 것으로 보이는데, 무조건 '빨갱이'로 낙인찍는 모습과 과격성을 보고 이들은 극우파를 '단순 무식'하다고 생각한다. "단순 무식하고 무조건 야구 빳다(배트) 휘두르고… 보수는 한 번 더 생각하고 이건 아니다 하면서 이야기하는데, 그분들은 보수의 탈을 쓴 무식한 사람들"이라며 자신들과 선을 긋는다. 이러한 생각은 보수층 가운데서도 40대에서 더 많았다.

마지막으로, 태극기 집회 참가자를 극우파라고 생각하기도 한다. 태극기 집회는 애국심으로 모이므로 태극기 집회를 더 열심히 해야 한다는 것이 극우파 성향의 태극기 집회 참가자의 말이다.

"나라를 지키자고 태극기 운동도 하고 여러 가지 운동도 하잖아요. 그런데 나가는 사람보고 지금 극우를 나쁘다고 얘기하는데, 저는 극우파가 많이 있어야 한다, 진짜로 내가 내 힘을 다 바쳐서, 내 생명을 바쳐서라도 지금 이 나라를 살려야 한다고 생각해요. 극우파가 더 점점 자리를 찾아 나가야…."

이러한 결과를 보면, 태극기 집회 참가자들조차 스스로 극우라고 생각하는 사람은 소수임을 알 수 있다. 일반적으로 태극기 집회에 참가하는 사람들이 극우 성향을 보인다고 할 수 있지만, 태극기 집회 참가자 중 상당수는 극우에 대해 선 긋기를 하면서 자신과 극우를 동일시하지 않았다. 설문 조사 결과에서도 '극우파야말로 나라를 진정으로 사랑하는 사람이다'라는 의견은 5.8퍼센트에 불과했고, '극우파는 일부 과격한 점이 있지만 나라를 위해서 필요하다'는 응답이 주를 이루었다. 또한 스스로 극우라고 응답한 사람은 18.9퍼센트로, 많지 않았다. 태극기 집회에 참가한 사람이 11.0퍼센트였고, 참가 의향자는 이보다 많은 23.0퍼센트임을 감안하면, 극우는 비율상 태극

〈그림 10〉 극우파

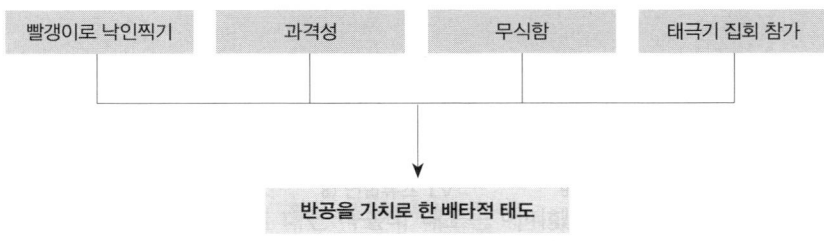

기 집회 참가자보다는 많지만 참가 의향자보다는 적은 수치다. 면접 조사 결과로 보면, 극우는 태극기 집회 참가자 중에서도 더 극단적이고 단순한 사고를 하며 과격한 사람들이라고 생각할 수 있다.

7) 태극기 집회에 대한 인식
참가 계기
설문 조사 결과에서 개신교 보수층 가운데 태극기 집회에 참가한 비율은 11.0퍼센트로 나타났다. 전체 개신교인 가운데 보수층 비율을 대략 30퍼센트라고 본다면, 전체 개신교인 중 태극기 집회에 참가한 사람은 3-4퍼센트 정도 된다는 뜻이다. 그런데도 교회 안팎에서 이들의 영향은 매우 크게 나타났다. 이들의 의식을 알아보기 위해 태극기 집회 참가 경험과 이에 대한 의견을 물어보았다.

앞에서 설명한 대로 수도권에서 실시한 면접 조사에는 적어도 태극기 집회에 두 번 이상 참가한 사람들을 포함시켰다. 먼저 이들이 태극기 집회에 처음 나간 계기는 대부분 박근혜 전 대통령 탄핵과 조국 사태 때문이라고 응답했다.

"촛불 시위가 많았는데 보기 싫더라고요. 그래서 우파적으로 뭔가 있으면 좋겠다는 생각을 하고 있었는데, 언제 태극기 집회가 있다고 뉴스에 뜨더라고요. 그래서 나가 보고 싶다고 생각했어요."

"저는 개인적으로 귀찮아서 그런 집회 안 좋아하고 안 나가려고 했는데, 조국 집회를 너무 크게 광고하니까 이래선 안 되겠다 하는 생각이 있었어요."

좌파가 활발하게 움직이는 것을 보면서 '우파적으로 뭔가 있으면 좋겠다'

라는 생각이 있었는데 박근혜 전 대통령 탄핵에 반대하며 우파가 단결하는 계기가 되었고, 조국 사태 때는 우파가 '이래서는 흐지부지되겠다'라는 각성으로 결집하는 계기가 되었다는 것이다. 특히 박근혜 전 대통령 탄핵 반대 후의 태극기 집회는 탄핵 반대를 넘어 '나라를 생각해서' 모이는 것이라고 했다. 설문 조사에서 태극기 집회에 참가한 가장 큰 이유로 '나라가 좌경화되는 것을 막기 위해서'가 43.9퍼센트를 차지한 것과 일맥상통한다. 이른바 '애국 보수'의 표현이다.

"태극기 집회 나가는 분 중에서 어떤 분은 박근혜 대통령은 무죄다, 박근혜 대통령을 지켜야 한다, 이런 의도로 나가는 분이 있거든요. 그런데 또 어떤 분은 좌파가 집권하면 나라 망한다, 이거 때문에, 박근혜 대통령보다 나라를 생각해서 나가는 분들도 계세요."

〈그림 11〉 태극기 집회 참가 계기

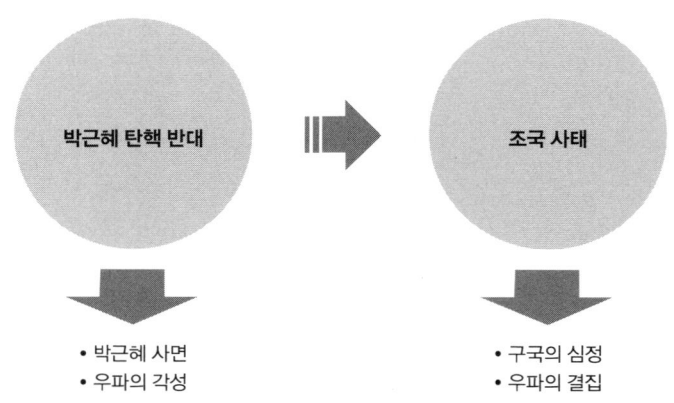

태극기 집회 참가를 권유한 사람

태극기 집회의 동원력과 관련해 교회가 매개가 되고 있는지 알아보기 위해 처음 누가 권유해서 집회에 나가게 되었는지 질문했다. 가족과 함께 나간 경우, 지인과 함께 나간 경우, 교회에서 나간 경우, 혼자 나간 경우 등 대답은 다양했다. 처음에는 혼자 나가기보다 누군가와 같이 나가는 경우가 많은 것으로 보인다.

가족과 같이 나간 경우는 부모님을 모셔다드리려고 나갔다가 태극기 집회에 동조되어 계속 나가게 된 경우가 있었고, 정치적 성향이 같은 배우자와 뜻이 맞아서 나간 경우도 있었다.

"저도 제 의지가 아니고 할머니가 100살 넘으셨는데 나간다고 하셔서 밟혀 죽을까 봐 모시고 갔어요. 제가 휠체어까지 밀고. 나가서 깨달은 것이 많아요."
(40대)

"저는 남편이 굉장히 우파 성향이라서, 정치적 성향이 비슷해서 남편하고 같이 나갔어요."

지인과 나간 경우는 주변 지인, 카톡방이나 카페 등을 통해 알게 된 지인 등 다양한 루트가 있었다.

"찜질방에서 만난 분 중 태극기 집회에 굉장히 열성적인 분이 계셨어요. 이분이 하는 말이, 가면 새로운 정보가 많대요. 저렇게 행동하는 사람도 있는데 나는 뭐 하고 있나 하던 참에 같이 가자고 해서 몇 번 나갔어요. 그래서 관심을 갖게 되었어요."

"카톡방에서 어디 어디 집회 있다 그러면, 상황에 따라서 가는 거죠. 그야말로 나가서 우리도 자리를 채워야겠다는 마음에 가는 거지요."

교회에서 나간 경우는 정치적 성향이 비슷한 사람끼리 연락을 해서 함께 움직이는 경우가 많았다. 설문 조사에서는 교회와 관련해 참가한 비율이 20퍼센트 정도로, 높지 않았다.

"저는 교회에서 뜻 맞는 사람들끼리 모여서 갔어요. 안수집사님이 권유해서 친구들하고."

"교회 다니는 분이 굉장히 열심히 해요. 카톡으로 태극기 집회뿐 아니라 정책 등 모든 상황을 다 올리고 공유하면서 적극적으로 해요. 이 정권 들어와서 그리스도인들이 위기를 느끼거든요. 교회를 너무 핍박하기 때문에. 그래서 우리가 적극적으로 될 수밖에 없어요."

혼자 나간 경우는 호기심 또는 우파 성향을 표현하고 싶은 마음에 참가했다고 말했다.

"우파적으로 뭔가 있으면 좋겠다 하는 생각을 하고 있었는데 언제 태극기 집회가 열릴 예정이라고 뉴스에 뜨더라고요. 사회생활할 때 보면 팀원들도 좌파 성향이 강하고, 우파들은 별로 드러내지 않아요. 회사에서 탄핵 이야기 나오고 할 때 뭔가 답답했는데, 거기 나가서 비슷한 성향의 사람이 많은 걸 보니 느낌도 좋아서 몇 번 나가게 되었어요." (20-30대)

"태극기 집회는 예전에는 참가 안 하다가 조국 사태 때 갔는데 호기심도 있었어요. 어떤 사람들이 있나 하는. 언론에 비친 이미지로는 연세 많은 분만 참가해서서 견학을 가 봐야겠다는 생각도 들었고."

〈그림 12〉 태극기 집회 참가를 권유한 사람/계기

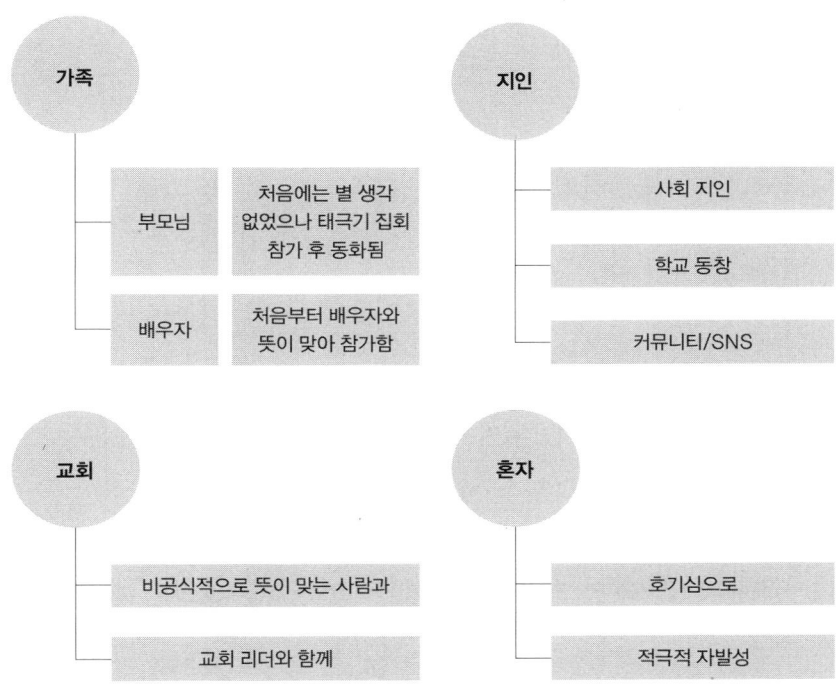

태극기 집회 참가 성과

한국 사회에서 보수 우파는 소수가 되었고, 공개적으로 목소리를 높이기도 힘든 분위기다. 그런데 태극기 집회에 참가하면 우파들끼리 모여 같은 구호를 외치면서 동질감을 확인할 수 있다는 장점이 있다. 태극기 집회 참가자들은 동지들이 모였다는 생각에 "눈물이 날 정도"까지 소수파의 설움을 잊을 수 있었고, 감동했다고 한다.

> "태극기 집회 참가하면서 나와 비슷한 생각을 가진 젊은 사람이 의외로 많구나, 숨어 있는 보수를 발견했어요." (20-30대)

"나와 같이 의식이 깨어 있는 사람이 생각보다 많구나."(40대)

"제 친구 중에서 저만 보수인데 나가 보니까 제 또래도 보수가 많다고 느꼈어요." (40대)

"눈물이 나더라고요. 나라를 사랑하는 사람이 아직도 남아 있다는 생각에 울컥하더라고요."(40대)

또 보수성 강화 교육 효과도 있다. 집회에서 새로운 정보와 소식을 얻게 되면서 막연했던 정치의식이 깊어지고 강화되는 효과가 있다고 한다.

"조금씩 태극기 집회에 물들기 시작했지요. 왜냐하면 제 또래에서 태극기 집회 나갔다고 하면 애들이 왕따시켜요. 미쳤다고 하면서. 말을 못하죠."(40대)

"어떤 내용에 대해서 잘 모르고 가서 교육받지요. 앞에서 강연하는 걸 들으면서 속속들이 알게 되는 거예요."(40대)

〈그림 13〉 태극기 집회 참가 성과

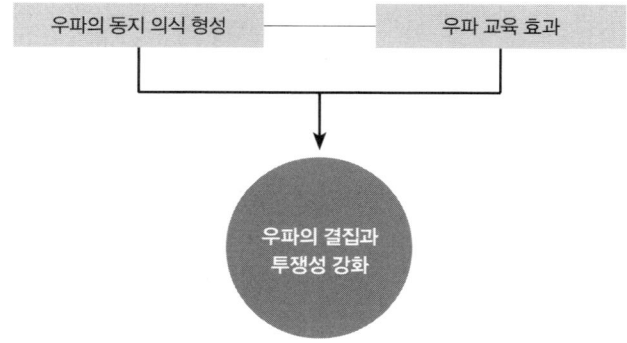

전광훈 목사 주도의 태극기 집회

태극기 집회 참가자 중에는 전광훈 목사가 주도하는 태극기 집회에 참가한 사람이 적지 않았다. 여기에는 그리스도인이라는 이유도 작용했지만 그것보다는 비종교적 이유가 더 강했다. 면접 참여자에 따르면, 광화문광장의 태극기 집회는 우리공화당이 주도하는 집회와 광화문 사거리에서 전광훈 목사가 주도하는 집회가 각각 따로 있었다. 이 가운데 우리공화당이 주도하는 태극기 집회는 점차 축소되고 전광훈 목사가 주도하는 태극기 집회로 모이는 경향이 나타났는데, 이런 현상은 전광훈 목사의 주장에 동조해서라기보다는 단순히 '접근성이 좋아서'였다는 답변이 나왔다. 광화문 사거리가 지하철이나 버스로 접근하기에 편한 위치라는 점이 자연스럽게 사람들을 모이게 하는 조건이었다는 것이다.

"사람이 너무 많아서 앞까지 못 가요. 그래서 거기 멈춰 있었어요."(50-60대)

"시청역 1번 출구로 나오면, 그 앞이 다 통제가 되어 있어서 그 앞으로 나올 수밖에 없어요."(50-60대)

그리고 태극기 집회 구호가 "광화문으로 모이자"였는데, 광화문 근처에 오면 가장 쉽게 모이게 되는 장소가 광화문 사거리였다고 한다.

대중적으로 많이 알려진 것이 전광훈 목사의 태극기 집회라는 의견도 있었다. 언론을 통해 전광훈 목사가 많이 알려졌고, 또 전광훈 목사의 연설이 설득력과 공감을 얻어 호응이 많아지면서 사람들이 더 많이 모이고, 그러면서 가장 대중적인 태극기 집회가 되었다고 한다.

"내용은 생각 안 나는데 굉장히 설득력 있게 그분이 잘한 것 같아요. 그래서 공감을 많이 얻고 사람들이 호응을 많이 했던 것이 생각 나요."

그러나 전광훈 목사가 주도하는 태극기 집회에 대한 비판도 상당했다. 첫째 비판은 '욕설'을 하거나 '트로트'를 부르는 등 천박하다는 것이었으며, 둘째는 '선동적'이고 순수해 보이지 않았다는 점이다. 셋째는 '과격해서' 목사답지 않다는 것이었다. 넷째는 집회에서 헌금 걷는 것을 이해할 수 없다는 반응이었다. 다섯째는 '하나님 까불면 죽어'와 같은 신성모독 발언을 받아들이기 어렵다는 것이었다.

"저는 동아일보 앞에 있었는데, 전광훈 목사님 말씀만 들었는데 너무너무 공감이 안 가고… 와, 목사님이 욕만 해서 사람들에게 어떻게 공감을 얻어요?" (50-60대)

"그 사람은 시도는 좋았는데 너무 선동적이고 저는 진짜 순수한 마음에 갔거든요. 나름 순수한 마음에 갔는데 가서 보니까 너무 실망스러운 거예요." (50-60대)

"처음에 그걸 이끌어서 많은 사람을 집회로 나오게 한 영향력도 나름 있지만, 목사님으로서 과격한 부분도 있었고 마지막에 결과가 좋았던 것 같지 않아요." (50-60대)

"목사님 같지 않고, 집회하는 거 봤거든요. 트로트도 막 부르시고, 모르겠어요. 그리고 끝에는 헌금을 하는데, 의아하게 생각됐어요." (40대)

"전광훈 목사님이 어떤 사람인지 정확하게는 모르지만 너무 과격한 것 같아요.

목회자가 신성모독적인 발언을 해서 깜짝 놀랐는데, 그러면 취지가 퇴색되지 않을까 하는 우려가 있었습니다." (40대)

설문 조사 결과에서는 전광훈 목사의 언행에 대해 동의하는 비율은 30.6퍼센트였고, '주장에 대해 동의하지 않는다'(28.5퍼센트)와 '극단적 언행을 하고 있어서 실망했다'(34.6퍼센트)를 합한 63.1퍼센트는 지지하지 않는 것으로 나타났다.

〈그림 14〉 전광훈 목사 주도의 태극기 집회

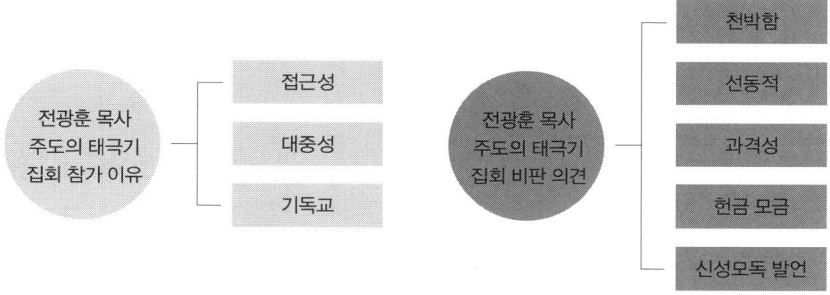

이러한 조사 결과로 볼 때, 태극기 집회 참가는 주로 박근혜 전 대통령 탄핵을 일으켰던 촛불 집회와 그 이후의 조국 사태가 촉발 요인이었으며, 스스로 나간 사람들 외에 다양한 주변 사람들의 권유로 참가했음을 알 수 있다. 그리고 집회에 참가하면서 다양한 효과가 나타났는데, 보수 우파 세력의 결집을 통해 좌파에 대항하면서 스스로 동지 의식도 느끼고 보수성을 더 강화하기도 했다.

그러나 참가자들 상당수가 집회 자체는 만족스럽지 못하다는 의견을 보였다. 여기저기서 여러 개의 스피커를 통해 나오는 소리가 집중하기 어려웠고, 연사들의 언행도 썩 만족스럽지 못했다고 이야기했다. 다만 우파의 세를 과시하고 뭔가 표현하고 행동했다는 점에서 만족감을 느낀다고 말했다. 설문 조사 결과에서도 '만족한다'는 비율이 29.3퍼센트, '만족하지 않는다'는 비율이 66.1퍼센트로 불만족 비율이 두 배 이상 높게 나타났다.

5. 나가는 말

이상에서 살펴본 면접 조사 결과를 통해 보수 개신교인들의 정치의식을 깊이 있게 들여다볼 수 있었다. 설문 조사를 통해 보수적인 정치의식의 다양한 차원에 대해 어느 정도 윤곽을 그릴 수 있었다면 면접 조사를 통해서는 이들의 실제 이야기를 들으며 의식의 흐름이나 사고의 논리에 대해 이해할 수 있었다. 앞에서 살펴보았듯이, 보수적인 정치의식을 가진 개신교인들은 나름대로 나라를 걱정하는 마음에서 이런저런 노력을 했고, 그 가운데 하나의 행동으로 태극기 집회에 참가했다고 볼 수 있다. 따라서 단순히 태극기 집회에 참가한 것을 이유로 이들을 비난하거나 매도하는 것은 바람직하지 않다.

언뜻 태극기 집회에 참가한 사람들은 과격하고 극단적인 사고를 하는 것처럼 보이지만, 면접 조사에 참여한 사람들은 대부분 논리 정연하게 자신의 의견을 피력했다. 이들은 자신들에 대해 자세히 알지 못하면서 태극기 집회 참가자들을 모두 극우로 몰아세우고 과격분자로 보는 것은 온당치 못하다고 생각한다. 집회 참가자 중 일부만이 극단적이고 과격한 사람들이기 때문이다. 설문 조사 결과에서 나온 것처럼 극우라고 표현할 수 있는 사람은 보수 개신교인 중에서도 3분의 1 정도만 해당한다는 사실을 감안해야 한다.

그러나 면접 참여자들의 이야기를 액면 그대로 받아들일 수 없다는 점도 염두에 두어야 한다. 다른 사람들 앞에서 자신의 생각을 표현할 때 사람들은 스스로 생각하는 것보다 훨씬 더 신중하게 표현하고 다른 사람들의 눈을 의식해 사회의 기대에 크게 어긋나지 않게 말하려고 하는 경향이 있다. 그리고 면접 조사에 참여한 사람들은 다른 사람들 앞에서 자신의 생각을 어느 정도 조리 있게 말할 수 있는 사람들일 가능성이 크다. 자신의 표현 능력이나 태도에 대해 자신이 없는 사람은 조사 참여를 꺼릴 가능성이 크기 때문이다.

면접 조사 마지막에 모든 참가자에게 공통으로 '문재인 대통령이 빨갱이라고 생각하는가?'라고 질문했다. 그런데 한 사람도 예외 없이 '빨갱이'라고 대답했다. 과연 우리나라에서 사회주의자를 대통령으로 선출할 수 있는지, 다수의 국민이 선거를 통해 뽑은 대통령을 빨갱이라고 할 수 있는지 매우 의아했지만, 면접 참여자들은 단호한 모습이었다. 그런 점에서 자신의 극우 성향의 일면을 드러낸 것으로 여겨진다. 스스로 극우파와 선을 긋고 있지만 극우적 성향을 가지고 있는 이중성을 보인 것이다.

사회에는 다양한 입장을 가진 사람들이 존재하고, 반사회적 요소를 가지지 않은 한 어떤 생각도 존중되어야 한다. 그것이 보수적이거나 진보적이라고 해서 문제가 될 수는 없다. 정치철학에서 오랫동안 평행선을 그어 온 자유주의나 공동체주의도 나름의 한계가 있고, 이를 극복하기 위한 다양한 논의가 역사를 통해 이어져 왔다. 문제는 지나치게 편향된 사고다. 모든 사람이 평균적인 사고를 하거나 양비론적 입장을 가질 필요는 없지만, 역사 사건이나 인물에 대해 자신의 관점에 따라 무비판적으로 수용하거나 무조건 반대하는 것은 바람직하지 않다.

그리스도인이라면 더욱 그렇다. 자신의 이해관계보다는 전체 사회를 바라보고 어느 것이 더 유익한지를 따져 볼 수 있어야 한다. 자신의 신념에 따라 판단하기보다는 어떤 것이 성경의 가르침에 부합하는지도 면밀히 검토해야 한다. 그런데 대부분 교회에서는 '믿음'을 강조하면서 논리적으로 따지거나 비판적으로 사고하는 것은 성경적이지 않은 것처럼 호도하는 경우가 많다. 그래서 기독교는 무조건 '친미반공'이어야 하고, 개인의 이익보다 사회의 이익을 앞세우면 사회주의로 단정해 버리는 경향이 강하다.

그리스도인은 그리스도인 정치인을 지지해야 하고 그리스도인이 정치를 하면 기독교적으로 정치를 할 수 있다는 생각은 지나치게 단순한 생각이다. 얼마 전 한 젊은 정치인이 정치를 통해 하나님 나라를 이루겠다고 표현했다가 큰 논란을 빚기도 했다. 정치는 신앙 고백으로 이루어지는 것이 아니다. 신앙 고백대로 정치를 하기도 어렵거니와 신앙 고백의 내용도 사람에 따라 매우 다르다는 점을 생각해야 한다. 하나님 나라에 대한 생각이나 신학적 입장도 다양하다. 그리스도인은 보다 구체적으로 자신의 신앙을 표현할 수 있어야 하고, 그것을 어떻게 실제 삶에서 이루어 나갈 수 있는지 이야기할 수 있어야 한다.

이러한 바탕 위에 세금 문제나 복지 정책, 국제 관계, 그리고 성차별과 혐오 문제가 다양한 차원에서 논의되고 토론되어야 한다. 어느 한 주제도 단순하게 답을 내리기 쉽지 않은 복잡한 문제인데 교회에서는 너무 쉽게 정답을 이야기하고 성도들은 이 답을 주문처럼 외우고 다닌다. 그러면서 그것을 다른 사람에게 강요하기도 하고 동조하지 않는 사람은 '종북좌파'나 '빨갱이'라고 낙인찍는다. 이런 편 가르기와 맹목적 비난이 태극기 집회 참가자들에게 똑같은 방식으로 이루어지고 있다. 이념에 바탕을 둔 '색깔 논쟁'은 더 풍부한 사상 발전에 걸림이 될 뿐만 아니라 갈등만 조장한다.

대통령 선출이나 기독교 정당과 같이 직접 정치 관련 활동을 하는 경우가 아니라도 교회는 여러 가지 모양으로 현실 정치에 깊이 관련되어 있다. 가장 쉽게 접할 수 있는 것이 설교다. 목회자들은 설교 때 여러 가지 사회 이슈나 정치 사건을 자주 언급한다. 그런데 종종 왜곡된 사회 인식으로 사회 문제나 정치 문제에 대해 편향된 설교를 하는 경우가 있어 물의를 빚곤 한다. 특히 선거철마다 여러 교회에서 이러한 문제로 시끄러워지는 경우가 많다. 장로 대통령 후보가 나올 때마다 장로를 대통령으로 뽑아야 한다고 강단에서 선포되기 일쑤였고, 이에 대해 다른 의견을 가진 사람은 신앙심을 의심받기도

했다. 장로 대통령이 나와야 기독교에 유리한 정책을 펼칠 것이고, 그래야 전도의 문도 크게 열릴 것이라고 기대한 것이다.

과거 한·미 FTA에 대해서는 학자들조차 찬반 의견이 갈리고 있었음에도 교회 강단에서는 너무나 확신에 찬 말씀이 선포되었다. 마찬가지로 진보 정권이 들어섰을 때는 그 정권을 반기독교적이라고 단정하고 설교하는 경우가 적지 않았다. 성경의 가르침을 토대로 어떤 정책이나 정치적 입장에 대해 비판하고 예언자의 목소리를 낼 필요가 있음은 물론이다. 그러나 과거 독재 정권 시절이나 우파 정권 시절에는 비판의 목소리가 거의 없었고 좌파 정권이 들어설 때만 유독 정치 관련 설교나 정권을 비난하는 경우가 많다는 사실은 균형을 잃었다고 볼 수밖에 없다.

정치에 대해서는 다양한 입장이 있을 수 있고 누구든 자신의 정치적 입장을 표현할 수 있다. 그러나 그것이 소통이 불가능하고 자신의 입장을 다른 사람에게 강요하는 것이라면 건전한 정치관이라고 할 수 없다. 게다가 그것이 신앙에 기초한 것이라면 좀처럼 바뀌기가 어렵고 신앙의 이름으로 다른 사람을 단죄할 수 있기 때문에 매우 위험하기까지 하다. 성경에 기초한 신앙이라면 누구도 함부로 단죄할 수 없고 신 외에 어떤 것도 절대시할 수 없다. 정치 신념 이전에 성경의 가르침에 기초한 바른 신앙과 사회관을 정립하는 것이 무엇보다 우선되어야 할 것이다.

02
보수 개신교인의 정치의식

정재영(실천신학대학원대학교 종교사회학 교수)

1. 자료의 성격

이 조사는 한국 개신교인들의 정치의식을 파악하기 위해 실시했다. 개신교인 가운데 보수적인 정치 성향을 가진 이들을 유형화해 그 가운데 극우 성향의 사람들을 찾아내 그들이 어떤 생각을 하고 있는지 파악하기 위함이다. 설문조사는 여론조사 전문 기관 '지앤컴리서치'에 의뢰하여 2020년 9월 2일부터 6일까지 5일 동안 패널을 활용한 온라인 조사로 진행되었다. 전국의 19세 이상 개신교인 중 스스로 보수라고 응답한 사람들을 대상으로 570명을 표본 추출하였는데, 곧 패널에게 '0-3점: 진보, 4-6점: 중도, 7-10점: 보수'로 구성된 11점 척도를 제시하고 7-10점에 응답한 사람들을 대상으로 조사했다. 표본 추출 및 조사 과정은 아래와 같다.

설문 문항은 정치 성향 및 현재 이념 상황에 대한 인식을 정치 이념 성향,

〈표 1〉 조사 설계

구분	내용
조사 지역 및 대상	전국 만 19세 이상 개신교인으로서 스스로 보수라고 응답한 사람.
조사 방법	온라인 패널을 대상으로 한 온라인 조사(이메일을 통해 URL 발송).
표본 규모	총 570명(유효 표본).
표본 추출	무작위추출 • 개신교 보수층에 대한 정보가 없으므로 무작위로 추출함. • 무작위추출 후 온라인 조사의 특성상 화이트칼라의 비중이 커서 직업 가중치를 주어 화이트칼라 비중을 낮추었음. • 직업 가중치도 개신교 보수층에 대한 정보가 없으므로 일반 국민 직업 분포를 고려해 가중치를 산출했음[한국갤럽 정기 여론조사(전화 조사)의 9월 월간 조사 결과를 준용함].
표본 오차	무작위추출을 전제로 할 경우, 95% 신뢰 수준에서 ±4.1%p.
자료 처리	수집된 자료는 통계 패키지 SPSS 18.0 for Windows로 분석함.
조사 기간	2020년 9월 2-6일(5일간)
조사 기관	㈜지앤컴리서치

정치 정보 입수 경로, 한국 사회 이념적 상황 및 정책에 대한 인식, 대통령 호감도 등으로 질문했다. 그리고 태극기 집회에 대한 인식 및 행동과 관련해 태극기 집회 참가 실태, 태극기 집회와 기독교에 대해 물었다. 마지막으로 기독교 극우파에 대해 전광훈 목사와 극우파에 대한 인식을 질문했다. 자세한 설문 문항은 〈부록〉(271-293쪽)에 첨부한 설문지를 참고하기 바란다.[1]

〈표 2〉 설문 문항 구성

대분류	중분류	항목
정치 성향 및 현재 이념 상황에 대한 인식	정치 이념 성향	보수 이념 변화 여부
		보수 이념 형성 계기 및 영향
		개인과 집단 간의 관계에 대한 인식
		기업/시장의 자유와 공익과의 관계에 대한 인식
	정치 정보 입수 경로	정치 뉴스 입수 경로 및 매체
		정치 뉴스와 관련하여 매체 종류별 신뢰 매체
	한국 사회 이념적 상황 및 정책에 대한 인식	한국 사회 이념 동향에 대한 인식
		주요 정책에 대한 찬반 의견
	대통령 호감도	역대 대통령 호감도
		박근혜 전 대통령 탄핵에 대한 태도
태극기 집회에 대한 인식 및 행동	태극기 집회 참여 실태	태극기 집회 참가 경험 및 횟수
		태극기 집회 참가 이유/기피 이유
		태극기 집회 참가 의향
		태극기 집회에서 차지하는 교회의 동원력
		태극기 집회 참가가 본인 이념에 미치는 영향
		태극기 집회에 대한 평가 및 평가 이유
		8·15 태극기 집회와 코로나19 확산에 대한 의견
	태극기 집회와 기독교	태극기 집회와 기독교와의 관계
기독교 극우파	전광훈 목사	전광훈 목사의 태극기 집회 참가 이유
		전광훈 목사에 대한 평가
	극우파에 대한 인식	극우파의 특징
		본인을 극우파라고 생각하는지 여부

응답자 특성을 보면, 성별은 남성이 62.9퍼센트, 여성이 37.1퍼센트였다. 나이는 20대(19세 포함) 9.6퍼센트, 30대 12.9퍼센트, 40대 21.5퍼센트, 50대 25.1퍼센트, 60세 이상이 30.8퍼센트였다. 스스로 정치 성향이 보수적이라고 응답한 사람들이기 때문에 나이가 많을수록 높은 비율로 표집되었다. 지역은 서울 28.5퍼센트, 인천/경기 33.1퍼센트, 부산/울산/경남 11.5퍼센트, 대구/경북 9.5퍼센트, 광주/전라 6.4퍼센트, 대전/충청 9.1퍼센트, 강원/제주 1.9퍼센트였다. 경제 수준은 하층 43.0퍼센트, 중간층 42.4퍼센트, 상층 14.6퍼센트로, 이 역시 경제 수준이 하층인 사람들에서 보수 성향이 많기 때문인 것으로 해석된다. 스스로 응답한 자신의 보수 성향은 11점 척도에서 7점과 8점 응답자를 합한 '약간 보수'가 78.4퍼센트, 9점과 10점을 합한 '매우 보수'가 21.6퍼센트였다. 군집 분석을 통해 분류한 응답자들의 유형은 이념형 21.9퍼센트, 진보형 21.5퍼센트, 행동형 19.1퍼센트, 소극형 37.5퍼센트였는데, 이에 대해서는 뒤에서 자세히 설명하겠다. 나머지 특성에 대해서는 〈표 3〉을 참고하기 바란다.

이번 조사의 목적이 극우 기독교에 대한 것이지만, 극우에 대한 명확한 정의는 존재하지 않는다. 따라서 스스로 보수적이라고 응답한 사람 중 '극우'에 해당하는 사람이 얼마나 되는지, 그리고 어떤 사람을 '극우'로 분류할 수 있는지가 조사의 목적 가운데 중요한 부분을 차지한다. 개신교 보수층을 유형화하기 위해 이번 조사에서는 군집 분석(cluster analysis)을 실시했다. 군집 분석은 다양한 요인을 결합해 응답이 유사한 사람들끼리 묶어 주는 통계 기법을 말한다. 설문 문항 중 군집 분석에 유효하다고 판단한 문항을 변수로 삼아 군집 분석을 했다. 그 결과는 〈표 4〉와 같으며, 각 군집의 특성은 〈표 5〉와 같다. 각 군집의 특성을 고려해 각각 이념형, 행동형, 소극형, 진보형이라고 이름

---

1   설문 결과에 대한 보다 자세한 자료와 표는 한국교회탐구센터 웹사이트에서 확인할 수 있다.

〈표 3〉 응답자 특성

구분		사례 수(명)	비율(%)
전체		(570)	100.0%
성별	남성	(358)	62.9
	여성	(211)	37.1
연령	19-29세	(55)	9.6
	30-39세	(74)	12.9
	40-49세	(123)	21.5
	50-59세	(143)	25.1
	60세 이상	(176)	30.8
지역	서울	(162)	28.5
	인천/경기	(189)	33.1
	부산/울산/경남	(65)	11.5
	대구/경북	(54)	9.5
	광주/전라	(36)	6.4
	대전/충청	(52)	9.1
	강원/제주	(11)	1.9
직업	자영업	(83)	14.5
	블루칼라	(80)	14.0
	화이트칼라	(187)	32.8
	가정주부	(105)	18.4
	학생	(33)	5.8
	무직/기타	(83)	14.6
경제 수준	하층	(245)	43.0
	중간층	(241)	42.4
	상층	(83)	14.6
교회 직분	목회자/항존직	(157)	27.6
	서리집사/권찰	(144)	25.3
	직분 없음	(269)	47.1
주관적 보수 이념 수준	약간 보수	(447)	78.4
	매우 보수	(123)	21.6
군집	이념형	(125)	21.9
	진보형	(122)	21.5
	행동형	(109)	19.1
	소극형	(214)	37.5

〈표 4〉 군집 분석 결과

	군집			
	군집 1	군집 2	군집 3	군집 4
문9. 개인 자유 보장-제한	-0.71993	0.87094	0.39845	-0.18448
문10. 기업 시장자유 보장-제한	-0.84274	1.06765	0.39382	-0.25273
문12. 2)친북좌파 정부 비동의-동의	0.76680	-1.16397	0.39507	0.01867
문12. 3)북한 정부 괴멸 비동의-동의	0.58208	-0.78621	0.24617	-0.04823
문13. 1)대북평화교류정책 반대-찬성	-0.82562	0.77322	0.01706	0.02967
문13. 2)한미동맹우선정책 반대-찬성	0.69562	-0.47794	0.06964	-0.19679
문13. 3)중국관계우선정책 반대-찬성	-0.95709	0.72197	0.40227	-0.07343
문13. 6)국민기본소득 반대-찬성	-0.92090	0.71167	0.42627	-0.08023
문13. 7)종합부동산세 중과 반대-찬성	-1.14292	0.66042	0.41404	0.11076
문13. 8)법인세중과정책 반대-찬성	-1.13281	0.81602	0.30748	0.04093
문29. 코로나 후 태극기 집회 참가 의향 NO-YES	0.66956	-0.57242	0.93425	-0.53871
문30. 전광훈 목사 언행 지지-비동	-0.54899	0.52447	-0.76987	0.51615
문33. 태극기 집회 전반적 만족도 불만-만족	0.51002	-0.60947	0.99661	-0.52907

을 붙였다. 사실 군집 분석은 통계적으로 유사한 성향을 보이는 집단을 묶어주기는 하지만 현실의 상황과 정확하게 들어맞지 않는 경우도 적지 않다. 통계적 특성상으로는 유사하지만 현실적으로 어떤 유사성이 있는지 뚜렷하지 않은 경우도 있는 것이다. 따라서 유형 분류가 정확하게 현실을 반영하지 않을 수도 있다. 그러나 이번 조사에서는 군집들 사이에 어느 정도 유사성을 나타내어 이렇게 명명했다.

이념형은 행동보다는 '친미 반공'으로 대표되는 이념적으로 강한 보수성을 보인 집단이다. 행동형은 이념 성향보다는 태극기 집회 참가에서 특징을 보인다. 소극형은 여러 가지 사안에 대해 뚜렷한 특징을 보이지 않은 집단이다. 마지막으로 진보형은 여러 사안에 대해 보수라기보다는 진보에 가까운 태도

〈표 5〉 각 군집의 특성

군집	특성
군집 1	• 개인의 자유와 기업/시장의 자유를 보장해야 한다는 데 강한 동의. • 현 정부는 친북좌파 정부라는 것과 북한 정부는 괴멸해야 한다는 데 강한 동의. • 대북평화교류정책에 대해 강한 반대. • 한미동맹우선정책에는 강한 찬성. • 중국관계우선정책, 국민기본소득, 종합부동산세 중과 및 법인세 중과 정책에 대해 강한 반대. • 태극기 집회 참가 의향, 전광훈 목사 언행 지지, 태극기 집회 만족도 약간 높은 편.
	→ 보수적 이념이 투철하고 태극기 집회에도 강한 친화성을 보이지만 군집 3보다는 덜 행동적이다.
군집 2	• 개인의 자유와 기업/시장의 자유를 제한해야 한다는 데 강한 동의. • 현 정부는 친북좌파 정부라는 것과 북한 정부는 괴멸해야 한다는 데 강한 비동의. • 대북평화교류정책에 대해 강한 찬성. • 한미동맹우선정책에는 강한 반대. • 중국관계우선정책, 국민기본소득, 종합부동산세 중과 및 법인세 중과 정책에 대해 강한 찬성. • 태극기 집회 참가 의향, 전광훈 목사 언행 지지, 태극기 집회 만족도 낮은 편.
	→ 사안에 대해서는 오히려 진보적 의견을 가졌고 태극기 집회와 전광훈 목사에 대해 부정적 태도를 갖고 있다. 보수보다는 진보 성향이 강하다.
군집 3	• 개인의 자유와 기업/시장의 자유를 제한해야 한다는 데 약한 동의. • 현 정부는 친북좌파 정부라는 것과 북한 정부는 괴멸해야 한다는 데 약한 동의. • 대북평화교류정책 및 한미동맹우선정책에 대해서는 특별한 의견이 있다고 보기 어려움. • 중국관계우선정책, 국민기본소득, 종합부동산세 중과 및 법인세 중과 정책에 대한 약한 찬성. • 태극기 집회 참가 의향, 전광훈 목사 언행 지지, 태극기 집회 만족도 매우 높은 편.
	→ 사안에 대한 다소 보수적 의견을 가졌으나 그에 비해 전광훈 목사에 대해 강한 지지를 표명하며 태극기 집회의 행동에 대해 친화성을 갖고 있다.
군집 4	• 개인의 자유와 기업/시장의 자유를 보장해야 한다는 데 약한 동의. • 현 정부는 친북좌파 정부라는 것과 북한 정부는 괴멸해야 한다, 대북평화교류정책에 대해 특별한 의견 있다고 보기 어려움. • 한미동맹우선정책에는 약한 반대. • 중국관계우선정책, 국민기본소득, 종합부동산세 중과 및 법인세 중과 정책에 대해 특별한 의견 있다고 보기 어려움. • 태극기 집회 참가 비의향, 전광훈 목사 언행 비동의, 태극기 집회 불만족이 높은 편.
	→ 사안에 대해 특별한 의견을 갖고 있지 않으며 태극기 집회에 대해서도 호감을 보이지 않는다.

〈그림 1〉 극우와 비극우 분류

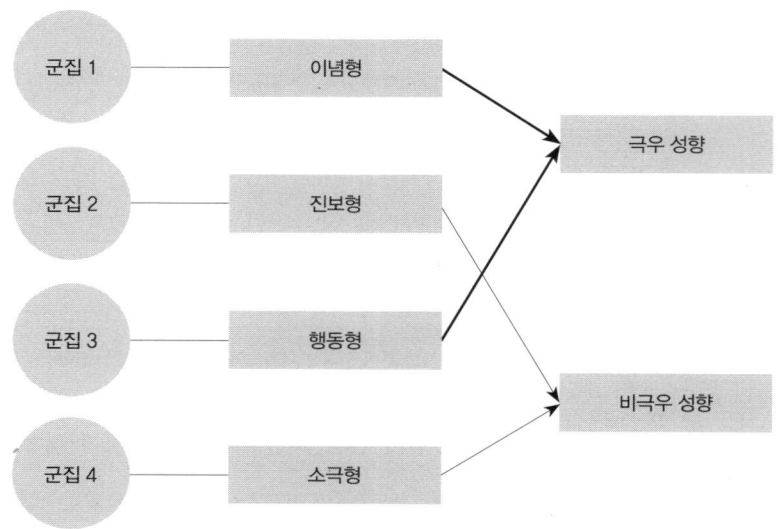

를 가졌으나 스스로 보수라는 정체성을 가진 집단이다. 다만 이러한 유형 분류는 이번 설문 조사를 바탕으로 이루어진 것이므로 잠정적 분류라고 할 수 있으며 이후 더 개선된 조사를 통해 보다 정교하고 다르게 분류될 수 있음을 밝혀 둔다. 그리고 이 가운데 행동형과 이념형이 보다 강한 극우의 특성을 보이므로 극우 성향, 소극형과 진보형은 극우 특성이 강하지 않으므로 비극우 성향으로 재분류해 분석에 이용했다.

2. 조사 결과

1) 정치 성향

가장 먼저 언제부터 보수 성향을 갖게 되었는지 질문했다. 이에 대해 72.1퍼센트는 '처음부터 계속 보수였다'라고 응답해 개신교 보수층은 대부분 보수 이념을 갖게 되면 계속 유지하는 것으로 조사되었다. '전에는 보수가 아니었으나 바뀌어서 보수가 되었다'는 비율은 27.9퍼센트로 열 명 가운데 세 명은 다른 이념에서 보수로 전환한 것으로 조사되었다.

보수층 가운데 이념형은 '처음부터 계속 보수였다' 62.4퍼센트, '바뀌어서 보수가 되었다' 37.6퍼센트로 다른 보수층보다 중간에 보수가 된 비율이 높았다. 태극기 집회 참가 의향이 있는 경우 33.0퍼센트, 주관적 보수 이념에서 약간 보수 30.1퍼센트는 '바뀌어서 보수가 되었다'라고 응답해 다른 응답자보다 상대적으로 중간에 보수가 된 비율이 높았다.

그리고 연령이 낮을수록 '바뀌어서 보수가 되었다'는 비율이 높아져서 19-29세는 거의 절반 가까운 46.9퍼센트가 중간에 보수로 바뀌었다. 나이가 많은 보수층이 이념을 바꾸지 않은 반면, 오히려 정치적 의식의 변화를 겪을 시간적 여유가 없었을 것으로 보이는 젊은 세대가 중간에 보수로 바뀌었다는 것은 의식의 변화가 있었다는 점에서 주목할 만한 사실이다. 또한 경제 수준이 올라갈수록 중간에 보수로 바뀐 비율이 올라갔다.

〈그림 2〉 이전 정치 성향

(Base=전체 응답자, N=570, %)

다음으로, 처음부터 보수 성향이었다는 응답자들에게 시간이 지나면서 보수 성향이 바뀌었는지 질문했다. '처음과 변함없다' 27.9퍼센트, '처음보다 더 보수적이 되었다' 33.4퍼센트, '처음보다 덜 보수적이 되었다' 38.7퍼센트로 보수색이 옅어졌다는 응답이 강해졌다는 응답보다 약간 높지만 큰 차이는 아니었다. '처음보다 더 보수적이 되었다'는 응답은 극우 성향(51.1퍼센트), 특히 이념형(64.4퍼센트)과 태극기 집회 참가 의향자(50.9퍼센트), 전광훈 지지자(54.2퍼센트), 강한 보수층(60.2퍼센트)에서 더 높은 것으로 조사되었다. 또한 연령별로는 30대와 40대가 '처음보다 더 보수적이 되었다'는 응답률이 각각 46.9퍼센트와 44.4퍼센트로 다른 연령대보다 보수색이 더 강화되었다. 또한 경제 수준 상층에서 처음보다 보수 성향이 강화되었다고 답한 비율이 47.6퍼센트로 나타나 평균보다 높은 수치를 보였다.

〈그림 3〉 보수 성향의 변화 여부

(Base=처음부터 보수 응답자, N=411, %)

중간에 보수로 변한 개신교 보수층에게 보수로 변하기 전의 이념 성향을 질문한 결과, '중도 성향에서 보수'가 된 비율이 58.4퍼센트, '진보 성향에서

보수'가 된 비율이 41.6퍼센트였다. 보수와 진보 판단은 응답자 개인의 주관적 평가지만 진보 성향에서 보수 성향으로 전환한 비율이 40퍼센트를 넘는다는 것은 주목할 만한 현상이다.

'진보 성향에서 보수'로 전환한 비율은 행동형(48.1퍼센트)이 다른 보수층보다 높았다. 또한 태극기 집회 참가 의향이 높은 경우(50.2퍼센트)와 강한 보수층(54.0퍼센트)에서 더 높았다. 그뿐만 아니라 60세 이상은 진보 성향에서 보수로 전환한 사람이 중도 성향에서 보수로 전환한 사람보다 더 많았다. 중도 성향에서 보수 성향으로 전환한 비율은 이념형(58.1퍼센트)과 소극형(65.0퍼센트), 태극기 집회 참가 비의향자(58.3퍼센트)와 전광훈 지지자(64.4퍼센트), 그리고 19-29세(73.7퍼센트)에서 더 높았다.

〈그림 4〉 보수 성향 이전의 이념 성향

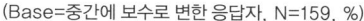
(Base=중간에 보수로 변한 응답자, N=159, %)

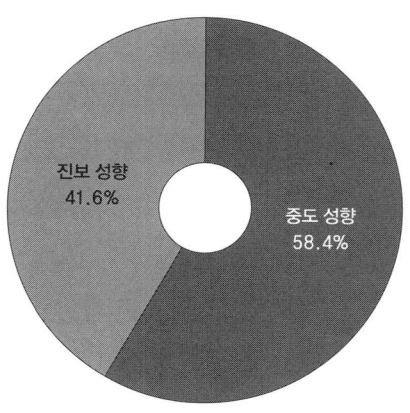

보수 성향을 갖게 된 계기에 대해, '문재인 대통령 집권'을 계기로 보수 성향을 갖게 된 비율이 40.0퍼센트로 가장 많았다. 그다음은 26.5퍼센트의 응답률을 보인 '박정희 대통령 업적'을 보고였고, '노무현 대통령 집권'을 계기로

보수 성향을 갖게 된 비율은 12.7퍼센트였다. '박근혜 대통령 탄핵'을 계기로 보수 성향을 갖게 된 비율은 10.2퍼센트로 예상외로 낮게 조사되었다.

'문재인 대통령 집권' 이후 보수 성향을 갖게 된 것은 극우 성향(46.3퍼센트), 특히 이념형(54.6퍼센트), 태극기 집회 참가 의향 있는 자(46.5퍼센트), 전광훈 지지자(46.2퍼센트), 약간 보수층(41.4퍼센트)에서 높은 비율로 나타났다. 인구통계학적으로는 나이가 젊을수록 '문재인 대통령 집권'이라고 응답한 비율이 더 높게 나타나서 19-29세의 절반을 훨씬 넘는 65.6퍼센트가 '문재인 대통령 집권'으로 응답했다. 또한 학생과 경제 수준 상층도 '문재인 대통령 집권'이 계기였다고 응답했다.

종합하면, 북한에 대해 적대적 태도를 가졌고, 태극기 집회 및 전광훈 목사를 지지하는 극우 성향은 주로 '문재인 대통령' 집권을 계기로 형성된 것으로 보인다.

〈그림 5〉 보수 성향을 갖게 된 계기

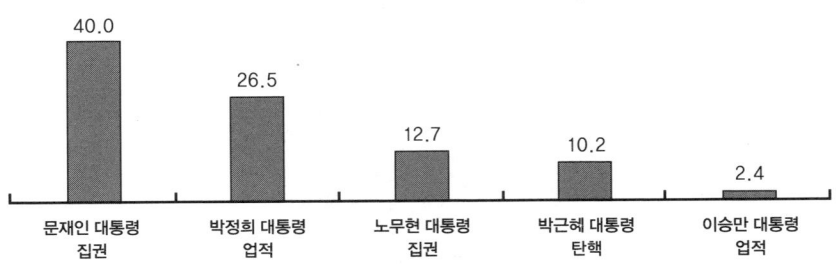

보수 성향을 갖는 데 영향을 미친 사람이 누구인지에 대해, '누구로부터도 영향받지 않았다'는 응답이 55.8퍼센트로 보수층의 과반수는 특별한 영향이 없었다고 응답했다. 영향을 받은 경우는 '언론의 영향' 18.0퍼센트, '부모님의 영향' 16.8퍼센트로 비슷한 수준으로 조사되었으며, 그다음은 '교회 지인/목

사님 영향' 7.6퍼센트, '보수 성향의 유튜브 영향' 7.2퍼센트로 비슷했다. 특히 '부모님의 영향'이 상대적으로 높았다는 점이 눈에 띄는데, 이는 표적 집단 면접에서도 확인된 사실이다.

이념형은 '누구로부터도 영향받지 않았다'는 응답률이 다른 응답자보다 상대적으로 더 높았으며, 진보형은 다른 응답자보다 '언론의 영향'(25.0퍼센트)을 더 받은 것으로 조사되었다. 행동형은 '교회 지인/목사님 영향'을 다른 응답자보다 다소 더(12.0퍼센트) 받은 것으로 나타났고, 극우 성향(10.6퍼센트)은 비극우 성향(5.6퍼센트)보다 '교회 지인/목사님 영향'을 두 배가량 많이 받은 것으로 나타났다.

또한 태극기 집회 참가 경험자나 태극기 집회 참가 의향자 그리고 전광훈 목사 지지자 모두 '교회 지인/목사님 영향'이 다른 응답자보다 더 높은 것으로 나타났다. 극우적 행태의 특징을 태극기 집회에 친화적인 행동(참가 경험과 참가 의향)과 전광훈 목사 지지로 본다면, 기독교 극우 형성에 '교회'가 일부 영향을 미친 것으로 보인다.

〈그림 6〉 보수 성향 갖도록 영향을 미친 사람

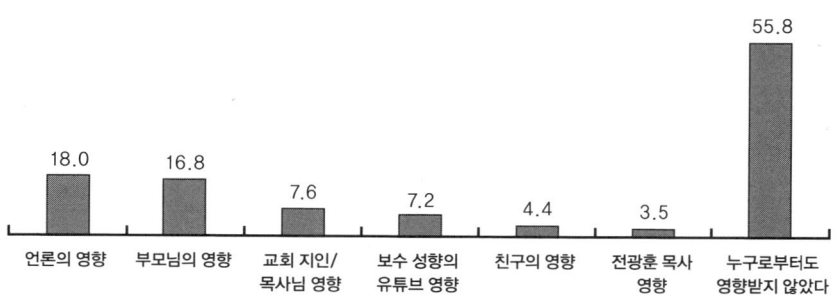

2) 정치 뉴스/정보 입수 경로

정치 뉴스/정보를 주로 어디에서 입수하는지에 대해, '방송 뉴스'가 37.8퍼센트로 가장 주된 경로인 것으로 조사되었다. 한편 '인터넷 포털/SNS'(21.9퍼센트)와 '신문'(인터넷 신문 포함)(20.7퍼센트)이 비슷한 수준으로 나타났다. '유튜브'는 14.2퍼센트였고, '주위 사람/카카오톡'은 4.6퍼센트로 가장 낮았다. 그런데 방송 뉴스와 신문 등 전통적인 매체인 경우가 58.5퍼센트이고, 인터넷과 SNS, 유튜브 등 새로운 매체들이 36.1퍼센트로 나와서 정치 뉴스와 정보를 새로운 매체로부터 얻는 비중이 커졌으며 보수 성향을 갖는 데에도 어느 정도 영향을 미치는 것으로 보인다.

진보형과 소극형 같은 비극우 성향은 방송 뉴스에 대한 의존도가 46.2퍼센트로 가장 높게 조사되었다. 한편 이념형과 행동형 및 태극기 집회 참가 경험자, 태극기 집회 참가 의향자, 전광훈 지지자 등 극우 성향의 보수를 비극우 성향과 비교하면 방송 뉴스의 비중이 낮고(25.8퍼센트), 인터넷(26.8퍼센트)과 유튜브(20.6퍼센트)의 비중이 상대적으로 더 높은 것으로 나타났다. 특히 유튜브는 비극우 성향보다 두 배 이상 많이 이용하는 것으로 나타났다. 이는 극우 성향의 사람들이 유튜브를 선호한다는 사실이 확인된 것인데, 이들은 공중파 방송을 신뢰하지 않는 경향이 크기 때문이다.

〈그림 7〉 정치 뉴스/정보 주 입수 경로

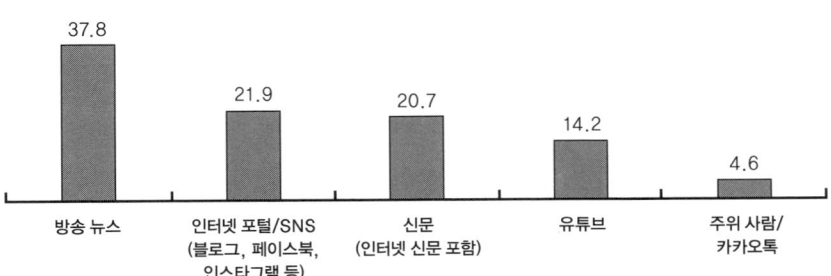

〈표 6〉 정치 뉴스/정보 주 입수 경로

(Base=전체 응답자, N=570, %)

구분	사례 수 (명)	방송 뉴스	인터넷 포털/SNS (블로그, 페이스북, 인스타그램 등)	신문 (인터넷 신문 포함)	유튜브	주위 사람/ 카카오 톡	기타	계
전체	(570)	37.8	21.9	20.7	14.2	4.6	0.8	100.0
극우 성향	(234)	25.8	26.8	21.3	20.6	4.7	0.7	100.0
비극우 성향	(336)	46.2	18.5	20.3	9.7	4.6	0.8	100.0

신문에서 주로 정치 뉴스/정보를 얻는다는 응답자들에게 가장 신뢰하는 신문(인터넷 신문 포함)을 물었다. 그 결과 절반에 가까운 46.6퍼센트가 '조선일보'라고 응답했다. 그다음으로는 '조선일보'와 상당한 격차를 두고 '중앙일보'(11.9퍼센트), '매일경제'(8.0퍼센트), '동아일보'(7.8퍼센트) 순으로 응답했다. 이른바 '조중동'으로 표현되는 보수 언론 중에서도 「조선일보」를 훨씬 더 선호하는 것으로 나타났다.

「조선일보」를 가장 신뢰한다는 응답은 극우 성향(69.9퍼센트), 특히 이념형(72.4퍼센트)에서 가장 높았고 그다음으로 행동형(65.5퍼센트)에서도 높았다. 또한 태극기 집회 경험자(82.9퍼센트)와 전광훈 지지자(80.6퍼센트)에서 상대적으로 다른 응답자보다 더 높았다. 연령이 높아질수록 「조선일보」에 대한 신뢰도가 높아져서 60세 이상에서는 74.0퍼센트로 나타났다.

「중앙일보」는 소극형(17.0퍼센트)과 약간 보수(14.3퍼센트), 그리고 19-29세가 상대적으로 다른 응답자보다 더 신뢰한다고 응답했다. 표적 집단 면접 조사에서는 최근 보도 성향을 보았을 때 「중앙일보」를 더 이상 보수 언론이라고 보기 어렵다는 견해가 상당수 있었다.

방송을 통해 주로 정치 뉴스/정보를 얻는다는 응답자들에게 가장 신뢰하

〈그림 8〉 정치 뉴스/정보에서 가장 신뢰하는 신문(상위 7개)

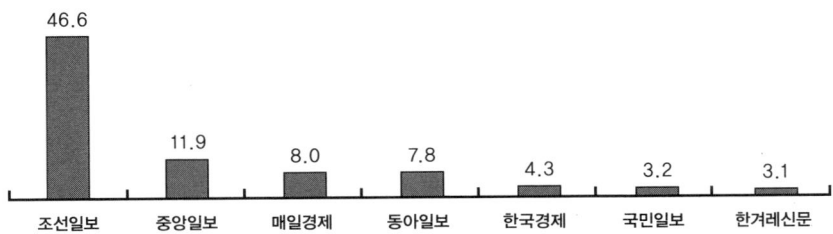

는 방송이 무엇인지 질문했다. 네 명 가운데 한 명꼴인 23.5퍼센트가 'TV조선'이라고 응답하여 'TV조선'이 보수층에게 가장 영향력 있는 방송으로 조사되었다. 그다음으로 'KBS'(18.8퍼센트), 'YTN'(14.6퍼센트) 순이었으며, 'TV조선'처럼 신문사 계열 종편 방송인 'JTBC'는 9.6퍼센트, '채널A'는 6.6퍼센트로 'TV조선'에 비해 보수층에 대한 영향력이 매우 낮았다.

'TV조선'을 가장 신뢰한다는 응답은 극우 성향(42.9퍼센트), 특히 이념형(47.7퍼센트)에서 가장 높았고 2위인 행동형도 38.7퍼센트로 높은 비율을 나타냈다. 또한 태극기 집회 참가 의향자 35.9퍼센트와 전광훈 지지자 41.4퍼센트가 'TV조선'을 가장 신뢰하는 방송이라고 응답했다. 반면 진보형과 태극기 집회 참가 비의향자, 그리고 전광훈 비지지자는 'KBS'와 'JTBC'를 신뢰한다는 응답이 가장 높게 나와서 대비가 되었다. 비극우 성향 전체에서도 'KBS'가 가장 높게 나왔다.

종합하면 「조선일보」뿐만 아니라 'TV조선'이 극우 성향의 보수층에게 가장 큰 영향을 미치는 방송/신문이었다. 그러나 성향에 따라 선호하는 방송에서 차이가 있는 것으로 나타났다. 곧 정치 뉴스/정보를 얻는 경로가 신문인 경우 성향과 관계없이 「조선일보」가 가장 많았으나 방송의 경우에는 성향에 따라 다르다는 것이 차이점이었다. 앞에서 보수 성향을 갖는 데 영향을 미친 것 중 '없다'는 응답을 제외하면 '언론'이라는 응답이 제일 많았고, 정치 뉴스와 정보를 '방송'에서 얻는다는 응답이 가장 많았다는 점을 고려하면 방송이 서로 다른 보수 성향을 갖는 데 일정 부분 영향을 미치는 것으로 해석된다.

주로 유튜브를 통해 정치 뉴스/정보를 얻는다는 응답자들에게 가장 신뢰하는 유튜브 채널이 무엇인지 복수 응답으로 질문했다. 1순위+2순위 응답 기준으로 보면 〈신의한수〉가 39.2퍼센트로 가장 신뢰하는 채널로 조사되었다. 그다음은 〈가로세로연구소〉(20.9퍼센트)와 〈공병우TV〉(20.5퍼센트)를 다섯 명 가운데 한 명꼴로 신뢰한다고 응답했다. 그리고 〈황장수의 뉴스브리핑〉(14.2퍼센트), 〈조갑제TV〉(14.0퍼센트), 〈배승희변호사〉(13.2퍼센트) 순으로 응답했다. 〈신의한수〉는 태극기 집회 참가 의향자(48.1퍼센트)와 전광훈 지지자(44.3퍼센트)가 다른 응답자보다 상대적으로 더 신뢰하는 채널이었다.

〈그림 9〉 정치 뉴스/정보에서 가장 신뢰하는 방송(상위 8개)

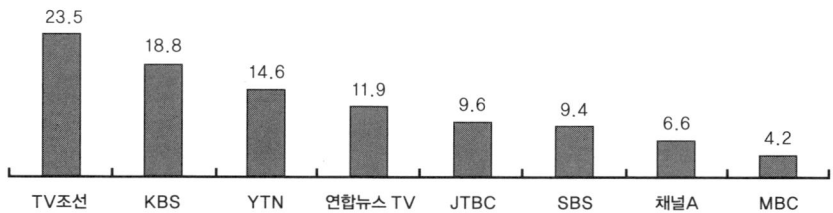

(Base='방송'이 주 경로인 응답자, N=216, %)

〈표 7〉 정치 뉴스/정보에서 가장 신뢰하는 방송

(Base='방송'이 주 경로인 응답자, N=216, %)

구분	사례 수 (명)	TV 조선	KBS	YTN	연합뉴스 TV	JTBC	SBS	채널 A	MBC	기타	계
전체	(216)	23.5	18.8	14.6	11.9	9.6	9.4	6.6	4.2	1.5	100.0
극우 성향	(60)	42.9	9.0	12.3	10.3	1.0	11.6	10.7	1.0	1.0	100.0
비극우 성향	(155)	15.9	22.6	15.5	12.5	12.9	8.5	4.9	5.4	1.7	100.0

〈그림 10〉 정치 뉴스/정보에서 가장 신뢰하는 유튜브 채널(상위 7개)

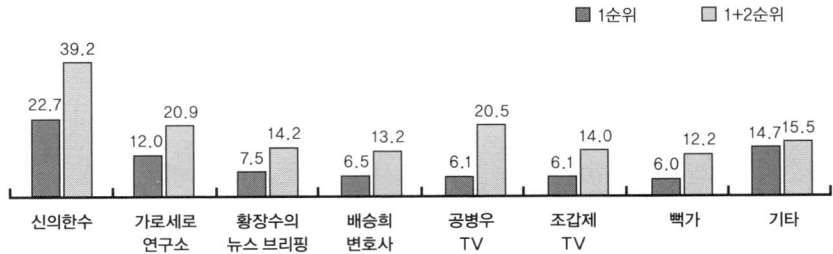

〈그림 11〉 정치 뉴스/정보에서 가장 접촉 많은 사람

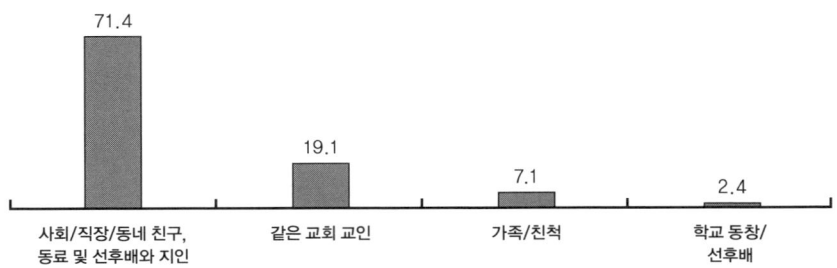

주로 주위 사람에게 정치 뉴스/정보를 얻는다는 응답자에게 누구로부터 가장 많이 정치 뉴스/정보를 얻는지 질문했다. '사회/직장/동네 친구, 동료 및 선후배와 지인'에게 가장 많이 정치 뉴스/정보를 얻는다는 응답이 71.4퍼센트로 매우 높았다. 같은 교회 교인에게 정보를 얻는 비율은 19.1퍼센트로 높은 편이 아니었다.

3) 개인/기업 이익 및 공공의 이익에 대한 인식
개신교 보수층의 정치 및 사회 의식을 알아보기 위해 개인의 이익과 집단의 이익이 충돌했을 때 어떤 것을 더 우선시하는지 질문했다. '집단의 이익'을 우선시하는 응답이 42.5퍼센트로, '개인의 이익'을 우선시하는 응답 51.6퍼센트보다 9.1퍼센트포인트 더 낮았다. 개신교 보수층은 '집단'보다는 '개인'을 조금 더 우선시하는 경향이 있는 것으로 나타났다.

집단보다 개인의 이익을 우선시하는 태도는 극우 성향이 56.2퍼센트, 비극우 성향이 48.3퍼센트로 극우 성향이 조금 더 높은데, 그 가운데서도 이념형이 개인의 이익을 우선시하는 비율이 59.9퍼센트로 다른 보수층보다 조금 더 높았다.

보수주의자 중에서도 자유주의를 추구하는 사람은 개인의 이익을 중시하는 경향이 강하고 공동체주의를 추구하는 사람은 집단의 이익을 중시하는 경향이 강한데, 이번 조사에서 큰 차이는 아니지만 개인의 이익을 우선시하는 태도가 다소 높게 나타난 것이다.

다음으로, 개인의 자유 보장 및 제한에 대한 의견을 질문했다. '개인의 자유

〈그림 12〉 나의 이익 vs. 집단의 이익

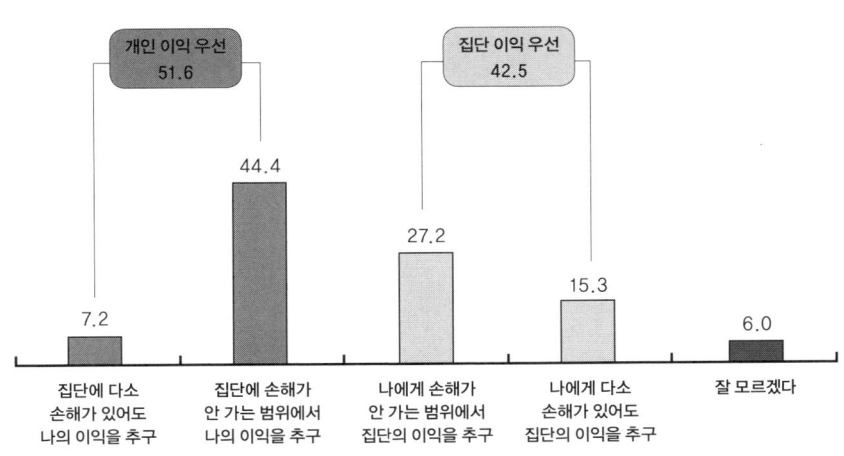

를 보장해야 한다'는 응답이 55.3퍼센트이고 '개인의 자유를 제한할 수 있다'는 응답이 31.9퍼센트로 '개인의 자유를 보장해야 한다'는 응답이 23.4퍼센트포인트 더 높았다. '개인의 자유를 보장해야 한다'는 응답 55.3퍼센트 가운데 '매우 보장'(21.2퍼센트)과 '어느 정도 보장'(26.3퍼센트)이 47.5퍼센트인 점을 감안하면, 개신교 보수층은 개인의 자유를 보장해야 한다는 인식이 높은 것으로 볼 수 있다.

이 역시 집단의 이익보다 개인의 이익을 우선시하는 태도와 일맥상통한다. 그런데 앞의 문항이 단순히 "개인의 이익과 집단의 이익이 상충했을 때"에 대한 질문인 데 반해, 이 문항의 질문은 "국가가 공익을 이유로 개인의 자유를 제한할 수 있"는지에 대한 것이었음에도 개인의 자유를 보장해야 한다는 의견이 많이 나온 것은 공익보다 개인의 자유를 우선시하는 것으로서 문제의 소지가 있어 보인다. 최근 개신교와 관련된 일련의 일들 중 공공성이 훼손되어 벌어진 경우가 적지 않기 때문이다.

'개인의 자유를 보장해야 한다'는 응답은 극우 성향(65.2퍼센트)에서 더 높았는데 그 가운데서도 이념형(84.7퍼센트)에서 가장 높았고, 태극기 집회 참가 의향자(63.8퍼센트)와 전광훈 지지자(62.0퍼센트), 그리고 매우 보수층(63.9퍼센트)에서 더 높은 것으로 조사되었다. 인구통계학 변수로는 19-29세(63.3퍼센트)와 30-39세(63.7퍼센트)에서 다른 연령대보다 상대적으로 더 높았으며, 자영업자(64.6퍼센트)와 학생(65.4퍼센트)에서 더 높게 나타났다.

반면에 진보형은 '공익을 위해 개인의 자유를 제한할 수 있다'는 응답이 69.8퍼센트로 '개인의 자유를 보장해야 한다' 18.1퍼센트보다 훨씬 더 높아서 (51.7퍼센트포인트) 뚜렷한 차이를 나타냈으며, 행동형은 '개인의 자유 보장' 42.8퍼센트, '개인의 자유 제한' 45.3퍼센트로 비슷한 것으로 조사되었다.

기업/시장의 자유 보장 및 제한에 대한 의견에 대해, '기업/시장의 자유로운 활동을 보장해 줘야 한다'는 의견이 61.9퍼센트, '국가가 국민의 이익을 이

〈그림 13〉 개인의 자유 보장 및 제한에 대한 인식

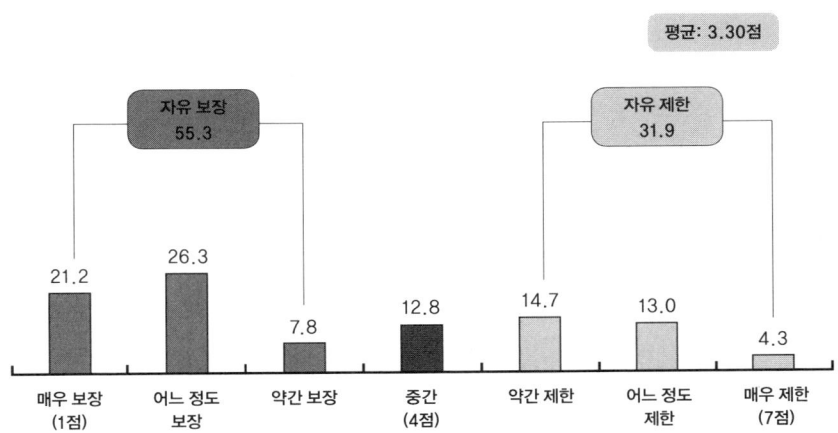

유로 기업/시장의 자유를 제한할 수 있다'는 의견이 25.3퍼센트로 '기업의 자유로운 활동 보장'이 '기업의 자유 제한'보다 두 배 이상 높게 나타났다. 개신교 보수층은 '기업/시장의 자유 보장'에 대해 매우 높은 지지를 보였다.

극우 성향에서 '기업/시장의 자유 보장' 의견이 73.1퍼센트로 비극우 성향보다 더 많았는데, 극우 성향 가운데 이념형은 거의 모든 응답자인 94.7퍼센트가, 행동형은 48.4퍼센트가 '기업/시장의 자유 보장'에 찬성하는 입장이어서 극우 성향 가운데서도 차이가 컸다. 또한 진보형은 '기업/시장의 자유 제한'에 찬성하는 입장이 64.8퍼센트로 응답자 본인은 자신을 보수로 인식하지만 사실상 진보 성향으로 분류할 수 있을 것이다.

한편 태극기 집회 참가 의향자(74.7퍼센트)와 '전광훈 지지자'(67.5퍼센트) 그리고 강한 보수층(70.8퍼센트)도 '기업/시장의 자유 보장'을 지지하는 응답을 보였다. 직업별로 보면 학생의 73.1퍼센트가 '기업/시장의 자유 보장'에 찬성하는 입장이었다.

〈그림 14〉 기업/시장의 자유 보장 및 제한에 대한 인식

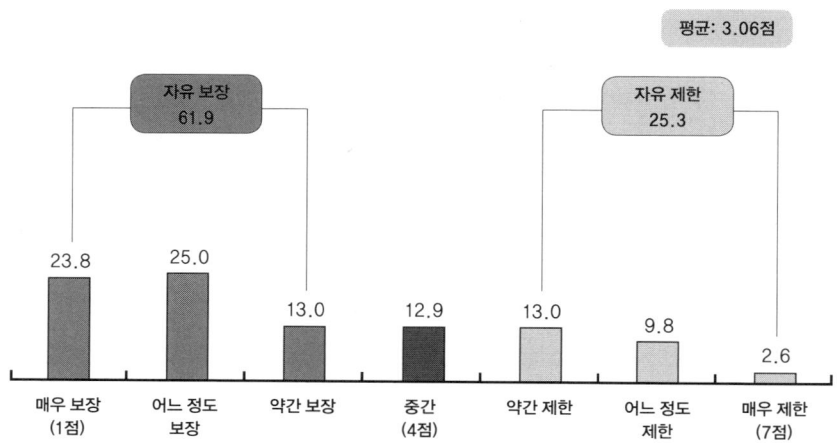

4) 사회 상황에 대한 인식

현재 한국 사회가 바람직한 방향으로 가고 있는지 여부에 대해, 응답자의 대다수인 81.1퍼센트가 '잘못된 방향으로 가고 있다'고 응답해 개신교 보수층에서 현실에 대한 불만과 우려가 매우 큰 것으로 드러났다. 현실에 대한 부정적 평가 81.1퍼센트를 자세히 보면 '매우 잘못된 방향으로 가고 있다'가 45.4퍼센트, '잘못된 방향으로 가고 있는 편이다' 35.7퍼센트로 불만에 대한 강도도 상당히 세다는 것을 알 수 있다. 한편 '바람직한 방향으로 가고 있다'는 응답은 13.6퍼센트로 열 명 가운데 한 명꼴이었는데, 주로 진보형이 응답했다.

'잘못된 방향으로 가고 있다'는 응답은 극우 성향이 92.0퍼센트로 높았는데, 그 가운데 특히 이념형은 거의 모든 응답자인 99.5퍼센트가 동의했다. 또한 태극기 집회 참가 의향자(90.1퍼센트)와 전광훈 지지자(89.3퍼센트) 그리고 매우 보수층(87.0퍼센트)은 모두 90퍼센트 정도로 응답해, 현재 한국 사회의 정치 사회적 흐름에 대해 불만이 큰 것으로 나타났다. 반면 비극우 성향은

〈그림 15〉 한국 사회의 방향에 대한 인식

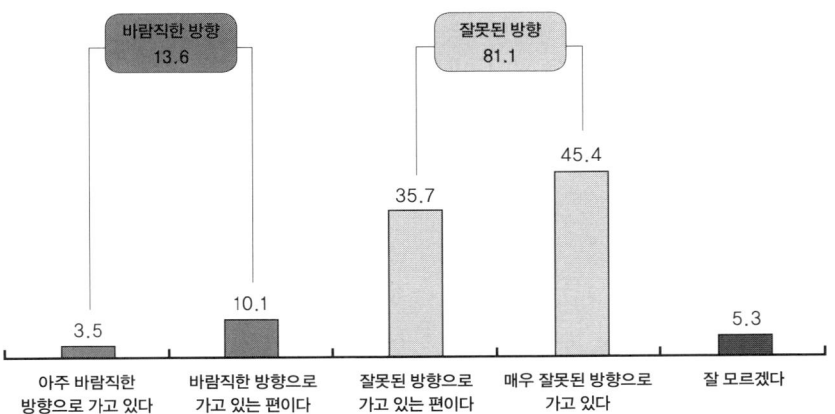

'잘못된 방향으로 가고 있다'는 응답이 73.4퍼센트로 훨씬 적었고, '바람직한 방향으로 가고 있다'는 응답이 18.8퍼센트로 극우 성향의 6.2퍼센트에 비해 훨씬 많았다.

또한 인구통계학 변수로는 60세 이상(90.0퍼센트)과 학생(92.3퍼센트) 및 무직/기타(93.7퍼센트) 그리고 경제 수준 하층(85.4퍼센트)도 현 상황에 대해 부정적인 평가를 많이 하고 있다.

한국 사회의 이념 상태에 대해 네 가지 항목을 제시하고 질문했는데, '우리나라는 사회주의가 되고 있다' '현 정부는 친북좌파가 주도하고 있다' '우리나라는 자유민주주의가 무너지고 있다' 등 세 가지 항목에 대해 80퍼센트 안팎으로 동의하여 개신교 보수층의 대다수는 현재 한국 사회가 좌경화 과정에 있다는 인식을 보였다. 또한 북한 정권에 대한 적개심도 대다수인 79.0퍼센트가 갖고 있는 것으로 조사되었다.

네 가지 항목 모두 극우 성향인 이념형과 행동형, 태극기 집회 참가 의향자, 전광훈 지지자에서 90퍼센트가 넘는 동의율을 보였다. 특히 이념형은 '북한 정권은 무너뜨려야 한다'(92.8퍼센트)를 제외한 나머지 세 개 항목에서 99퍼센트와 99.5퍼센트로 거의 100퍼센트의 동의율을 보여 현재의 정치 사회적 현실에 극도의 부정적 인식을 가진 것으로 드러났다. 반면에 비극우 성향은 네 항목 모두에서 60퍼센트대를 나타내 극우 성향에 비해 훨씬 낮았다.

또한 교회 직분으로 보았을 때 대부분의 항목에서 목회자/항존직이 다른 직분자보다 한국 사회가 좌경화되고 있다는 인식을 더 많이 갖고 있었다. 교회의 리더인 목회자/항존직의 이러한 현실 인식은 교회의 여론 형성에 영향을 미칠 가능성이 있다고 해석된다.

다음으로, 대북 및 국제 관계 정책과 국내의 이념적 이슈가 관련된 정책 여덟 가지를 제시하고 찬반 의견을 물었다. 우선 대북 및 국제 관계 정책 가운데 '한미동맹우선정책'은 거의 대부분인 89.9퍼센트가 찬성하지만, '중국관계우선정책'은 대부분 반대해서 찬성률이 30.5퍼센트밖에 나오지 않았다. 또한 대북평화교류정책도 두 명 가운데 한 명인 50.6퍼센트만 찬성했다. 즉 개신교 보수층은 북한과의 적대적 정책 외에 친미 정책을 지지하고 있다.

한편 성평등정책과 관련해 '여성의 권리를 향상시키는 양성평등 정책'에 대해서는 열 명 가운데 일곱 명꼴인 68.9퍼센트가 찬성했지만, '동성애 차별

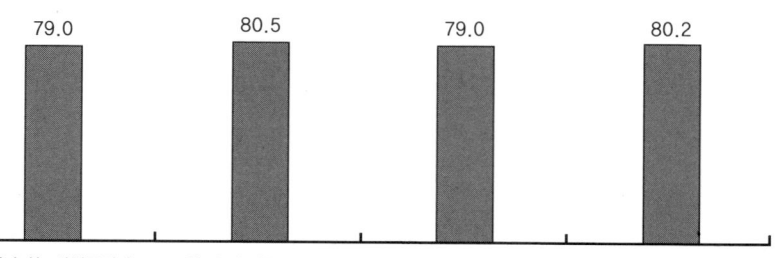

〈그림 16〉 한국 사회의 이념에 대한 인식

을 금지하는 '차별금지법'에 대해서는 그 절반 정도인 35.4퍼센트만 찬성했고 두 배에 가까운 62.7퍼센트가 반대했다. 개신교 보수층은 양성평등에는 상당수가 찬성하지만 성소수자 평등에는 강한 반대 입장을 나타냈다.

세금 관련 정책에서는 '종합부동산세 등 부자에게 세금을 많이 부과하는 정책'에 대해서는 63.9퍼센트가 찬성했다. 그러나 '법인세 등 기업에게 세금을 많이 부과하는 정책'은 56.8퍼센트만 찬성해 개신교 보수층은 개인에 대한 세금 부과는 찬성하는 편이지만 기업에 대한 세금 부과에는 찬성률이 높지 않았다. 그리고 최근 이슈가 되고 있는 '국민기본소득'은 44.5퍼센트만이 찬성(반대 52.6퍼센트)해 절반 이하의 지지를 얻는 데 그쳤다.

구체적으로 살펴보면, '대북평화교류정책'에 대한 반대는 극우 성향(67.1퍼센트)에서 높았는데, 특히 이념형에서 84.6퍼센트로 가장 높았다. 또 '반대'가 높은 집단은 태극기 집회 참가 의향자(62.2퍼센트), 전광훈 지지자(63.3퍼센트), 매우 보수층(61.0퍼센트)이었다. 인구통계학 변수는 19-29세와 30-39세의 젊은층에서 각각 반대가 60.5퍼센트와 55.5퍼센트로 높았고, 40세 이상 중년층에서는 오히려 찬성이 반대보다 높았다. 특히 학생층의 반대가 61.5퍼센트로 다른 응답자보다 높았는데, 19-29세 특히 학생층이 더 극단적인 경향을 보이는 점은 눈여겨볼 만하다. 이는 이념적인 특징일 수도 있고, 북한과의 교류가 오히려 자신들에게는 취업이나 사회활동 기회의 감소로 이어질 것이라는 우려가 반영된 것일 수도 있다.

'한미동맹우선정책'도 극우 성향의 97.4퍼센트가 찬성했는데, 그 가운데 이념형은 99.0퍼센트, 행동형은 95.5퍼센트가 찬성했다. 진보형도 찬성률이 84.8퍼센트를 보여 '한미동맹우선정책'은 보수층의 핵심 정책이라고 볼 수 있다. 태극기 집회 참가 의향자와 전광훈 지지자의 95퍼센트 정도가 '한미동맹우선정책'을 적극 지지했다. 한미동맹에 대한 극단적 지지 여부가 극우를 판단하는 징표의 하나로 볼 수도 있을 것이다.

'중국관계우선정책'은 극우 성향의 73.5퍼센트가 반대하는데, 이념형은 92.3퍼센트, 행동형은 52.1퍼센트로 이념형의 반대가 매우 높았다. 진보형이 '한미동맹우선정책'을 지지하면서도 '중국관계우선정책'을 지지하는 이른바 등거리 외교 정책을 지지하는 데 비해 이념형은 '한미동맹' 일변도의 인식을 갖고 있다. 이러한 인식은 정도의 차이는 있지만 19-29세의 청년층(75.8퍼센트), 특히 학생층(80.8퍼센트)에서 반대 비율이 매우 높았다. 이념형적 특징이 청년층과 학생층에서도 많이 발견되고 있다.

'동성애 차별을 금지하는 차별금지법'도 극우 성향의 67.9퍼센트가 반대했는데, 이념형은 82.8퍼센트, 행동형은 50.8퍼센트의 큰 차이로 반대를 보였다. 전광훈 지지자 가운데는 70.5퍼센트가 반대라고 응답해 전광훈 비지지자의 반대 비율 58.9퍼센트보다 11.6퍼센트포인트 더 높았다. 또 여성(67.7퍼센트)과 학생(73.1퍼센트) 그리고 목회자/항존직(68.4퍼센트)의 반대가 다른 응답자보다 상대적으로 더 높았다.

'여성의 권리를 향상시키는 양성평등정책'에 대해서는 특히 행동형의 찬성률이 79.9퍼센트로 가장 높았다. 반면에 이념형은 찬성률 53.5퍼센트, 반대율 43.1퍼센트로 찬성률이 높지만 반대율이 다른 응답자보다 높아서 더 보수적인 견해를 보였다. 이념형과 비슷하게 반대율이 높은 집단은 강한 보수층(40.0퍼센트)과 19-29세(45.9퍼센트) 및 30-39세(43.4퍼센트)의 젊은층이었다. 양성평등 정책에 대한 젊은층의 반대는 주로 남성과 학생에서 나타났는데, 양성평등 정책으로 인해 오히려 역차별받고 있다는 젊은 남성들의 의식이 반영된 것으로 해석된다.[2]

'국가가 전 국민에게 일정 금액을 지급하는 국민기본소득'에 대해서는 극우 성향의 65.1퍼센트가 반대했고 그 가운데 이념형은 대부분인 93.7퍼센트

---

[2] 이에 대해서는 천관율·정한울, 『20대 남자: 남성 마이너리티 자의식의 탄생』(서울: 시사IN북, 2019)을 보라.

가 반대했다. 이에 대해 행동형은 오히려 찬성이 66.0퍼센트로 두 집단 간에 엇갈린 생각을 보였다. 한편 학생층의 반대 역시 65.4퍼센트로 다른 응답자보다 더 높았다.

'종합부동산세 등 부자에게 세금을 많이 부과하는 정책'은 다른 보수층의 반대율은 30퍼센트 이하로 낮게 나온 반면 이념형은 반대율이 88.0퍼센트로 압도적으로 높아 다른 보수 성향의 응답자들과 차이를 나타냈다. 이에 반해 행동형은 11.9퍼센트만이 반대했다. 태극기 집회 참가 의향자(48.1퍼센트)와 전광훈 지지자(43.4퍼센트)와 매우 보수층(45.0퍼센트) 그리고 30-39세(54.8퍼센트)에서 다른 응답자보다 상대적으로 반대가 더 높았다. 또한 학생(50.0퍼센트)과 경제 수준 상층(53.9퍼센트)의 반대가 특히 높았다.

'법인세 등 기업에게 세금을 많이 부과하는 정책'도 거의 모든 이념형(92.3퍼센트)이 반대해 다른 보수층의 반대가 30퍼센트대 이하인 것과 대조된다. 중과세 정책에 대해 개신교 보수층은 큰 반대가 없는데 유독 이념형 보수층의 반대가 크다는 것을 알 수 있다. 그 외에도 태극기 집회 참가 의향자(57.0퍼센트)와 전광훈 지지자(54.2퍼센트)도 법인세 부과 정책에 반대 의견이 더 높았다. 또 학생(53.8퍼센트)과 경제 수준 상층(51.1퍼센트)의 반대가 높았다.

극우 성향과 비극우 성향의 차이가 큰 항목을 보면, '대북평화교류정책'은 극우 성향에서 반대 67.1퍼센트, 비극우 성향에서 찬성 63.0퍼센트로 서로 상반된 입장을 보였다. 마찬가지로 '종합부동산세 등 부자세'에 대해서도 극우 성향이 반대 52.4퍼센트, 비극우 성향에서 찬성 75.3퍼센트로 차이를 보였다. '법인세 등 기업세'에 대해서도 극우 성향이 반대 60.0퍼센트, 비극우 성향이 찬성 69.4퍼센트로 나타났다. '국민기본소득' 역시 극우 성향은 반대 65.1퍼센트, 비극우 성향은 찬성 51.9퍼센트였다. 이러한 결과로 볼 때, 친미 성향은 개신교 보수층 전반에서 강하게 나타나는 데 반해 반북 성향은 극우 성향에서 더 강하게 나타났고, 세금과 관련된 정책에서는 같은 보수층에서도 극우 성향과 비극우 성향이 반대의 관점을 가지고 있음을 알 수 있다. 따라서 이러한 정책들이 극우와 비극우를 가를 수 있는 정책이라고 할 수 있다.

박근혜 전 대통령 탄핵에 대해, '탄핵은 정당하다' 42.9퍼센트, '탄핵은 부당하다' 44.4퍼센트로 두 의견이 비슷한 비율로 조사되었다. '탄핵이 부당하다'는 응답은 극우 성향이 67.8퍼센트, 비극우 성향이 28.2퍼센트로 극우 성향이 두 배 이상 높았다. 구체적으로 보면 이념형(75.7퍼센트)에서 가장 높았으며, 행동형(58.8퍼센트)도 높은 편이었다. 또한 태극기 집회 참가 의향자도 73.8퍼센트가 '부당하다'는 인식을 보였다. 나이가 어릴수록 '탄핵은 정당하다'는 의견이 많았고, 나이가 많을수록 '탄핵은 부당하다'는 의견이 많아지는 경향이 드러났다.

박근혜 전 대통령의 탄핵이 부당하다는 응답자에게 그 이유를 물었는데, 박근혜 대통령에게 '잘못이 없다'고 생각하는 비율은 13.5퍼센트에 불과했고, 대다수인 86.5퍼센트는 '잘못은 있지만 탄핵될 정도는 아니다'라고 응답했다. 바로 이 점 때문에 박근혜 대통령에 대한 호감도가 진보 대통령보다 낮았던

<그림 17> 정책에 대한 찬성률(약간 찬성+대체로 찬성+전적으로 찬성)

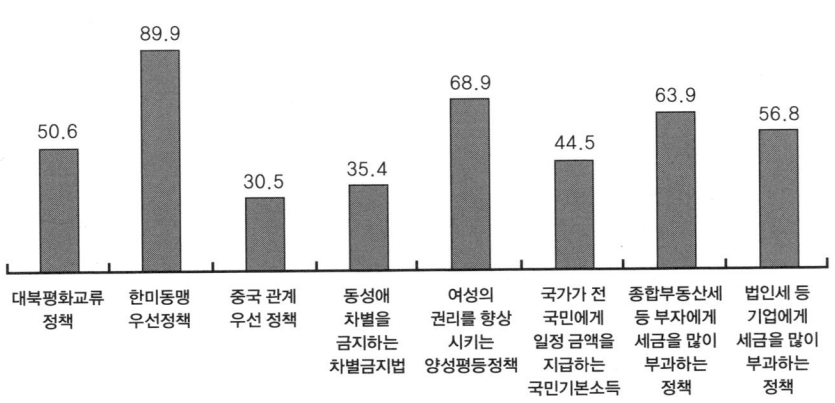

〈표 8〉 항목별 찬반 여부

(Base=전체 응답자, N=570, %)

대북평화교류정책	사례수(명)	전적으로 반대한다	대체로 반대한다	약간 반대하는 편이다	약간 찬성하는 편이다	대체로 찬성한다	전적으로 찬성한다	잘 모르겠다	계	반대한다	찬성한다	잘 모름
전체	(570)	15.9	17.1	14.7	31.5	15.5	3.6	1.7	100.0	47.7	50.6	1.7
극우 성향	(234)	27.1	26.3	13.8	21.4	10.4	1.0	0.0	100.0	67.1	32.9	0.0
비극우 성향	(336)	8.2	10.7	15.3	38.5	19.0	5.5	2.9	100.0	34.1	63.0	2.9

한미동맹우선정책	사례수(명)	전적으로 반대한다	대체로 반대한다	약간 반대하는 편이다	약간 찬성하는 편이다	대체로 찬성한다	전적으로 찬성한다	잘 모르겠다	계	반대한다	찬성한다	잘 모름
전체	(570)	0.7	2.3	4.4	22.0	32.8	35.1	2.8	100.0	7.3	89.9	2.8
극우 성향	(234)	0.3	0.3	1.8	10.7	34.6	52.0	0.3	100.0	2.3	97.4	0.3
비극우 성향	(336)	0.9	3.7	6.1	29.8	31.5	23.3	4.6	100.0	10.8	84.7	4.6

중국관계우선정책	사례수(명)	전적으로 반대한다	대체로 반대한다	약간 반대하는 편이다	약간 찬성하는 편이다	대체로 찬성한다	전적으로 찬성한다	잘 모르겠다	계	반대한다	찬성한다	잘 모름
전체	(570)	18.8	17.9	30.3	19.1	8.4	3.0	2.5	100.0	67.0	30.5	2.5
극우 성향	(234)	34.2	17.4	21.9	15.3	7.4	3.3	0.4	100.0	73.5	26.0	0.4
비극우 성향	(336)	8.0	18.3	36.2	21.6	9.1	2.9	3.9	100.0	62.5	33.6	3.9

동성애 차별을 금지하는 차별금지법	사례수(명)	전적으로 반대한다	대체로 반대한다	약간 반대하는 편이다	약간 찬성하는 편이다	대체로 찬성한다	전적으로 찬성한다	잘 모르겠다	계	반대한다	찬성한다	잘 모름
전체	(570)	39.3	12.5	11.0	14.5	10.0	10.9	1.9	100.0	62.7	35.4	1.9
극우 성향	(234)	48.9	11.4	7.6	10.0	11.0	11.1	0.0	100.0	67.9	32.1	0.0
비극우 성향	(336)	32.6	13.2	13.3	17.6	9.3	10.7	3.3	100.0	59.1	37.6	3.3

여성의 권리를 향상시키는 양성평등정책	사례수(명)	전적으로 반대한다	대체로 반대한다	약간 반대하는 편이다	약간 찬성하는 편이다	대체로 찬성한다	전적으로 찬성한다	잘 모르겠다	계	반대한다	찬성한다	잘 모름
전체	(570)	7.7	7.7	12.9	35.0	23.9	10.0	2.7	100.0	28.4	68.9	2.7
극우 성향	(234)	12.8	8.8	10.0	34.6	23.5	7.7	2.5	100.0	31.6	65.8	2.5
비극우 성향	(336)	4.2	6.9	15.0	35.3	24.1	11.6	2.9	100.0	26.1	71.0	2.9

국가가 전 국민에게 일정 금액을 지급하는 국민기본소득	사례 수 (명)	전적으로 반대한다	대체로 반대한다	약간 반대하는 편이다	약간 찬성하는 편이다	대체로 찬성한다	전적으로 찬성한다	잘 모르겠다	계	반대한다	찬성한다	잘 모름
전체	(570)	20.2	15.2	17.2	21.2	14.4	8.9	2.9	100.0	52.6	44.5	2.9
극우 성향	(234)	34.8	16.5	13.8	16.1	12.1	5.6	1.1	100.0	65.1	33.9	1.1
비극우 성향	(336)	10.0	14.3	19.6	24.6	16.0	11.2	4.2	100.0	43.9	51.9	4.2
종합부동산세 등 부자에게 세금을 많이 부과하는 정책	사례 수 (명)	전적으로 반대한다	대체로 반대한다	약간 반대하는 편이다	약간 찬성하는 편이다	대체로 찬성한다	전적으로 찬성한다	잘 모르겠다	계	반대한다	찬성한다	잘 모름
전체	(570)	9.3	10.8	15.2	24.1	21.9	18.0	0.9	100.0	35.2	63.9	0.9
극우 성향	(234)	19.2	21.6	11.6	18.1	14.7	14.8	0.0	100.0	52.4	47.6	0.0
비극우 성향	(336)	2.4	3.2	17.7	28.3	26.9	20.1	1.4	100.0	23.2	75.3	1.4
법인세 등 기업에게 세금을 많이 부과하는 정책	사례 수 (명)	전적으로 반대한다	대체로 반대한다	약간 반대하는 편이다	약간 찬성하는 편이다	대체로 찬성한다	전적으로 찬성한다	잘 모르겠다	계	반대한다	찬성한다	잘 모름
전체	(570)	9.5	13.1	17.4	27.2	19.8	9.8	3.2	100.0	40.0	56.8	3.2
극우 성향	(234)	20.3	22.9	16.8	19.3	15.2	4.2	1.4	100.0	60.0	38.7	1.4
비극우 성향	(336)	2.1	6.2	17.8	32.7	23.0	13.7	4.5	100.0	26.1	69.4	4.5

〈그림 18〉 박근혜 전 대통령 탄핵의 정당성에 대한 인식

(Base=전체 응답자, N=570, %)

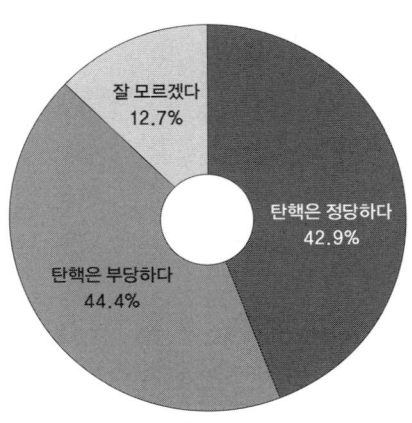

것으로 보인다.

박근혜 대통령에게 '잘못이 없었다'는 응답은 극우 성향 19.1퍼센트, 비극우 성향 4.0퍼센트로 극우 성향이 많았는데, 특히 이념형(22.4퍼센트)과 태극기 집회 참가 의향자(24.4퍼센트), 전광훈 지지자(21.3퍼센트), 매우 보수층(26.2퍼센트)이 다른 응답자보다 상대적으로 더 많이 응답했다. 40대(22.4퍼센트)와 대구/경북(24.3퍼센트)에서 '잘못이 없었다'는 응답이 더 많았다.

역대 대통령의 호감도에 대해 질문했는데, 설문 조사 이전에 실시한 표적 집단 면접 조사에서 개신교 보수층이 보수 이념 형성과 관련해 응답한 대통령(김영삼 대통령과 노태우 대통령 제외)을 대상으로 조사했다. 그 결과 개신교 보수층이 가장 큰 호감을 표시한 대통령은 '박정희 대통령'으로 조사되었다. 100점 만점에 66.2점으로서 2위를 기록한 '이승만 대통령'(49.1점)보다 17.1점 더 높았다. 표적 집단 면접 조사에서도 참여자 대부분이 박정희 대통령을 좋아한다고 응답해 개신교 보수층에 가장 큰 영향을 미치는 것으로 파악되었다. 50대 이상에서는 70점 넘게 큰 호감을 보였는데 개신교인인 이승만, 이명박

〈그림 19〉 박근혜 전 대통령의 탄핵이 부당하다는 이유

(Base=탄핵이 부당하다는 응답자, N=253, %)

대통령보다 훨씬 높았다.

2위인 이승만 대통령 다음으로는 48.8점을 얻은 이명박 대통령이었다. 이것은 이명박 전 대통령에 대한 대법원 판결 전에 조사된 것이므로 판결 후에는 인식이 달라졌을 수도 있음을 감안해야 할 것이다.

그런데 태극기 집회의 도화선이었던 박근혜 대통령은 호감도가 41.3점으로 진보 대통령이었던 노무현 대통령(46.1점)과 김대중 대통령(44.5점)보다 점수가 3-5점 더 낮은 것이 특징이었다. 따라서 박근혜 대통령 탄핵 반대 태극기 집회가 박근혜 대통령에 대한 보수층의 개인적 호감도에서 비롯된 것은 아니라고 해석할 수 있다.

개신교 보수층 가운데 '박정희 대통령'에 대한 호감도가 가장 높은 층은 극우 성향(73.4점), 특히 이념형으로서 그들의 호감도 점수는 77.7점이었다. 진보형은 '박정희 대통령'에 대한 호감도가 50.9점이었는데, 진보 정권 대통령인 '김대중' '노무현' 대통령에 대한 호감도가 각각 57.5점과 59.7점인 것과 비교하면 '박정희 대통령'에 대해 호감을 갖고 있으면서 동시에 진보적 대통령도 선호하는 양상을 보인다.

〈그림 20〉 역대 대통령 호감도: 평균점수(100점 만점)

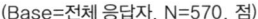
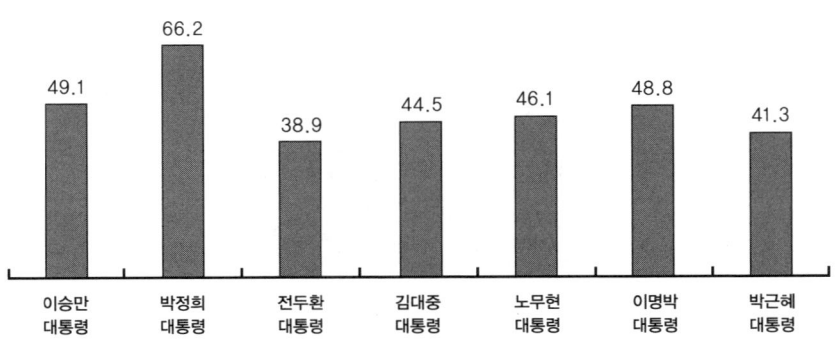

흥미로운 것은 박정희 전 대통령을 역사를 통해서만 접할 수 있었던 20-30대에서도 '박정희 대통령'에 대한 호감도가 매우 높았다는 점이다. 19-29세에서는 박정희 대통령에 대한 점수가 55.4점이었고, 이명박 대통령에 대한 호감도가 58.0점으로 가장 높았다.

5) 태극기 집회에 대한 참가 행동 및 인식

태극기 집회 참가 여부에 대해, 열 명 가운데 한 명꼴인 11.0퍼센트가 '참가한 적 있다'고 응답했고 89.0퍼센트는 '참가한 적 없다'고 응답했다. 태극기 집회 참가 경험은 극우 성향이 20.6퍼센트, 비극우 성향이 4.4퍼센트로 극우 성향이 단연 높았다. 구체적으로 보면 이념형이 17.8퍼센트, 행동형이 23.8퍼센트로 행동형의 태극기 집회 참가 경험이 더 많았다. 또한 전광훈 지지자(19.8퍼센트)와 매우 보수층(21.0퍼센트)의 참가 경험이 높았다.

지역적으로는 태극기 집회가 주로 열리는 서울과 인천/경기뿐만 아니라 대구/경북과 광주/전라에서도 태극기 집회 참가율이 높았다. 이들은 각 지역

〈그림 21〉 태극기 집회 참가 여부

(Base=전체 응답자, N=570, %)

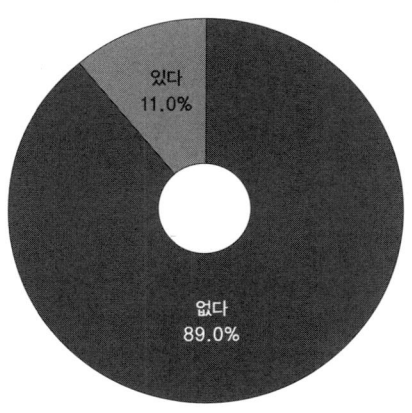

의 태극기 집회뿐만 아니라 서울까지 원정 참가한 것으로 보인다.

태극기 집회 참가 경험자에게 참가 이유를 물었는데, 가장 큰 이유는 '나라가 좌경화되는 것을 막기 위해서'였다. 태극기 집회 참가자 열 명 가운데 네 명 이상인 43.9퍼센트가 그렇게 응답했다. 그다음으로 중요한 이유는 '현 정부가 서민을 어렵게 하는 정책을 펴서'(21.7퍼센트), '현 정부가 부정부패를 저질러서'(18.1퍼센트)였다. '박근혜 전 대통령 탄핵이 부당해서'는 12.0퍼센트에 불과했다. '현 정부가 기독교를 탄압해서'라는 응답은 4.3퍼센트로 미미한 수준이었다.

극우 성향은 태극기 집회에 참가한 가장 큰 이유로 '나라가 좌경화되는 것을 막기 위해서'라고 응답했는데, 구체적으로 보면 이념형의 72.7퍼센트가 그렇게 응답해 압도적 수치를 보였다. 이에 반해 행동형은 '나라가 좌경화되는 것을 막기 위해서'가 31.0퍼센트로 가장 큰 이유였지만 이에 못지않게 26.6퍼센트가 '박근혜 전 대통령 탄핵이 부당해서'라고 응답해 박근혜 전 대통령 탄핵 반대가 주요 동기로 작용한 것으로 보인다.

전광훈 지지자와 매우 보수층도 각각 55.2퍼센트와 56.7퍼센트가 '나라가 좌경화되는 것을 막기 위해서'라고 응답해 태극기 집회의 핵심 정체성은 '좌경

〈그림 22〉 태극기 집회 참가 이유

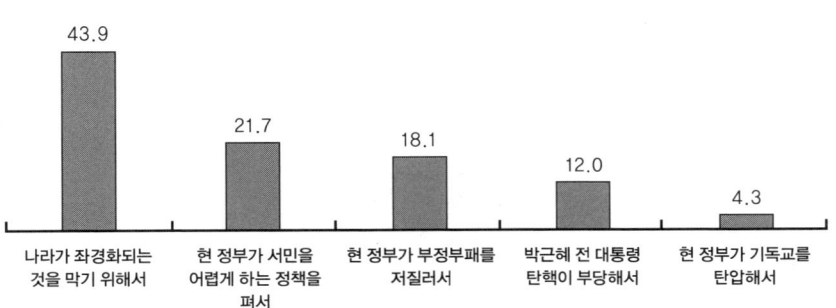

화 저지'로 보인다.

태극기 집회 불참자에게 태극기 집회에 참가하고 싶다는 생각을 한 적 있는지 질문했는데, 22.1퍼센트가 참가하고 싶은 생각을 한 적이 '있다'고 응답했다. 대다수인 77.9퍼센트는 '없다'고 응답했지만 불참자 중에서도 일부는 참가 의향이 있는 것으로 나타났다.

태극기 집회에 참가하고 싶은 생각을 한 적이 있는 비율은 극우 성향이 49.9퍼센트, 비극우 성향이 6.1퍼센트로 극우 성향이 상대적으로 매우 높았다. 또한 전광훈 지지자(49.1퍼센트)와 매우 보수층(38.6퍼센트)이 다른 응답자보다 상대적으로 더 높았다. 또한 태극기 집회 참가율이 이념형보다 행동형에서 높았던 것처럼 태극기 집회에 참가하고 싶다는 생각을 한 경험도 행동형 59.7퍼센트, 이념형 41.9퍼센트로 행동형이 더 높았다.

연령별로는 50세 이상이 태극기 집회에 참가하고 싶은 생각을 한 적이 더 많은 것으로 나타났다. 교회 직분으로는 목회자/항존직의 응답률이 28.9퍼센트로 다른 응답자보다 더 높았다.

〈그림 23〉 태극기 집회 참가 욕구 경험

(Base=태극기 집회 불참자, N=507, %)

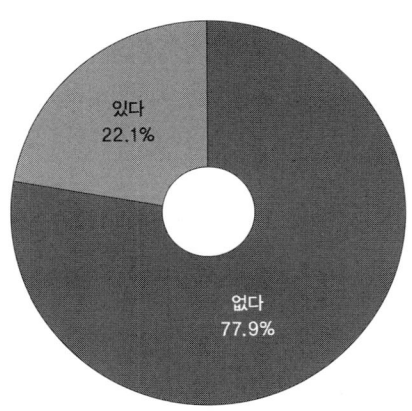

태극기 집회에 참여하고 싶었으나 참가하지 못한 응답자에게 그 이유를 질문했는데, 가장 큰 이유는 '시간이 없어서'로 30.7퍼센트였고, 두 번째 이유는 '교통편이 불편해서/내가 사는 지역에 태극기 집회가 없어서'(20.2퍼센트)였다. 즉 50.9퍼센트는 참가하고 싶었으나 '시간'과 '지역'이라는 현실 여건이 미치지 못해 참가하지 못한 것이다. 한편 '너무 언행이 과격해서'는 16.2퍼센트로, 태극기 집회에 참가하고는 싶으나 지나치게 과격한 발언과 행동이 집회 참가를 주저하게 만들고 있다. 태극기 집회의 지나친 언행이 태극기 집회의 동원력을 스스로 약화시키는 것으로 보인다.

이념형은 '시간'(36.4퍼센트)과 '교통/지역'(22.7퍼센트) 등 현실적 여건 때문에 참가하지 못했다는 응답이 59.1퍼센트였고, 행동형은 50.9퍼센트(시간 26.9퍼센트, 교통/지역 24.0퍼센트)였다. 전광훈 지지자는 65.6퍼센트가 현실적 여건 때문에 참가하지 못했다고 응답했다. '너무 언행이 과격해서'는 소극형(42.4퍼센트)과 전광훈 비지지자(43.0퍼센트)의 가장 큰 이유로 드러났는데, 이것이 태극기 집회가 소극형을 포괄하지 못하는 이유 가운데 하나라고 볼 수 있다.

태극기 집회에 참가할 생각이 없는 응답자에게 그 이유를 질문했는데, '원래 정치적 집회는 멀리하므로'가 37.8퍼센트로 가장 큰 이유였다. 두 번째 이

〈그림 24〉 태극기 집회 불참 이유

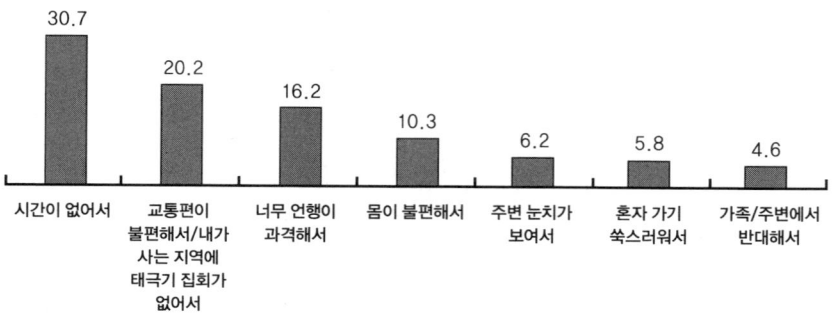

유는 '태극기 집회 주최/주도 세력이 마음에 안 들어서'로 26.9퍼센트였고, '태극기 집회의 주장이 마음에 안 들어서'가 20.6퍼센트였다. 한편 '그리스도인은 정치에 관여하면 안 돼서'는 10.1퍼센트였다.

이념형은 '태극기 집회 주최/주도 세력이 마음에 안 들어서'(33.4퍼센트)를, 행동형과 소극형은 '원래 정치적 집회는 멀리하므로'(행동형 59.2퍼센트, 소극형 42.2퍼센트)를, 진보형은 '태극기 집회의 주장이 마음에 안 들어서'(31.1퍼센트)를 가장 큰 이유로 응답했다.

태극기 집회에 참가한 적이 있는 응답자에게 그 횟수에 대해 질문했는데, 1회 참가한 비율이 36.5퍼센트, 2회 25.3퍼센트, 3회 16.6퍼센트였으며 10회 이상 참가한 비율은 12.0퍼센트로 조사되었다. 평균 횟수는 3.02회로 나타났다.

평균 횟수로 보면 이념형이 4.55회로 가장 많이 참가했다. 태극기 집회 참가율은 이념형보다 행동형이 더 높았는데 참가 횟수는 이념형이 더 많은 특징을 보였다. 즉 태극기 집회는 행동형이 더 많이 참가하지만, 이념형이 더 열성적으로 참가하는 것으로 해석할 수 있다. 한편 태극기 집회 참가 의향자(3.58회)와 전광훈 지지자(3.56회)의 참가 횟수가 다른 응답자보다 상대적으로 높았다.

〈그림 25〉 태극기 집회 참가 욕구가 없었던 이유

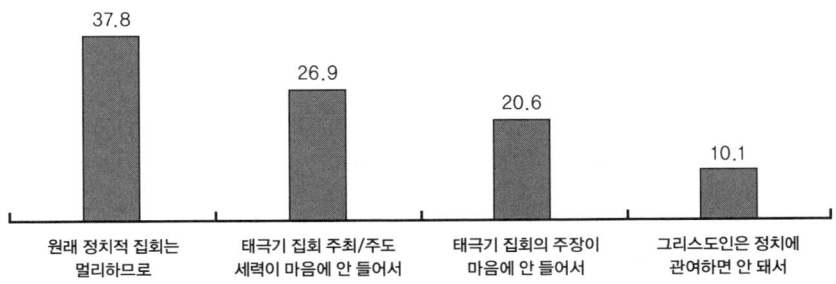

60세 이상(4.65회)과 블루칼라(3.83회) 그리고 경제 수준 하층(4.16회)의 태극기 집회 참가 횟수가 다른 응답자보다 상대적으로 많았다. 한편 교회 직분으로 목회자/항존직의 참가 횟수가 3.43회로 서리집사/권찰이나 직분 없는 성도보다 더 많은 점이 눈에 띈다.

〈그림 26〉 태극기 집회 참가 횟수

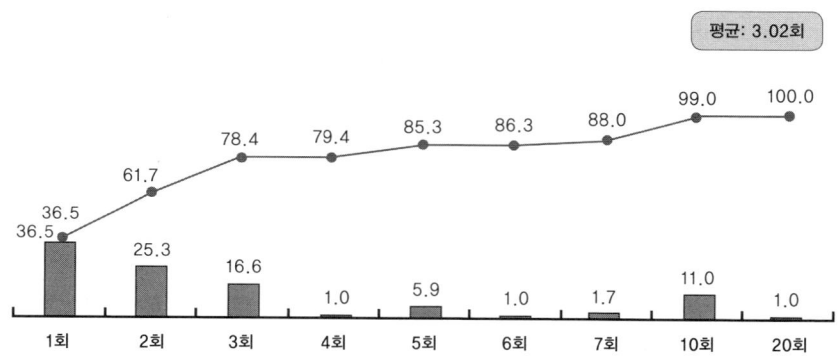

〈그림 27〉 태극기 집회가 정치적 성향에 미친 영향

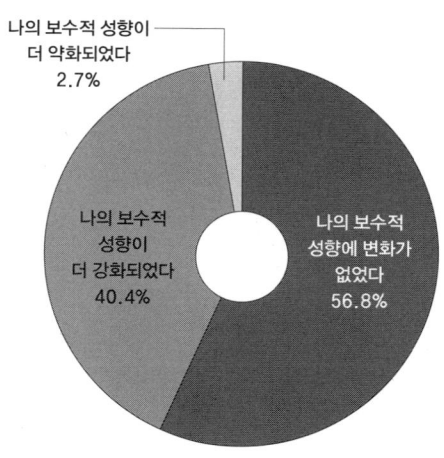

태극기 집회 참가자에게 태극기 집회가 본인의 정치적 성향에 어떤 영향을 주었는지 질문했다. 절반 이상인 56.8퍼센트는 '나의 보수적 성향에 변화가 없었다'고 응답했고 '나의 보수적 성향이 더 강화되었다'는 응답은 40.4퍼센트로 높게 나타났다. 태극기 집회가 보수의 주장을 알리는 효과뿐만 아니라 보수 강화 교육 효과까지 거두고 있었다.

태극기 집회 참가자에게 집회 참가를 권유한 사람이 누구였는지 질문했다.

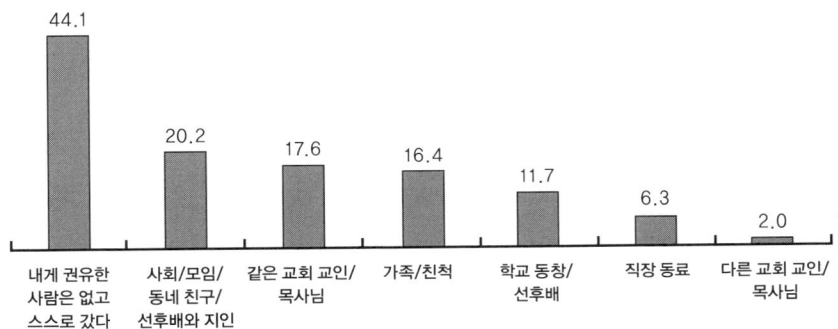

〈그림 28〉 태극기 집회 참가를 나에게 권유한 사람

(Base=태극기 집회 참가자, N=63, %)

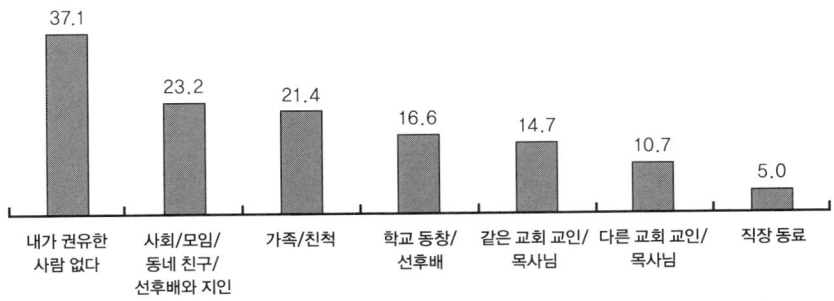

〈그림 29〉 태극기 집회 참가를 내가 권유한 사람

(Base=태극기 집회 참가자, N=63, %)

절반에 가까운 44.1퍼센트는 누구의 권유도 받지 않고 스스로 참가했으며, '사회/모임/동네 친구 및 선후배와 지인' 등 사회적 관계를 통해 권유받은 경우가 20.2퍼센트, '같은 교회 교인/목사님'(17.6퍼센트)과 '다른 교회 교인/목사님'(2.0퍼센트) 등 교회를 통해 권유받은 비율이 19.6퍼센트였다. 태극기 집회로 대표되는 극우 운동의 사회적 동원 역할을 교회가 20퍼센트 정도 했다고 볼 수 있다.

태극기 집회 참가자에게 태극기 집회 참가를 누군가에게 권유했는지 질문했는데, 태극기 집회 참가자의 37.1퍼센트는 본인만 참가하고 다른 누구에게 '권유한 사람이 없다'고 대답했다. '사회 지인'에게 권유한 경우는 23.2퍼센트, '가족/친척'에게 권유한 경우는 21.4퍼센트로 비슷했다. 한편 '같은 교회 교인/목사님'(14.7퍼센트)과 '다른 교회 교인/목사님'(10.7퍼센트) 등 교회를 통해 권유한 경우는 25.4퍼센트였다.

태극기 집회 참가자에게 본인이 그리스도인인 것과 태극기 집회와의 관련성을 물었다. 태극기 집회는 '종교와 상관없이 국민의 한 사람으로 참가했다'

〈그림 30〉 태극기 집회 참가와 그리스도인의 정체성 관계

(Base=태극기 집회 참가자, N=63, %)

는 응답이 59.9퍼센트, '그리스도인이 해야 할 일이라고 생각하여 참가했다' 40.1퍼센트로 국민의 자격으로 참가했다는 응답이 훨씬 많았지만, 그리스도인 자격으로 참가했다는 응답도 상당한 비율로 나타났다. 이들은 종교적 신념으로 참가한 것이라서 그만큼 더 열성적으로 집회에 참가했다고 짐작할 수 있다.

단, 전광훈 지지자에서는 그리스도인의 사명이라고 생각하고 참가한 비율이 조금 더 높은 51.3퍼센트였고 국민의 자격으로 참가했다는 비율은 48.7퍼센트로 비슷했다. 전광훈 지지자 가운데 그리스도인의 정체성을 가지고 참가한 경우가 절반이고, 나머지 절반은 국민의 정체성으로 참가하고 있었다.

6) 태극기 집회에 대한 평가

태극기 집회에 대해, '태극기 집회에서 타당한 주장만 하므로 꼭 필요하다' 6.6퍼센트, '다소의 과격한 언동이 있어도 꼭 필요하다' 9.2퍼센트로 '꼭 필요하다'는 의견이 15.8퍼센트였다. 열 명 중 두 명이 꼭 필요하다고 생각하는 셈이다. 응답자의 절반 이상인 57.0퍼센트는 '필요하기는 하지만 과격한 언동은 삼가야 한다'는 아쉬움을 나타냈고, '사회를 어지럽히므로 필요 없다'는 거부 반응을 보인 비율도 27.2퍼센트로 일정 부분을 차지했다.

극우 성향은 '사회를 위해 필요하기는 하지만 과격한 언동은 삼가야 한다' 57.6퍼센트, '다소의 과격한 언동이 있어도 꼭 필요하다' 20.3퍼센트, '타당한 주장만 하므로 꼭 필요하다' 14.6퍼센트로, 90퍼센트 이상이 필요하다고 응답했고 '꼭 필요하다'는 응답도 34.9퍼센트로 평균보다 높았다. '사회를 어지럽히므로 필요 없다'는 응답은 7.4퍼센트로 평균의 4분의 1 수준이었다. 반면 비극우 성향은 40.9퍼센트가 '사회를 어지럽히므로 필요 없다'고 응답했고 '꼭 필요하다'는 응답은 2.5퍼센트밖에 되지 않아 대조를 이루었다.

'과격한 언동은 삼가야 한다'는 응답도 각각 이념형과 행동형이 53.8퍼센트, 62.1퍼센트로, 태극기 집회의 핵심 참가 세력인 이들도 과격한 언동을 부담스러워하는 것으로 보인다. '태극기 집회에서 타당한 주장만 하므로 꼭 필요하다'와 '다소의 과격한 언동이 있어도 꼭 필요하다'는 응답은 이념형에서 가장 높게 나타났으며, 그다음으로 행동형이 높게 나타났다. 특히 태극기 집회 참가 의향자의 49.1퍼센트가 '꼭 필요하다'고 응답해 다른 응답자보다 응답률이 가장 높았다.

향후 코로나19가 종식된 후 태극기 집회 참가 의향에 대해서는 23.0퍼센트가 참가할 의향이 '있다'고 응답했고 70.8퍼센트는 참가할 의향이 '없다'고 응

〈그림 31〉 태극기 집회의 필요성에 대한 인식

(Base=전체 응답자, N=570, %)

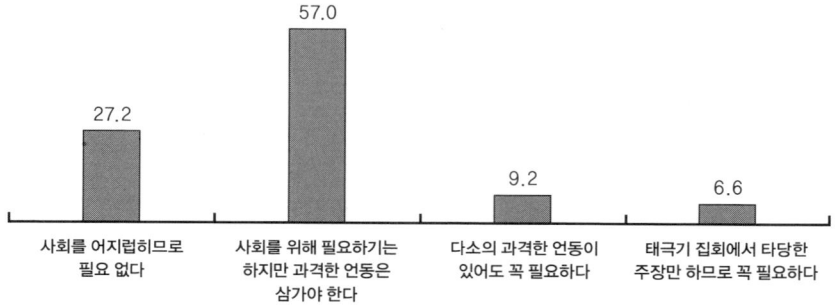

〈표 9〉 태극기 집회의 필요성에 대한 인식

(Base=전체 응답자, N=570, %)

구분	사례 수 (명)	사회를 어지럽히므로 필요 없다	사회를 위해 필요하기는 하지만 과격한 언동은 삼가야 한다	다소의 과격한 언동이 있어도 꼭 필요하다	태극기 집회에서 타당한 주장만 하므로 꼭 필요하다	계
전체	(570)	27.2	57.0	9.2	6.6	100.0
극우 성향	(234)	7.4	57.6	20.3	14.6	100.0
비극우 성향	(336)	40.9	56.6	1.4	1.1	100.0

<그림 32> 향후 태극기 집회 참가 의향

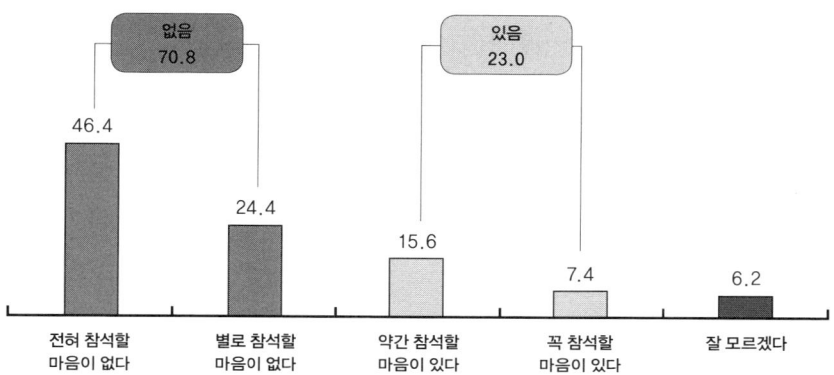

(Base=전체 응답자, N=570, %)

답했다. 참가할 의향이 '있는' 경우 극우 성향이 50.3퍼센트였는데, 그 가운데 행동형이 56.3퍼센트로 가장 높았고 이념형이 45.0퍼센트로 그다음으로 나타났다. 태극기 집회 참가 경험이 있는 사람의 68.9퍼센트가 또 참가할 의향이 있다고 응답해 재참가율이 높은 것으로 보인다. 전광훈 지지자 가운데 참가 의향이 '있는' 비율은 43.5퍼센트, '없는' 비율은 45.4퍼센트로 비슷했다.

60세 이상의 참가의향률이 30.0퍼센트로 다른 연령대보다 더 높았다. 그런데 2위는 가장 젊은층인 19-29세로서 이들의 참가의향율이 25.9퍼센트로 다른 연령대보다 소폭 더 높게 나타난 점이 주목할 만하다.

다음으로 전광훈 목사의 언행에 대해, '한국 사회가 좌경화되는 것을 저지하는 것이기에 적극 지지한다'(6.9퍼센트)와 '일부 언행은 다소 지나치나 그의 주장들은 동의한다'(23.7퍼센트)를 합한 30.6퍼센트는 전광훈 목사를 지지하는 것으로 볼 수 있다. 그러나 '주장에 대해 동의하지 않는다'(28.5퍼센트)와 '극단적 언행을 하고 있어서 실망했다'(34.6퍼센트)를 합한 63.1퍼센트는 지지하지 않는 것으로 볼 수 있다. 즉 전광훈 목사 지지층은 개신교 보수층 가운데 30퍼센트 정도로 비지지층의 절반 정도 비중을 차지하고 있다. 앞에서 말한 바와 같이 전체 개신교인 중 보수층이 30퍼센트 정도라고 보면, 전체 개신교인 중 9퍼센트 정도가 전광훈 목사를 지지하고 있다고 추정할 수 있다.

극우 성향인 이념형과 행동형은 전광훈 목사에 대해 대체로 '지지'하는 입장이며, 소극형은 '극단적이라서 실망'하였으며, 진보형은 '주장에 동의하지 않는다'는 입장이 가장 강했다. 전광훈 목사 지지 비율은 60세 이상에서 가장 높고 목회자/항존직에서도 높게 나타났는데, 이들이 교회에서 직간접적으로 전광훈 목사와 태극기 집회에 대한 인식 및 참가에 영향을 미칠 가능성이 있다.

〈그림 33〉 태극기 집회에서 전광훈 목사의 언행에 대한 평가

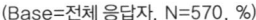
(Base=전체 응답자, N=570, %)

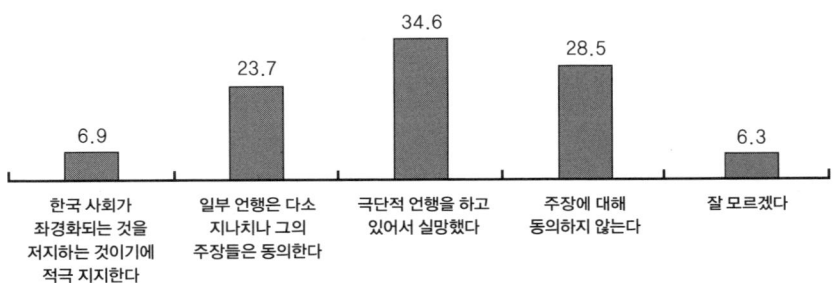

태극기 집회를 목사 혹은 기독교에서 주최하는 것에 대해, '찬성' 23.1퍼센트, '반대' 62.3퍼센트로 반대가 압도적으로 많았다. 개신교 보수층조차 종교가 정치에 개입하는 것을 거부하고 있다고 볼 수 있다. 몇 년 전 '한국기독교언론포럼'에서 실시한 조사 내용 중 한국 교회가 정당 활동 등 정치에 직접 참여하는 것에 대해 전체 개신교인의 79.6퍼센트가 반대했고, 목회자의 71퍼센트가 반대하는 것으로 나타난 것보다는 보수층의 반대 의견이 다소 적게 나왔다.[3]

〈표 10〉 태극기 집회에서 전광훈 목사의 언행에 대한 평가

(Base=전체 응답자, N=570, %)

구분	사례 수 (명)	한국 사회가 좌경화되는 것을 저지하는 것이기에 적극 지지한다	일부 언행은 다소 지나치나 그의 주장들은 동의한다	극단적 언행을 하고 있어서 실망했다	주장에 대해 동의하지 않는다	잘 모르 겠다	계
전체	(570)	6.9	23.7	34.6	28.5	6.3	100.0
극우 성향	(234)	14.5	48.0	24.1	9.3	4.0	100.0
비극우 성향	(336)	1.7	6.9	41.8	41.8	7.9	100.0

극우 성향은 '찬성' 46.4퍼센트, 비극우 성향은 '찬성' 7.0퍼센트로 태극기 집회를 목사와 기독교가 주최하는 것에 대해 극우 성향의 찬성률이 훨씬 높았다. 극우 성향 가운데 이념형은 '찬성' 51.3퍼센트 '반대' 33.2퍼센트로 찬성이 반대보다 더 높았고, 행동형은 '찬성'과 '반대'가 모두 40.8퍼센트였으며, 진보형과 소극형은 '반대'가 '찬성'보다 더 높아서 유형에 따라 차이를 나타냈다. 교회 직분으로는 목회자/항존직의 찬성 비율이 28.7퍼센트로 기타 직분자보다 더 높았다.

태극기 집회에 대한 만족도는, '만족한다'는 비율이 29.3퍼센트, '만족하지 않는다'는 비율이 66.1퍼센트로 불만족 비율이 두 배 이상 높게 나타났다. 특히 '만족스럽지 않다' 66.1퍼센트 가운데 '전혀 만족스럽지 않다'가 28.6퍼센트로, 태극기 집회에 대한 거부감이 개신교 보수층에서도 상당하다는 것을 알 수 있다. 극우 성향은 64.0퍼센트가 태극기 집회에 만족한다고 했는데, 그 가운데 이념형의 만족 비율이 54.1퍼센트, 행동형의 만족 비율이 75.3퍼센트로 행동형이 더 높은 만족도를 보였다.

---

3 한국기독교언론포럼, 『2015 10대 이슈 및 사회의식 조사』(서울: 예영커뮤니케이션, 2016), pp. 366, 394.

〈그림 34〉 태극기 집회를 목사/기독교가 주최하는 것에 대한 견해

(Base=전체 응답자, N=570, %)

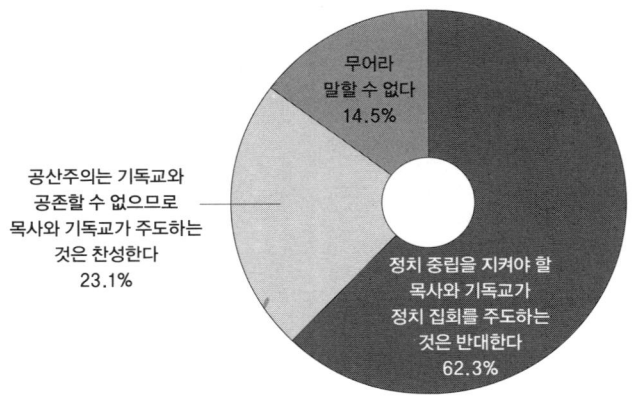

〈표 11〉 태극기 집회를 목사/기독교가 주최하는 것에 대한 태도

(Base=전체 응답자, N=570, %)

구분	사례 수 (명)	공산주의는 기독교와 공존할 수 없으므로 목사와 기독교가 주도하는 것은 찬성한다	정치 중립을 지켜야 할 목사와 기독교가 정치 집회를 주도하는 것은 반대한다	뭐라 말할 수 없다	계
전체	(570)	23.1	62.3	14.5	100.0
극우 성향	(234)	46.4	36.8	16.9	100.0
비극우 성향	(336)	7.0	80.1	12.9	100.0

또한 태극기 집회 만족도가 높은 응답자 집단은 태극기 집회 참가 의향자(72.6퍼센트)와 전광훈 지지자(69.4퍼센트)였다. 인구통계학 변수로는 60세 이상의 만족도가 35.4퍼센트로 다른 연령대보다 높았고, 직업으로는 자영업자의 만족도가 37.5퍼센트로 다른 직업보다 더 높았다. 경제 수준이 올라갈수록 만족도가 올라가는 경향이 보이며, 교회 직분별로는 목회자/항존직의 만족도가 다른 직분자보다 더 높았다.

〈그림 35〉 태극기 집회에 대한 전반적 평가

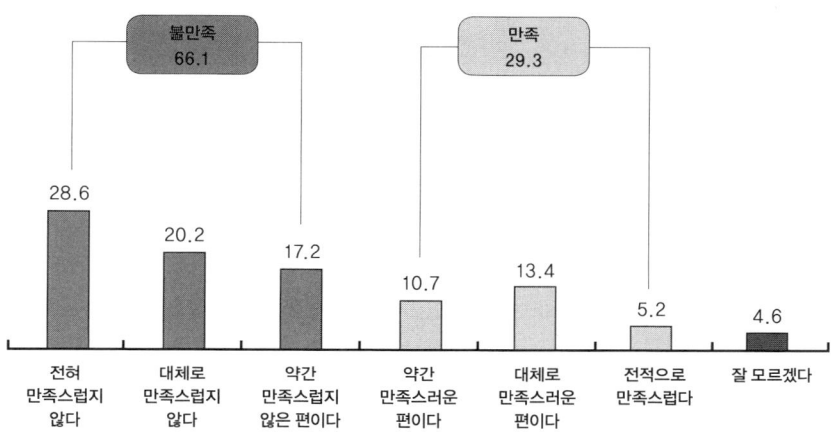

태극기 집회에서 가장 불만스러운 점을 두 가지 응답해 달라고 요청하여 1순위+2순위 응답을 기준으로 보았는데, 태극기 집회에서 가장 불만족스러운 점은 절반 정도(52.3퍼센트)의 응답자가 언급한 '전광훈 목사 등 연사의 발언이 너무 과격하다'는 것이다. '전광훈 목사의 발언이 하나님께 불경스럽다'도 37.1퍼센트로, 전반적으로 '전광훈 목사의 발언'을 불만족스러워했다. '연사들의 발언이 가짜 뉴스가 많다'는 1순위만 보면 보기 항목 중 가장 적었지만, 1+2순위로는 5위로 나타나 가짜 뉴스에 대한 불만도 다소 있는 것으로 나타났다.

이념형과 행동형 등 극우적 성향이 있는 집단이 태극기 집회에 불만족스러운 점이라고 응답한 내용을 보면 '전광훈 목사의 발언'도 있지만 '다른 참가자의 언행'을 더 많이 응답했다. 반면 진보형과 소극형은 '전광훈 목사의 발언'을 가장 불만족스러운 점으로 응답해 대조를 보였다. 또 태극기 집회 참가 의향자와 전광훈 지지자 등 극우적 행동을 보이는 집단도 '전광훈 목사'보다

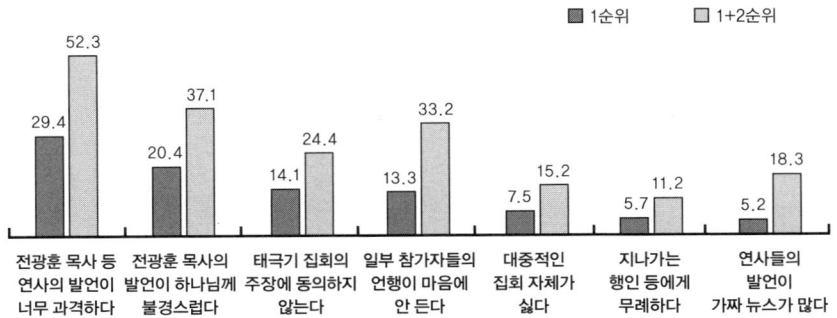

〈그림 36〉 태극기 집회에서 불만족스러운 점

(Base=전체 응답자, N=570, %)

는 '다른 참가자의 언행'을 더 불만스러워했다.

태극기 집회에 만족하는 사람과 만족하지 못하는 사람을 별도로 보면, 만족하지 못하는 사람은 전광훈 목사의 언행을 가장 불만족스러워했고, 만족하는 사람은 전광훈 목사의 언행뿐만 아니라 다른 참가자의 언행, 그리고 지나가는 사람들에 대한 무례한 태도 등을 불만족스러운 점으로 응답했다.

태극기 집회의 가장 긍정적인 것 두 가지를 응답하도록 했을 때, 1순위+2순위 응답을 기준으로 보면, '현 정부에 경고할 수 있다'는 것을 가장 긍정적인 점으로 응답했으며(78.0퍼센트), 그다음으로 '태극기 집회에서 비판을 마음껏 해서 속이 시원하다' 48.3퍼센트, '나라를 구하는 운동에 참여한다는 자부심이 있다' 25.6퍼센트, '태극기 집회에 나가면 진실을 알 수 있다' 25.4퍼센트의 순으로 응답했다.

극우적 성향을 보이는 이념형과 행동형, 태극기 집회 참가 의향자, 전광훈 지지자, 매우 보수층은 태극기 집회의 긍정적인 점으로 '현 정부에 경고할 수 있다' 외에 다양한 심리적 만족감을 얻을 수 있다고 응답했다. 반면에 소극형, 태극기 집회 참가 비의향자, 전광훈 비지지자, 약간 보수층은 경고와 비판을 할 수 있다는 기능적 측면 위주로 태극기 집회의 긍정적인 면을 꼽았다.

〈표 12〉 태극기 집회에서 불만족스러운 점: 불만족자 vs. 만족자

(Base=전체 응답자, N=570, %)

	전광훈 목사 등 연사의 발언이 너무 과격하다	전광훈 목사의 발언이 하나님께 불경스럽다	태극기 집회의 주장에 동의하지 않는다	일부 참석자들의 언행이 마음에 안 든다	대중적인 집회 자체가 싫다	지나가는 사람 등에게 무례하다
태극기 집회 불만족자	**31.9**	**23.9**	19.7	9.6	7.6	1.7
태극기 집회 만족자	26.2	12.9	3.6	18.6	6.9	13.5

〈그림 37〉 태극기 집회가 긍정적인 점

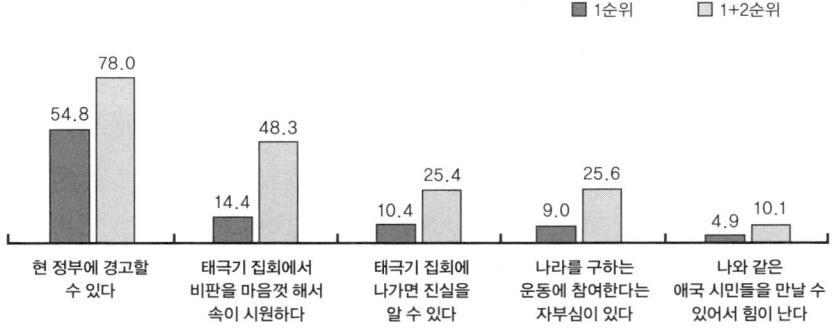

2020년 8월 15일에 있었던 태극기 집회에 대해, 열 명 가운데 약 일곱 명 가까운 68.4퍼센트가 '코로나19 감염 위험을 감안하여 자제했어야 했다'고 응답했고, '정부의 잘못을 지적하기 위해 필요했다'는 응답은 27.9퍼센트로 그 절반 이하였다. 개신교 보수층은 8월 15일 태극기 집회에 대해 부정적 인식을 갖고 있었다.

극우 성향은 '정부의 잘못을 지적하기 위해 필요했다'가 과반수인 53.7퍼센

트였고, 비극우 성향은 '자제했어야 했다'라는 응답이 84.8퍼센트로 정반대의 인식을 보였다. 극우 성향 가운데 이념형(58.6퍼센트)과 행동형(48.1퍼센트), 태극기 집회 참가 의향자(59.8퍼센트), 전광훈 지지자(60.4퍼센트)에서 '정부의 잘못을 지적하기 위해 필요했다'는 응답이 상대적으로 더 높게 나타났다.

인구통계학 변수로는 연령이 올라갈수록 8월 15일의 '태극기 집회 필요성'이 조금씩 높아져서 50대 31.9퍼센트, 60세 이상 32.2퍼센트로 다른 연령대

〈그림 38〉 8·15 태극기 집회 필요성에 대한 인식

(Base=전체 응답자, N=570, %)

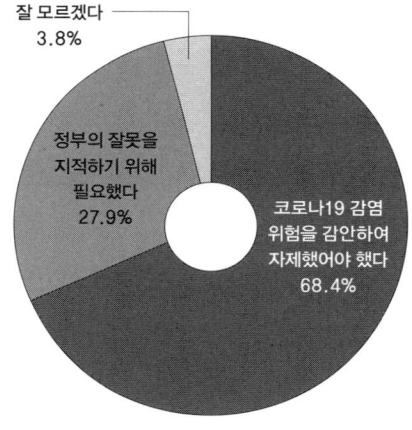

〈표 13〉 8·15 태극기 집회 필요성에 대한 인식

(Base=전체 응답자, N=570, %)

구분	사례 수 (명)	정부의 잘못을 지적하기 위해 필요했다	코로나19 감염 위험을 감안하여 자제했어야 했다	잘 모르겠다	계
전체	(570)	27.9	68.4	3.8	100.0
극우 성향	(234)	53.7	44.8	1.5	100.0
비극우 성향	(336)	9.9	84.8	5.3	100.0

보다 높았다. 또한 경제 수준이 올라갈수록 '필요성' 응답이 높아져서 상층은 32.3퍼센트의 응답률을 보였다. 목회자/항존직도 다른 직분자보다 약간 더 높은 '필요성' 응답률을 보였다.

8월 15일 태극기 집회 이후 코로나19 확진자가 많이 발생한 것에 대해, '집회 주최 측이 코로나19 감염을 고려하지 않아 확진자가 많이 발생했다'가 48.3퍼센트로 주최 측에 책임이 있다는 의견이 가장 많았다. '정부가 보수 인사만 집중적으로 코로나19 검사를 해서 확진자가 많이 부풀려졌다'(18.5퍼센트)와 '정부가 통계를 조작했다'(4.7퍼센트)라는 정부의 의도적 왜곡의 결과라는 의견이 23.2퍼센트였으며, '전반적인 정부의 방역 실패' 때문이라는 의견이 28.5퍼센트로 나타났다. 전체로 보면, 정부의 문제라는 의견과 주최 측 문제라는 의견이 비슷했다.

'정부의 방역 실패'라는 의견과 '정부의 의도적 검사로 인한 확진자 부풀리기', 그리고 '정부의 통계 조작'은 극우 성향, 이념형, 태극기 집회 참가 의향자, 전광훈 지지자에서 높게 나타났다.

〈그림 39〉 8·15 태극기 집회와 코로나19 확진자 발생과의 관계 인식

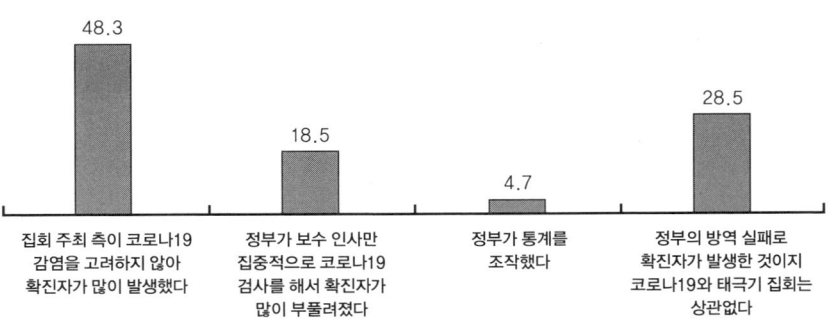

7) 극우파에 대한 인식

극우파의 성격을 파악하기 위해 극우파가 어떤 사람인지 여섯 개 항목을 제시하고 두 가지를 선택하게 했다. 1+2순위 응답을 기준으로 보았을 때, 가장 높은 응답률을 보인 항목은 절반에 가까운 44.4퍼센트가 선택한 '친북좌파는 몰아내야 한다고 생각하는 사람'이었다. 이 응답을 '북한과는 협상/타협은 안 된다고 생각하는 사람'(28.5퍼센트)과 연결하면 극우파의 가장 큰 특징을 '반북멸공'으로 정리할 수 있다. 두 번째로는 '언행이 과격한 사람'(35.1퍼센트)이라고 응답했다. 과격성을 극우파의 두 번째 특징이라고 보는 것이다. '언행이 과격한 사람'은 1순위로만 보면 네 번째였지만 1+2순위로 보면 두 번째로 나타났다. 세 번째는 '자유민주주의를 지키기 위해 언제든 행동하는 사람'(30.1퍼센트), '말이 안 통하는 사람'(29.0퍼센트)으로, 비타협적 행동파를 극우파의 특징으로 보고 있었다.

극우 성향인 이념형과 행동형은 극우파의 가장 큰 특징을 '친북좌파는 몰아내야 한다고 생각하는 사람'을 꼽았고, 그다음으로 '언제든 행동하는 사람'이라고 응답했다. 또한 태극기 집회 참가자 및 참가 의향자 그리고 전광훈 지지자도 '친북좌파는 몰아내야 한다고 생각하는 사람'과 '언제든 행동하는 사람'을 극우파의 대표적 특징으로 언급했다. 이러한 응답을 보면, 이들은 극우파라는 용어에 대해 부정적으로 생각하지 않는 것으로 보인다. 반면 진보형은 극우파를 '언행이 과격한 사람'(46.9퍼센트)과 '말이 안 통하는 사람'(45.9퍼센트)이라고 응답해 부정적인 인식을 가지고 있는 것으로 나타났다.

극우파에 대한 태도로, '극우파는 일부 과격한 점이 있지만 나라를 위해 필요하다'는 응답이 전체의 절반이 넘는 56.0퍼센트였고, '극우파야말로 나라를 진정으로 사랑하는 사람이다'가 5.8퍼센트였다. 한편 '극우파는 극단적이라 우리 사회에서 배척해야 한다'가 20.9퍼센트였고, '극우파는 일부이므로 그냥 상대하지 말고 놔두면 된다'가 17.3퍼센트였다. 긍정적인 태도가 61.8퍼센트,

〈그림 40〉 극우파의 규정에 대한 의견

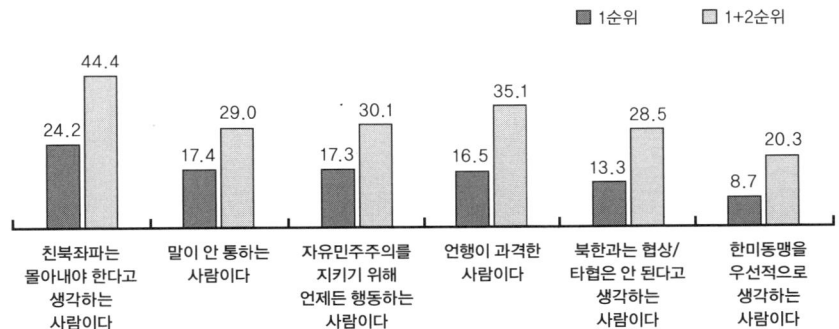

부정적인 태도가 38.2퍼센트로 극우파에 대해 대체로 호의적인 것을 알 수 있다.

극우 성향이 극우파에 대해 더 긍정적으로 보고 있는데, 특히 행동형이 극우파에 가장 긍정적인 태도를 보였으며(85.9퍼센트), 이념형도 그에 못지않은 78.2퍼센트가 긍정적으로 생각하고 있었다. 또한 태극기 집회 참가 의향자(88.3퍼센트)와 전광훈 지지자(88.0퍼센트) 그리고 강한 보수층(80.3퍼센트)도 극우파에 대해 긍정적인 태도를 보였다. 반면에 비극우 성향은 부정적인 태도가 52.1퍼센트로 과반수를 차지했다.

연령이 올라갈수록 극우파에 대한 긍정적 태도도 높아져서 60세 이상은 75.1퍼센트의 긍정 응답률을 보였다. 또한 자영업(72.9퍼센트)과 무직/기타(73.4퍼센트)에서도 긍정적인 태도를 보였다.

응답자 본인이 극우파라고 생각하는지에 대해, 18.9퍼센트만이 스스로 극우파라고 응답했고 나머지 81.1퍼센트는 극우파가 아니라고 응답했다. 개신교 보수층은 극우파에 대해 61.8퍼센트가 긍정적으로 응답했으면서도 스스로 극우파라는 응답 비율은 낮았다. 극우파가 '과격하다'는 이미지로 인해 스

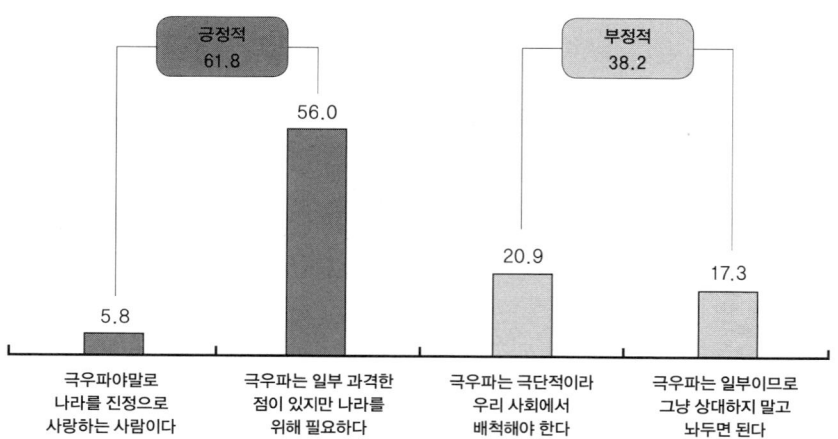

〈그림 41〉 극우파에 대한 태도

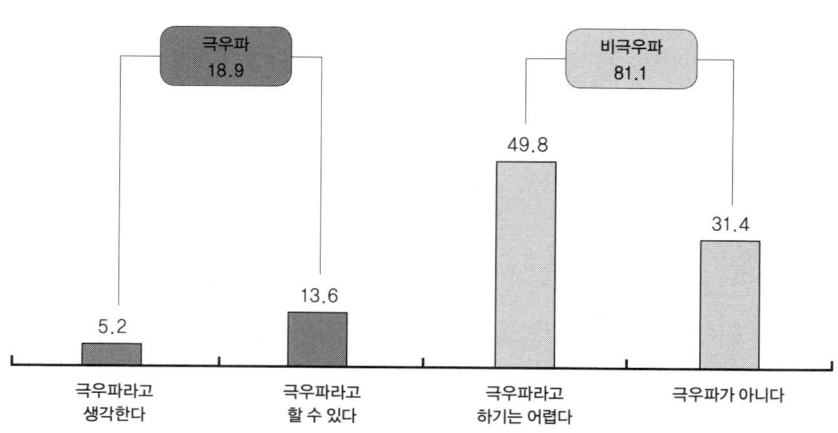

〈그림 42〉 본인이 극우파인지에 대한 생각

스로 극우파로 규정짓는 것은 회피하는 것으로 보인다.

극우 성향에서 자신을 극우파라고 응답한 비율은 31.3퍼센트였고, 비극우 성향에서도 10.2퍼센트가 극우파를 자처했다. 극우 성향 가운데 구체적으로 행동형이 스스로를 극우파라고 응답한 비율이 38.0퍼센트로 가장 높았지만 극우파가 아니라는 비율도 절반이 훨씬 넘는 62.0퍼센트나 되었다. 그다음으로 이념형의 25.4퍼센트가 스스로를 극우파라고 응답했고, 네 명 가운데 세 명꼴인 74.6퍼센트는 극우파가 아니라고 응답했다. 반면에 소극형과 진보형은 각각 10퍼센트 정도만 스스로 극우파라고 인식했다.

태극기 집회 참가 경험자(40.2퍼센트), 태극기 집회 참가 의향자(35.6퍼센트), 전광훈 지지자(36.6퍼센트), 매우 보수층(31.7퍼센트)이 스스로를 극우파라고 응답한 비율이 다른 응답자보다 더 높았다.

8) 신앙관

마지막으로, 개신교 보수층의 신앙관을 파악하기 위해 성경을 문자대로 믿는지 질문했다. 대다수인 81.1퍼센트가 '그렇다'고 응답했고 16.4퍼센트만이 '그렇지 않다'고 응답해서 개신교 보수층은 응답자 특성과 무관하게 대부분 성경문자주의를 따르는 것으로 조사되었다. 이것은 '기독교사회문제연구원'이 2019년에 개신교인들을 대상으로 조사했을 때 55.0퍼센트가 나온 것에 비해 매우 높은 비율이다.[4] 태극기 집회 참가 의향자, 전광훈 지지자에서 성경문자주의를 믿는 비율이 조금 더 높았다.

기독교 외의 다른 종교나 가르침에도 구원이 있는지에 대해, 35.9퍼센트는 '그렇다'고 응답했고 58.8퍼센트는 '그렇지 않다'고 응답해 기독교에만 구원이 있다는 응답이 훨씬 더 많았다. 이 역시 '기독교사회문제연구원'의 조사 결과에서 48.9퍼센트가 '그렇지 않다'고 응답한 것에 비해 훨씬 높다.[5] 두 문항으로 단정하기는 어렵지만, 보수적인 정치의식과 보수적인 신앙의식 사이에 상

---

4 지앤컴리서치, "한국인의 사회의식에 관한 조사 결과 보고서"(2019년 9월), p. 234.
5 같은 글, p. 232.

관성이 높은 것으로 보인다.

이념형의 74.6퍼센트가 '그렇지 않다'고 응답해 이념형은 대부분 기독교에만 구원이 있다는 인식을 갖고 있었다. 그 외에는 응답자 특성에 따른 차이가 없는 것으로 조사되었다.

〈그림 43〉 성경을 문자대로 믿는다

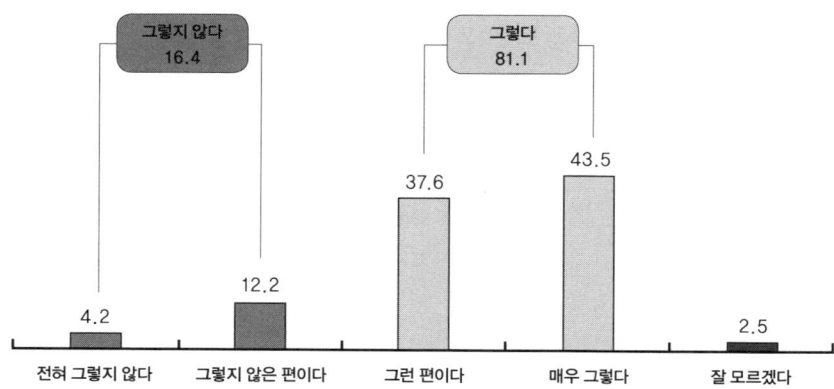

〈그림 44〉 기독교 외의 다른 종교나 가르침에도 구원이 있다

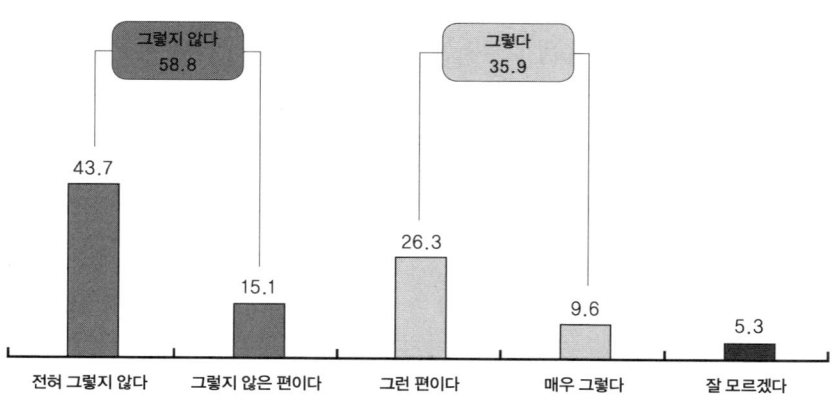

3. 결론 및 제언

1) 결과 요약

이번 조사는 최근 한국 교회뿐만 아니라 사회 전반에서도 극우 세력이 크게 주목받고 있는 가운데 극우의 성격을 파악하고 유형별로 분석했다는 점에서 의미가 크다. 비록 개신교인들을 대상으로 한 조사이지만 극우 세력 가운데 일정 정도는 개신교와 관련되어 있으므로 극우 일반의 특징을 추론하는 데에도 도움이 될 것이다. 또한 교회와 정치 또는 개신교인과 정치에 대해 연구하거나 바람직한 태도를 갖도록 하는 데에도 유익이 있다.

조사 결과를 요약해 보면, 먼저 쟁점이 되고 있는 극우의 비율을 추정해 볼 수 있다. 전체 개신교인 중 극우 성향의 신자가 얼마나 되는지 정확하게 추론하기는 어려우나 몇 가지 조사 결과를 통해 추정할 수 있다. 이 조사에서는 군집 분석을 통해 네 개의 군집으로 유형을 분류했고, 이 중 이념형과 행동형을 극우로 분류했는데 그 비율은 41.0퍼센트였다. 그리고 스스로 보수의 정도를 9나 10으로 선택해 '매우 보수'로 분류된 사람은 21.6퍼센트인데, 주관적 판단과 실제 성향이 정확하게 일치하지 않는다는 점을 감안해야 한다. 태극기 집회 참가를 기준으로 한다면 집회 참가 경험자는 11.0퍼센트이며, 여러 가지 요인으로 인해 참가하지 못한 사람들을 고려해 참가 의향자를 기준으로 삼으면 그 비율은 23.0퍼센트다. 또한 스스로 극우라고 응답한 사람은 18.9퍼센트였는데, 극우에 대한 부정적인 이미지 때문에 실제보다 응답한 사람은 적을 가능성이 크다. 마지막으로 전광훈 목사 지지를 기준으로 하면 30.7퍼센트다. 이러한 결과로 볼 때 보수 개신교인 중 극우파는 최소 20퍼센트에서 최대 41퍼센트로 추정할 수 있다. 따라서 전체 개신교인 중 극우파는 6.0-12.3퍼센트이고, 대략 10퍼센트 정도를 극우 성향의 개신교인으로 말할 수 있을 것이다.

앞에서 말한 바와 같이 '극우'라는 말은 학문적으로 엄격하게 정립된 개념이 아니며 서양에서의 용법과도 다르다. 이번 조사에서 극우파의 가장 큰 특징은 '반북멸공'으로 나왔고, 그다음으로 '언행이 과격한 사람'이나 '비타협적 행동파'도 극우의 주요한 특징으로 나타났다. 표적 집단 면접 조사에서도 이들은 극우가 "말이 통하지 않고 극단적인 사고를 하며 과격한 사람"이라는 표현을 많이 했는데, 62퍼센트의 보수 개신교인들이 극우에 대해 긍정적으로 평가하면서도 극우라고 자처하는 사람은 20퍼센트에 미치지 못하는 것은 극우가 가진 부정적인 이미지 때문으로 보인다.

다음으로 개신교 보수층에서 성향의 변화가 없는 이른바 '콘크리트 보수'의 비율을 추정해 볼 수 있다. 이번 조사에서 처음부터 계속 보수라고 응답한 사람은 72.1퍼센트였는데, 이 중에서 '처음보다 덜 보수적이 되었다'는 응답자 38.7퍼센트를 제외하면 전체 응답자의 43.9퍼센트가 신념에 변함이 없는 강한 보수층이라고 할 수 있다. 유형별로 보면 이번 조사에서 이념형으로 분류된 응답자들이 보수 이념에 투철하므로 이들을 기준으로 하면 21.9퍼센트라고 할 수 있다. 그리고 앞에서 말한 바와 같이 '매우 보수'로 분류된 사람들을 기준으로 하면 21.6퍼센트다. 따라서 개신교 보수층에서 성향의 변화가 없는 견고한 보수층은 대략 30퍼센트 안팎이고 이 역시 극우의 비율과 비슷하다고 할 수 있다.

여기서 한 가지 주목해야 할 사실은 전에는 보수가 아니었는데 보수로 바뀐 사람이 27.9퍼센트로 30퍼센트 가까이 되고, 그중 41.6퍼센트는 진보 성향에서 보수로 바뀌었다는 점이다. 그리고 보수 성향을 갖게 된 계기가 '문재인 대통령 집권'이라는 응답이 가장 많은 40퍼센트를 차지한 것을 보면, 보수로 바뀐 사람들 중 상당수가 현 정권 이후 보수가 되었다고 추정할 수 있다. 따라서 현 정권의 정책 성공 여부에 따라 보수층이 더 확대될 가능성이 있다고 판단된다.

보수 성향을 갖게 된 데 영향을 미친 사람은 특별히 없는데, 영향을 미친 요인 중에서는 언론의 영향이 가장 컸다. 그리고 뉴스와 정보를 방송 뉴스에서 얻는다는 응답이 37.8퍼센트로 가장 많았는데, 가장 신뢰하는 방송으로 'TV조선'이 가장 많이 나오기는 했으나(23.5퍼센트) 다른 방송 프로그램과 큰 차이는 없었다. 신문 중에서 '조선일보'라는 응답이 46.6퍼센트 나온 것과 비교하면 절반 수준이다. 그리고 유형에 따라 신뢰하는 방송이 달랐는데, 극우 성향은 'TV조선'을 신뢰한다는 응답이 가장 많았고 비극우 성향은 'KBS'가 가장 많았다. 같은 보수층이라도 서로 다른 성향을 갖게 되는 데 방송이 일정 부분 영향을 미치는 것으로 해석된다.

또한 정치 뉴스와 정보를 얻는 경로는 방송 뉴스와 신문 등 전통적인 매체가 58.5퍼센트이고, 인터넷, SNS, 유튜브 등 새로운 매체가 36.1퍼센트였다. 정치 뉴스와 정보를 새로운 매체로부터 얻는 비중이 커지고 있으며 보수 성향을 갖는 데에도 어느 정도 영향을 미치는 것으로 보인다. 특히 이념형과 행동형 및 태극기 집회 참가 경험자, 태극기 집회 참가 의향자, 전광훈 지지자 등 극우 성향의 보수층에서 방송 뉴스의 비중이 적고 기타 매체들 특히 신문과 유튜브의 비중이 더 높은 것으로 나타났다. 마찬가지로 비극우 성향은 정치 뉴스/정보를 얻을 때 방송 뉴스가 46.2퍼센트로 거의 절반에 가까운데, 극우 성향은 인터넷/SNS(26.8퍼센트)를 방송 뉴스보다 더 많이 이용하고 유튜브(20.6퍼센트)를 포함해 새로운 매체 의존도가 47.4퍼센트로 거의 절반에 가깝다. 이는 극우 성향의 사람들이 전통적인 공식 매체보다 새로운 정보에 빠르고 보다 개방적인 새로운 매체를 선호하는 경향이 크다는 것을 알 수 있다.

개신교 보수층은 대부분(81.1퍼센트) 우리 사회가 잘못된 방향으로 가고 있다고 생각하며, 그것은 자유민주주의가 무너지고 사회주의가 되어 가고 있다는 인식이었다. 그리고 현 정부는 친북좌파가 주도하고 있다는 인식을 공유하고 있다. 그러나 비극우 성향은 이러한 인식이 극우 성향에 비해 훨씬 약했다. 또한 보수층 대부분 가장 필요한 정책은 한미동맹정책이고 대북평화교류정책은 그다지 필요하지 않다고 생각하고 있으며(찬성 50.6퍼센트), 북한 정권을 무너뜨려야 한다는 생각을 가지고 있다(79.0퍼센트). 이에 대해 극우 성향과 비극우 성향의 차이가 컸는데, '북한과의 평화 교류' '종합부동산세 등 부자세' '법인세 등 기업세', 그리고 '국민기본소득'에 대해서는 두 성향 사이에서 찬성과 반대 입장이 완전히 엇갈렸다. 따라서 같은 보수층 안에서도 극우 성향과 비극우 성향의 인식은 매우 다르다는 것을 알 수 있다.

대통령에 대한 호감도에서는 박정희 대통령이 단연 1위였고, 박근혜 대통령에 대한 호감도는 전두환 대통령 다음으로 낮았다. 그러나 박근혜 대통령에 대한 탄핵에 대해 정당하다는 입장보다 오차 범위 안에서 부당하다는 입장이 더 많았다는 점은 일반인의 인식과 큰 차이를 보인다.

태극기 집회에는 열 명 중 한 명이 참가했는데, 주된 이유는 나라가 좌경화되는 것을 막기 위해서였다. 평균 3회 참가했고 10회 이상 참가한 사람도 소수 있었다. 참가하지 않은 사람들 중에서도 22퍼센트는 참가하고 싶은 생각을 한 적이 있다고 응답했다. 반면에 참가할 마음이 없는 사람들은 정치적 집회를 멀리하기 때문이라는 응답이 많았다. 코로나19 종식 후에도 태극기 집회 참가 의향은 23퍼센트로 개신교 보수층에서 정치 참여에 관심이 있는 사람은 다수가 아니라는 것을 알 수 있다. 태극기 집회가 필요하다는 입장이 70퍼센트 이상이었지만, 조건 없이 필요하다는 입장은 15.8퍼센트로 소수였고 57퍼센트는 과격한 언동은 삼가야 한다는 입장이었다. 그리고 태극기 집회에 대해서는 불만족한다는 응답이 만족한다는 응답보다 두 배 이상 나와서 현재 방식의 태극기 집회는 수정되어야 한다는 입장을 드러냈다.

이 조사의 관심 사안 중 하나는 보수 의식 또는 극우 성향에 대한 교회의 관련성이다. 먼저 보수 성향에 영향을 미친 사람에 대한 질문에 교회 지인/목사님의 영향이 7.6퍼센트였고 전광훈 목사 영향이 3.5퍼센트로, 교회 관련 요인은 11.1퍼센트였다. 그런데 아무에게도 영향을 받지 않았다는 응답을 제외하면 영향을 미친 사람들 중에서는 25퍼센트로, 적지 않은 영향을 미치고 있음을 알 수 있다. 그리고 태극기 집회에 참가하도록 권유한 사람이 '같은 교회 교인/목사님'(17.6퍼센트)과 '다른 교회 교인/목사님'(2.0퍼센트)으로 교회 관련 권유 비율이 19.6퍼센트였다. 또한 자신이 태극기 집회에 참가하자고 권유한 대상은 '같은 교회 교인/목사님'(14.7퍼센트)과 '다른 교회 교인/목사님'(10.7퍼센트) 등 교회 내에서의 권유가 25.4퍼센트였다. 또한 사회에서만 아니라 교계에서도 전광훈 목사에 대한 논란이 있음에도 그를 지지하는 비율이 30퍼센트에 이르며 태극기 집회를 목사와 기독교가 주도하는 것을 찬성하는 비율도 23퍼센트에 이른다는 점에서, 보수 의식이나 극우 성향에 교회 관련 요인이 일정 정도 차지하고 있음을 알 수 있다.

2) 제언

이번 조사 결과를 통해 교회 또는 그리스도인과 정치의 바람직한 관계를 생각해 볼 필요가 있다. 앞에서도 말했듯이, 대부분의 한국 교회는 정교분리 입장을 취하고 있고 교회에서 정치 이야기를 금기시하는 분위기인데 정작 사람들은 정치에 관심이 많고 선거철마다 교회 밖에서는 정치 이야기로 이야기꽃을 피운다. 과거 한·미 FTA나 미국산 소고기 문제, 그리고 4년 전에 일어난 국정농단 사태를 거치면서 많은 시민들과 함께 그리스도인들도 광장으로 몰려 나가 다양한 방식으로 자신의 정치적 의사표시를 했다. 그리고 최근에는 태극기 집회를 중심으로 보수 개신교인들이 정치에 적극적으로 참여하고 있는 양상이다. 교회 안에서도 정치적 입장에 따라 첨예하게 대립하고 교회를 떠나는 일까지 벌어지고 있다.

한국 교회의 정치 참여와 관련해서 문제가 되는 것은 우리 사회의 공동선을 위해서라기보다는 한국 교회의 유익을 위한 활동이 대부분이라는 점이다.

선거철마다 불거지는 기독 정당이 대표적인 사례다. 개신교 목회자들이 주도한 기독교 정당이 70년대 후반 처음 가시화된 이후 여러 차례 창당과 해산을 반복했다. 기독교 정당 자체를 부정적으로 볼 필요는 없다. 외국의 경우, 종교에 기반을 둔 정당이 나름대로의 정치적 성공을 거둔 경우도 있다. 독일의 사민당과 기민당이 대표적인 경우라고 할 수 있는데, 이들의 경우 종교적인 목적을 실현하기 위해 정당을 세웠다기보다는 정당을 통해 종교적 가치를 실천하려는 것으로 이해된다. 그러나 우리 사회에서 기독교 정당은 공익보다는 교세 확장에 치우쳐 있다는 평가가 주를 이룬다. 우리 사회와 같은 다종교 사회에서 각각의 종교가 자신들의 이익을 위해 정당을 설립하여 영향력을 행사하려 한다면, 정치판은 자신들의 종교를 위한 집단 이기주의의 대결장이 될 것이다. 정당은 소수 집단이 아니라 국민을 품을 수 있도록 훨씬 더 넓은 공익성을 추구해야 한다.

  교회의 정치 참여와 관련해 또 하나의 문제는 한국 교회의 사회의식이 매우 보수적이라는 점이다. 보수적인 것 자체가 문제가 되는 것은 아니지만, 지나치게 보수적인 사회관은 현실 유지와 기득권 수호에 일차적인 관심을 두기 때문에 건전한 비판마저 결여되기 쉽다는 점에서 문제가 된다. 한국전쟁과 분단 상황으로 인해 우리 사회에서는 선거철마다 이념에 바탕한 색깔 논쟁이 벌어져 더 풍부한 사상이 발전하는 데 걸림돌이 되고 있다. 그리스도인 역시 북한 공산주의로부터 피해를 입은 경험으로 인해 대부분 강한 친미반공의 성향을 띠고 있다. 한때 '반공이 국시냐' 하는 논쟁이 있었던 것처럼, 친미반공을 절대화하는 것은 문제가 될 수 있다. 심지어 내 입장과 다른 사람들을 쉽게 좌경, 용공, 종북 세력으로 매도하기도 한다. 이것은 이번에 조사한 보수 개신교인의 의식에서도 일부 발견된다.

  앞에서 언급한 바와 같이, 대통령 선출이나 기독교 정당과 같이 직접 정치 관련 활동을 하는 경우가 아니라도 교회는 여러 가지 모양으로 현실 정치에 깊이 관련되어 있다. 가장 쉽게 접할 수 있는 것이 설교다. 목회자들은 설교 때 여러 가지 사회 이슈나 정치 사건을 자주 언급한다. 그런데 종종 왜곡된 사회 인식으로 사회 문제나 정치 문제에 대해 편향된 설교를 하는 경우가 있어 물의를 빚곤 한다. 최근에는 현 정부에 대한 비판으로 시끄러워지는 경우가 많다. 누구나 정치에 대해 비판할 수 있고 심각한 위기 상황에서는 강단에서 설교를 통해서도 언급할 수 있을 것이다. 문제는 대부분의 목회자들이 매우 편향된 입장을 가지고 있다는 것이다. 과거 독재 정권 시절이나 우파 정권 시절에는 비판의 목소리가 거의 없다가 좌파 정권이 들어설 때만 유독 정치 관련 설교를 하는 경우가 많다.

이러한 문제가 발생하는 이유는 앞에서 살펴본 바와 같이 한국 교회의 사회의식이 지나치게 보수적이라는 것과 함께 공공성이 결여되었기 때문이다. 한국 교회는 우리 사회에서 일어나고 있는 공공의 문제에 대해 관심을 갖고 책임 있는 역할을 감당하기보다는 세상과는 벽을 쌓고 교세 확장과 교회 건물 건축, 교권 유지 등 자기들만의 왕국을 건설하는 데에만 급급하고 있는 인상을 주고 있다. 또한 교회의 현실 참여도 이런 태도의 연장선상에서 이루어지기 때문에 공공성과는 거리가 먼 방향으로 이루어진다. 교회의 현실 참여는 공공성이 담보되어야 한다. 이것은 교회뿐만 아니라 다른 모든 집단들도 마찬가지다. 어떤 사회 운동이나 사회에 대한 의사표시도 단순히 자기 집단의 이익을 위한 것이라면 다른 사회 구성원들의 공감을 얻을 수 없다.

이런 점에서 우리는 신앙의 공적인 차원에 대해 다시 생각해야 한다. 기독교 신앙은 개인의 사적인 영역에 머무르지 않고 공적 영역에서 표출되어야 한다. 특히 지금은 코로나바이러스의 여파로 인해 교회의 존립 자체가 위협받는 어려운 상황이지만 여전히 이웃 사랑을 실천해야 하고 우리 사회에 대한 막중한 책임 의식을 가져야 한다. 또한 우리의 신앙생활도 공적인 기준으로 점검할 필요가 있다. 전염병이 창궐한 상황에서 예배당 예배를 고수하는 것은 신앙고백의 한 표현일 수 있지만 그것이 비그리스도인들에게 어떻게 비칠 것인지도 고려해야 한다. 우리 자신의 기준만이 아니라 공공의 차원에서 신앙생활을 들여다볼 필요가 있다. 그리고 공익적 차원에서 문제가 될 수 있다면 그것은 재고되어야 한다.

8월 15일 광화문 집회는 코로나바이러스의 재확산에도 큰 영향을 미쳤다. '극우'로 표현되는 일부 개신교 신자들이 대거 집회에 참여했고 이것이 바이러스 재확산의 도화선이 되었다. 우리나라는 집회와 결사의 자유가 있고, 표현의 자유가 보장되어 있다. 우익이나 좌익, 때로는 극우나 극좌의 입장을 가진 사람이라도 자신의 주장을 펼칠 수 있다. 그리스도인들도 마찬가지다. 그러나 어떤 일에든 책임이 따른다. 모든 국민이 바이러스 확산을 방지하기 위해 노심초사하며 일상을 포기할 정도로 애쓰고 있는 상황에서 방역의 기본이 되는 마스크도 제대로 쓰지 않고 함께 숙식을 했다는 점은 납득하기 어려운 일이고 매우 무책임한 행동이다. 그뿐 아니라 정부의 방침에도 불구하고 검사를 거부하거나 집회 참가 사실을 숨기는 등 방역을 방해하고 있는데 주최 측 누구도 책임 있는 자세를 보이지 않았다. 이 역시 공공성에 위배되는 행동이다.

또 한 가지 생각해야 할 것은 어떤 정치적 표현이나 행동을 할 때 그것이 공공의 관점에서 유익한가를 점검해야 한다는 점이다. 우익이나 좌익이나 스스로는 나라와 민족을 위해서라고 주장하지만 그것이 정말로 그러한지에 대해 끊임없이 자문해야 한다. 공공성은 헤게모니와 당파성 너머에 있다. 공공성은 자기이해 자체를 성찰적으로 대상화하고, 궁극적으로 자기이해를 넘어서는 시야를 획득하지 못하면 결코 도달할 수 없다. 그러나 이러한 공공성을 현실에서 구현하기 어려운 것은 공공성이 무엇인지 몰라서라기보다는 모든 인간 행위자들 스스로가 예외 없이 강력한 이해관계의 당사자들이기 때문이다. 따라서 개인의 사사로운 이해관계를 넘어 보다 넓은 차원에서 공공의 선을 추구하는 태도가 매우 중요하다.

종교사회학자 로버트 벨라(Robert N. Bellah)는 초월의 이상과 경험 현실 사이에 적절한 긴장 상태를 유지하는 '창조적 긴장'(creative tension) 관계일 때라야 종교가 현실 사회에 의미 있게 기여할 수 있다고 말했다.[6] 종교의 생명력은 현실에 대한 '초월성'에 있다. 현실 세계에 동화되어 세속 가치에 매몰되어 버린다면, 종교의 본질인 초월의 이상은 아무 의미를 가질 수 없기 때문이다. 창조적 긴장 관계를 유지해야만 종교는 초월의 기준을 갖고 현 사회에도 기여할 수 있게 되는 것이다. 여기서 말하는 초월의 이상은 기독교식으로 표현하면, 성경의 정신 또는 성경의 가르침에 다름 아니다. 교회는 이 세상에 속한 그 무엇이라도 성경의 정신과 그 가르침에 비추어 판단할 수 있어야 한다. 심지어 교회 자체도 '성경'이라고 하는 절대적 기준에 따라 스스로 반성하고 끊임없이 갱신해야 한다. 이것이 교회가 참 교회가 되게 하는 길이다.

이와 관련해 한 가지 생각할 점은, 기독교적 명분을 내세우고 활동한다는 것은 자신의 모든 활동을 반드시 기독교 정신에 합당하게 행하겠다는 것인데, 그것이 현실적으로 장애가 되기도 한다는 것이다. 기독교 정신에 대한 이해는 그리스도인 사이에서조차 다를 수 있기 때문에 그릇된 성경 해석에 기초해 활동할 수도 있다. 특히 기독교 단체나 인사의 활동은 비그리스도인들에게는 그것이 기독교 정신과 가치를 대변한다는 인상을 줄 수 있다. 실제로 한국 교회는 개신교인 대통령을 배출한 것에 대해 커다란 책임감과 함께 부담을 졌다. 의도했든 의도하지 않았든 개신교인 대통령 선출에 직간접으로 관여한 한국 교회는 그에 대한 국민의 평가에 따라 동일한 평가를 받는 상황에 처했기 때문이다.

현실 정치가 매순간 절대 진리에 부합할 수는 없으므로 한국 교회는 현실

---

6   로버트 벨라, 『사회 변동의 상징 구조』, 박영신 역(서울: 삼영사, 1981), p. 174.

정치에 대해서는 일정 정도 거리를 두고 바라볼 필요가 있다. 그렇게 해야 장로 대통령이라도 그가 기독교 정신에 부합하지 않는 정책 결정을 할 때 비판의 목소리를 낼 수 있기 때문이다. 이것은 참여정부 이후 많은 교계 진보 인사들이 현실 정치에 참여하면서 발생한 딜레마를 극복하기 위해서도 마찬가지다. 오랫동안 현실 정치에 거리를 두고 예언자의 목소리를 내던 이들이 현실 정치에 참여하면서 스스로 한계를 드러내기도 하고 더 이상 예언자의 역할을 감당할 수 없는 상황에 처하게도 되었다. 종교란 무릇 현실 너머의 보다 숭고한 가치를 추구하고 이를 제시할 수 있어야 한다.

마지막으로, 대의정치로 표현되는 오늘날의 제도 정치는 현실과 동떨어지고 정치 대리인에 의해 시행되는 데 많은 문제를 안고 있다는 점도 생각해 봐야 한다. 일부에서는 그리스도인들의 정치 참여를 부정적으로 보기도 하지만, 정치에 지나치게 무관심한 것이 오히려 더 많은 문제를 낳고 있다. 선거철에만 정치에 관심을 갖고 평상시에는 정치를 잊고 사는 것이 아니라 오히려 생활 정치에 관심을 가져야 한다. 정치는 정치인들만의 전유물이 아니다. 많은 사람들이 정치를 '정권을 획득하기 위한 활동'이라고 하는 좁은 의미로만 생각하지만, '믿는 바에 대한 도덕적 실천'이라는 더 넓은 의미로 이해할 필요가 있다. 모든 국민은 철저히 '정치적'이어야 하고, 그것은 그리스도인들도 마찬가지다.

보통 정치는 권력의 행사나 통치와 관계 있는 것으로 국가와 관련된 활동을 의미한다. 이것은 정치를 매우 좁게 정의한 것이며, 현대 사회에서 정치는 훨씬 더 다양한 인간 행위를 포함한다. 넓은 의미에서 정치란 시민들의 참여, 대화와 토론, 그리고 합의 등과 같은 민주주의 과정 전체를 포함한다고 볼 수 있다. 곧 공공 영역에서 일어나는 시민들의 정치까지를 포함하는 것이다. 따라서 정치를 정치인에게만 맡긴다고 생각할 것이 아니라 국민들 스스로 자신의 신념을 실천하기 위해 노력해야 한다. 각자의 영역에서 보다 나은 삶의 조건을 위해 참여하는 생활 정치에 관심을 가질 필요가 있다. 일상생활과 사회생활의 모든 영역에서 기독교 정신을 실천하는 것이야말로 기독 시민의 참모습일 것이다.

03
공공신학과 교회의 정치

최경환('과학과 신학의 대화' 사무국장)

들어가는 말

공론장에 참여하는 세력이 점차 보수화되는 현상은 비단 국내뿐 아니라 전 세계적인 현상이라고 할 수 있다. 극우 보수주의자들의 활발한 정치 참여는 세속화에 대한 반발이면서 동시에 최근 다시 부각하는 시민 종교에 대한 관심에서 촉발되었다.[1] 과거 진보적인 교회들이 차지했던 공론장을 이제는 보수적인 대형 교회들이 차지하면서 그들이 대규모 정치 집회를 주도하는 현상이 두드러졌다. 그렇다면 한국 기독교는 어떻게 다시 공론장에 등장한 것일까? 그리고 이런 현상을 신학적으로 어떻게 평가해야 할까? 이 글은 최근 몇 년간 극우 개신교가 공론장에 나오게 된 원인과 동기를 살펴보고, 공공신학에서 제시하는 몇 가지 아이디어를 통해 교회가 좀더 진전된 방식으로 정치에 기여할 수 있는 방법을 제시하고자 한다.

텅 빈 공론장을 무엇으로 채울 것인가

근대 자유주의가 서구 사회에서 자리를 잡으면서 세속화는 빠른 속도로 사람들의 생각과 삶의 습관을 사로잡았다. 세속화는 여전히 논란이 많은 개념이지만, 일반적으로 공적 영역과 사적 영역을 분리하고 이 두 영역이 서로를 침범하지 않도록 경계를 지키는 것이라고 할 수 있다. 국가는 개인의 권리와 자유를 침해하지 않고, 개인은 가능한 한 사적 신앙이나 가치관을 공적 영역에서 발화하지 않아야 한다. 종교는 공적 영역에서 후퇴해 사적 영역 안에 안전하게 자리를 잡아야 했다. 이런 경계는 오늘날 롤스(John Rawls)나 하버마스(Jurgen Habermas) 같은 철학자들에게도 그대로 이어지는 기본 신념이자 보이

---

1 강인철, 『시민종교의 탄생』(서울: 성균관대학교출판부, 2019).

지 않는 규칙이다. 자연스럽게 자유주의가 보장하는 자유는 개인의 목적과 이상을 실현하려는 적극적 자유가 아니라 자신의 권리와 이익을 보호받으려는 소극적 자유만을 증진시켰다. 리처드 뉴하우스(Richard J. Neuhaus)는 이러한 공사 구분이 오히려 시민들의 사회적 상상을 제한하는 도구적 자유주의로 전락하고 말았다고 지적한다.[2] 결국 도구화된 자유주의는 공론장을 위축시키는 결과를 가져왔다.

그러나 최근 상황이 완전히 역전되었다. 텅 빈 공론장이 보수적 종교인들로 다시 북적이며 냉랭했던 공론장은 다시 활기를 띠기 시작했다. 시민들은 저마다 다양한 사회적 비전과 개인의 욕망을 분출하기 위해 광장을 찾았고, 이제는 그러한 욕구들을 통제하기 어려울 정도로 혼란스러운 지경에 이르렀다. 종교사회학자들은 이렇게 세속화된 자유주의 국가에 왜 다시 종교가 부흥하고 있는지, 그리고 사람들이 왜 광장으로 쏟아져 나오는지에 대해 연구하고 있다. 피터 버거(Peter L. Berger)의 설명에 따르면, 사람들은 불확실성을 싫어하며 상대주의가 어느 정도 강해지면 다시 절대주의에 매력을 느끼게 된다고 한다. 다양한 사람들이 어울려 살면 종교적 배타주의가 사라질 줄 알았는데 오히려 반대였다. 근대화가 세속화를 가져왔지만, 다른 한편으로는 '반세속화' 운동을 강렬하게 자극한 것이다. 현재 전 세계적으로 근대성(modernity)에 순응하려고 애쓴 종교 운동과 제도는 거의 다 쇠퇴 국면에 있지만, 로마 가톨릭교회의 보수파, 이슬람, 복음주의, 유대교 전통파는 모두 부흥하고 있다. 부흥하는 종교나 종파의 특징은 바로 '종교적 감화'라는 요인이다. 이들 종교의 부흥은 덜 근대화되거나 후진 지역의 국가에만 한정되지 않는다. 오히려 고도로 근대화된 도시에서도 강력하게 일어나고 있으며, 많은

---

2   Richard J. Neuhaus, *The Naked Public Square: Religion and Democracy in America* (Wm B. Eerdmans Publishing, 1986), p. 235.

국가에서 서구식 대학 교육을 받은 사람들 사이에서도 두드러진 현상이다.[3]

시민사회 이론가들도 공적 영역에서 종교가 다시금 중요한 역할을 하고 있는 것에 주목하기 시작했다. 로버트 퍼트넘(Robert D. Putnam)은 사회적 자본(social capital)이라는 개념을 통해 현대 사회에서 종교의 영향력이 지속해 증가하고 있다고 말한다. 사회적 자본이란 "개인들 사이의 연계, 그리고 이로부터 발생하는 사회적 네트워크, 호혜성과 신뢰의 규범을 가리키는" 개념이다.[4] 퍼트넘은 미국 사회에서 종교 단체들이 이런 역할을 맡고 있다고 말한다. 로버트 우스노우(Robert Wuthnow) 역시 미국 사회에서 불우한 젊은이들이 직업을 구하고 마약이나 범죄 활동에 개입하지 않도록 돕는 데 결정적인 역할을 한 것은 다름 아닌 그들 주변의 교회 다니는 이웃의 존재였다고 말한다.[5] 『비통한 자들을 위한 정치학』(Healing the Heart of Democracy, 글항아리)을 쓴 파커 파머(Parker Parmer)는 오늘날 종교 공동체와 학교가 사회적 자본을 형성하고 시민의 성품을 배양하는 가장 좋은 장소라고 말한다. 사실 교회야말로 서로 다른 생각을 가진 사람들이 신뢰와 연대, 참여와 봉사를 배울 수 있는 가장 적절한 곳이라 할 수 있다.[6] 만약 교회에서 이런 시민사회의 성품을 익힐 수만 있다면 교회가 사회로부터 외면받을 일은 없을 것이다.

하지만 현실은 정반대로 전개되었다. 광장에 나온 그리스도인들은 공적 가치와 이상을 추구하기보다는 자신들의 집단 이익과 정체성을 강하게 내세워 오히려 사회적 갈등을 부추기고 말았다. 권력은 텅 빈 공간을 가만히 놔두지 않았고, 그 공간을 채운 권력은 다름 아닌 종교 이데올로기였다. 미국에서는 1980년대부터 폭발적으로 성장한 '도덕적 다수'(moral majority) 운동이

---

3 피터 버거, 『세속화냐? 탈세속화냐?』, 김덕영·송재룡 역(서울: 대한기독교서회, 2002), 1장 "세상의 탈세속화: 개관"을 참고하라.
4 로버트 퍼트넘, 『나 홀로 볼링』, 정승현 역(서울: 페이퍼로드, 2016), p. 17.
5 로버트 우스노우, 『기독교와 시민사회』, 정재영·이승훈 역(서울: 기독교문서선교회, 2014), p. 41.
6 파커 파머, 『비통한 자들을 위한 정치학』, 김찬호 역(파주: 글항아리, 2012).

트럼프 대통령 당선으로 이어졌고, 한국에서는 2000년 이후부터 한기총을 중심으로 결집된 시청 앞 기도회가 그 세력의 중심이었다.

보수 기독교의 위기와 돌파구

그렇다면 한국의 보수 개신교는 어떻게 정치 세력으로 급부상할 수 있었을까? 강인철은 한국 개신교의 정치 참여를 분석하면서 1980년대 후반까지만 해도 대부분 정치 참여는 진보적 기독교 세력이 주도했는데 1990년대에 들어서면서 한기총을 중심으로 보수 기독교에서도 적극적인 참여 양상을 보였다고 한다.[7] 그동안 사회운동에 소극적이었던 보수 개신교 그룹이 태도를 전향적으로 바꾸기 시작한 것이다. 1987년 이후 국가가 주도하는 종교 정책은 점차 쇠퇴하고 본격적으로 선거 정치가 활발하게 전개되는데, 여기서 기독교가 중요한 파트너로 큰 역할을 하기 시작했다. 정치인들은 거대 종교, 특별히 개신교를 겨냥한 선거공약을 제시했고, 그때부터 국가-종교 간 거래와 유착이 공개적으로 진행되었다. 대형 교회야말로 정치인들이 가장 신경 쓰고 관리해야 할 표밭이었기 때문이다. 반면 개신교 측에서는 자신들의 사회적 영향력을 확대하고 제도적 이익을 활용하고자 정치에 적극 개입하고자 했다.

한편 1990년대로 넘어가면서 교회 성장은 정체되기 시작한다. 기독교는 교세 감소의 원인을 외부에서 찾았고, 문화 전쟁이라는 프레임으로 돌파구를 찾고자 했다. 사회가 정치적으로 좌경화되고, 동성애와 소수자들의 인권 문제가 부각되며 사람들이 교회를 빠져나가기 시작했다고 판단한 것이다. 교회는 싸워야 할 적을 구체적으로 지명함으로써 자신의 정체성을 확고히 만들어 갔다. 하지만 기독교가 이렇게 진리를 수호하고자 외부의 적과 싸울 수

---

7   강인철, 『한국의 종교, 정치, 국가 1945-2012』(오산: 한신대학교출판부, 2013), pp. 82-83.

록 내부에서는 썩은 냄새가 진동할 만큼 부패가 빠른 속도로 진행되고 있었다. 교회의 세습 문제부터 계속되는 목회자의 도덕적 타락과 성범죄는 이제 자정 능력을 상실했다고 할 만큼 많은 이들에게 실망감을 안겨 주었다. 시간이 지날수록 젊은이들은 교회를 떠나고 '가나안' 성도는 계속 증가했다. 당연히 사회에서 교회를 바라보는 시선도 곱지 않았다. 종교의 권위는 무엇보다 도덕적 청렴함과 사회를 향해 준엄한 양심의 목소리를 낼 때 생긴다. 하지만 한국 개신교는 공적 영역에 나와 목소리를 낼 때마다 계속해서 시민사회의 보편적 정서를 거스르는 모습을 보였다. 다원성과 다양성 그리고 타자에 대한 관용과 포용력을 상실한 개신교는 이제 사회의 발전과 진보를 방해하는 세력으로 사람들에게 낙인이 찍혔다. 1990년대 이후 보수 개신교의 사회적·정치적 영향력은 그 어느 때보다 대단했지만, 공적 신뢰도나 사회적 소통 능력은 오히려 악화되었다. 당연히 기독교에 대한 대중의 여론 역시 매우 부정적이었다. 강인철은 불과 몇 년 전 지금의 상황을 예언하듯 다음과 같이 말했다.

> 보수 개신교의 정치적 영향력이 큰 것처럼 보일수록 오히려 대중적 반감이 더 커질 것이고, 개신교의 증가되는 정치적 영향력은 사회적 공신력을 더욱 끌어내리게 될 것이다. 이런 사태의 장기적 결과는 더욱 파괴적일 수도 있다. 개신교에 대한 대중적 반감과 낮은 공신력이라는 상황에서 적극적인 정치 참여는 개신교의 교세 축소와 한국 종교 지형의 재편으로 이어질 가능성이 높다.[8]

결국 보수 개신교는 민주주의가 중요하게 여기는 공공성과 시민성을 제대로 학습하고 체화하지 못했다. 시민사회의 일원으로서 교회는 사회와 소통하

---

8 같은 책, p. 359.

며 보편적인 정서를 공유해야 하는데, 오히려 사회에 대해 부정적이고 공격적인 태도를 일관했다. '우리와 그들' '선과 악'이라는 이분법적 세계관에 사로잡혀 자신들을 '전사'나 '순교자'로 만들었다. 자유주의를 수호하고 동성애를 반대하는 교인들은 진리를 위해 싸우는 전사가 되고, 그들의 지도자는 영웅이 되거나 순교자가 된다. 그렇게 전광훈은 2020년 8월 15일에 그들만의 영웅이 되었고, 그 이후 순교자가 되었다.

공공신학과 공동선

흔히 그리스도인들이 정부를 향해 쓴소리를 하거나 위정자들을 비판할 때 사용하는 신학 개념 중 하나가 '예언자적 증언'(prophetic witness)이다. 나단 선지자가 다윗왕을 향해 하나님의 말씀을 대언하거나 아모스나 호세아 같은 예언자들이 지도자에게 준엄한 심판의 메시지를 선포할 때 우리는 그것을 하나의 본보기로 삼기도 한다. 그러나 우리는 지금 민주화 이후 다원화된 세속 사회에 살고 있다. 예전처럼 하나의 가치관과 이념으로 현실을 재편하거나 변혁할 수 없다. 자유와 해방을 위한 하나님 나라를 현실 사회에 건설하려는 신정 국가적 이상을 가진 시대의 '예언자'들은 변화된 세계를 충분히 인지할 필요가 있다. 한때 세상의 통치자 역할을 해 왔던 중세 기독교는 물론이거니와 새로운 정부를 수립하고 민주주의를 확립하기 위해 투쟁했던 진보적 교회의 운동 역시 또 다른 콘스탄티누스주의(Constantinianism)로 빠질 위험이 있다는 것을 항상 염두에 두어야 한다. 그래서 미로슬라브 볼프(Miroslav Volf)는 다원주의를 인정하는 것이 기독교가 가장 중요하게 고려해야 할 출발점이라고 말한다. 기독교는 이제 자신의 주장과 신념을 사회를 향해 일방적으로 요구할 수 없게 되었고, 또 자신의 신념을 외치더라도 특정 영역에서만 그렇게 할 수 있을 뿐이다. 기독교는 세계에 대한 자기만의 해석을 고집할 수 없게 되었다.⁹ 만약 교회가 공적 영역에 참여한다면 교회는 세속 국가가 제시하는 사회적 요구에 응답할 수 있어야 한다.

그동안 한국 교회는 다양한 방식으로 콘스탄티누스주의에 빠져 있었다. 민족 복음화, 성시화 운동, 성서 한국, 하나님 나라 운동 등등. 단체의 성격과 정치적 지향은 다를지 몰라도 모두 자신의 종교적 신념으로 세상을 변화시키려는 지향점을 가졌다는 점에서는 동일하다. 물론 이런 모든 운동을 잘못된 지향이라고 말한다면, 그러면 선교는 무엇이고 하나님 나라 운동은 무엇이냐고 반문할지 모르겠다. 이 질문은 결국 기독교가 어떤 방식으로 세상과 관계를 맺고, 세상에 복음을 전하느냐와 관련이 있다고 할 수 있다. 그리고 이 지점이 바로 공공신학이 현대 사회에서 기여할 수 있는 가장 중요한 부분이다.

공공신학 이전에도 그와 유사한 신학은 있었다. 정치신학이나 해방신학은 공공신학과 비슷한 문제의식을 공유한 신학이었다. 이런 신학은 독재 정권이나 국가 이데올로기에 대항해 민주주의와 억압받는 민중을 위한 투쟁의 신학을 전개했다. 반면 공공신학은 이들과 달리 민주화 이후 변화된 사회 속에서 어떻게 기독교가 사회적 실천과 책임을 다할 수 있는지를 고민하는 신학이다. 태도와 관점이 다르다. 그렇다면 기독교는 민주화 이후 사회에서 어떻게 자신의 목소리를 신실하게 전달할 수 있을까? 특별히 다종교 상황 속에서 기독교는 자신의 고유한 목소리를 어떻게 전달해야 할까?

남아프리카공화국의 공공신학자 에티엔 드 빌리어스(Etienne de Villiers)는 오늘날과 같은 다종교 상황에서 기독교는 외부를 향해 목소리를 높이기 전에 먼저 자신의 공동체를 비판적으로 볼 수 있어야 한다고 말한다.¹⁰ 즉 예언

---

9   미로슬라브 볼프, 『광장에 선 기독교』, 김명윤 역(서울: IVP, 2014), p. 125.
10 Etienne de Villiers, "Prophetic witness: An appropriate mode of public discourse in the democratic South Africa?" in *Prophetic Witness: An Appropriate Contemporary Mode of Public Discourse?* (Lit: 2011), pp. 161-179.

자적 증언의 1차 대상은 세상이 아니라 기독교 공동체다. 세상을 향해 하나님 말씀을 선포하기 전에 먼저 기독교 공동체가 하나님 말씀을 제대로 실천하고 있는지 돌아봐야 한다. 앞서 언급했듯이 기독교의 증언과 선포가 영향력을 가지려면 내부에서부터 정당성과 진정성을 입증받아야 한다. 교회가 세상을 향해 자유와 해방을 선포하기 전에 교회 공동체 안에서 억압과 차별이 없어야 할 것이다. 성경 속 예언자가 왕을 향해 외쳤던 하나님의 말씀이 이제는 교회의 지도자들에게 적용되어야 할 상황이다.

물론 민주주의 사회에서 기독교는 자신의 가치에 근거해 적절하게 예언자적 증언을 할 수 있다. 기독교적 가치와 세속적 가치가 공유되는 지점이 있다면 그 지점에 있어서는 정부의 제도와 정책을 질타하거나 혹은 협력하면서 보완적 협력 기구가 될 수 있을 것이다. 하지만 질문은 다시 이어진다. 그렇다면 교회와 사회가 공유하는 가치는 무엇일까? 기독교의 독특한 정체성이 시민사회의 보편적 가치와 양립할 수 있는 근거는 무엇이며, 그 내용은 구체적으로 무엇이 되어야 할까? 공공신학자들은 이 질문에 대한 답을 공동선(common good) 개념에서 찾으려고 한다.

월터 브루그만(Walter Brueggemann)은 하나님과 나 그리고 이웃이 하나로 연결되어 풍성한 삶으로 이어지는 전망을 공동선이라고 불렀다.[11] 비슷한 맥락에서 볼프는 기독교 신앙은 한마디로 "세상에 생명을 주는 신학"이어야 한다고 말한다. 신학의 근본적인 목적은 인간과 창조세계가 하나님의 집으로 온전히 회복되도록 돕고 보존하고 지켜 나가는 것이다.[12] 기독교가 사회를 향해 예언자적 메시지를 선포할 수 있는 근거는 여기에서 나온다. 기독교 신앙은 인간의 번영을 억압하는 모든 제도와 권력에 저항하고 창조세계의 온전한

---

11 월터 브루그만, 『하나님, 이웃, 제국』, 윤상필 역(서울: 성서유니온선교회, 2020), p. 52.
12 미로슬라브 볼프·매슈 크로스문, 『세상에 생명을 주는 신학』, 백지윤 역(서울: IVP, 2020), pp. 88-89.

해방을 고대해야 한다. 세속 사회에서 교회는 공동선을 선포하고 직접 몸으로 보여 주어야 할 것이다. 교회는 공적 영역에서 자신의 우월함을 드러내거나 지배하려 하지 말고 가르침과 영감을 주려고 노력해야 한다. 우리가 공동선에 얼마나 효과적으로 기여하는지를 판단하는 기준은 누가 더 참된 삶을 사는가, 누가 다른 사람들의 필요를 채우고 있는가, 누가 이웃 사랑의 의미를 실천하고 있는가로 판가름 날 것이다. 이러한 실천과 윤리는 단순히 기독교 신앙의 부차적 요소가 아니다. 그리스도인들은 하나님의 자기 내어 줌과 예수 그리스도의 희생적 섬김 속에서 이 세상에서 어떠한 삶을 살아야 하는지 배울 수 있다. 민주주의 사회에서 그리스도인이 기회와 공정성, 배려와 포용의 삶을 실천하려는 노력은 삼위일체 하나님의 존재 방식으로부터 그 신학적 근거를 찾을 수 있다.[13]

그동안 기독교는 세계화와 다원주의라는 시대적 요청에 어떻게 대응해야 할지 몰랐다. 다양한 가치와 이념이 공존하는 다원주의 사회에서 기독교 역시 사회의 한 구성원으로서 어떻게 서로의 의견을 경청하고 조율할 수 있는지를 경험해 보지 못했던 것이다. 공공신학은 다원주의 사회 속에서 신학이 어떻게 건설적이면서 비판적으로 참여할 수 있는지를 다룬다. 절차적 민주주의와 다양한 공론장을 통한 여론 수렴, 협의와 토론을 중시하는 민주주의는 교회의 사회참여 방식을 근본적으로 다시 생각하게 만들었고, 새로운 사회적 조건 속에서 교회의 역할이 무엇인지 고민하게 만들었다. 이제 기독교는 공론장의 규범적이고 합리적인 소통 과정에 참여하기 위해 민주주의의 질서와 원리를 존중해야 한다. 국가나 사회를 향해 일방적인 방식으로 자신의 목소리를 내세우지 않고, 혁명적이고 전복적인 방식으로 사회변혁을 꾀해서도

---

13   삼위일체 신학에 근거해 공공신학의 방법론을 도출하려는 시도는 다음을 참고하라. 최경환, "미로슬라브 볼프: 자기 내어 줌과 받아들임의 공공신학", 김동규 외, 『우리 시대의 그리스도교 사상가들』 (고양: 도서출판100, 2020).

안 된다.

    예를 들어, 전통적으로 교회는 사회사업을 하거나 사회 선교를 할 때, 자신이 가지고 있는 물질이나 성도들을 동원해 직접 사회복지 단체를 설립하거나 비영리단체를 운영하는 경우가 많았다. 그러다 보니 지역사회를 섬기고 사회사업을 하기 위해서는 교회의 규모가 어느 정도 커야 가능하다는 인식이 지배적이었다. 교회들은 매년 5월이면 지역의 노인들을 초대해 식사를 대접했고 재해를 입은 지역에는 성도들을 파견해 봉사 활동을 하기도 했다. 이런 방식으로 사회참여를 하거나 구제 활동을 하는 것은 대부분 교회가 봉사의 주체가 되어 직접 물질과 인원을 투입하는 방식이다. 하지만 공공신학에서 제시하는 교회의 사회참여는 이런 방식과는 다르다. 교회가 다원주의 사회 속에서 사회참여나 사회적 실천을 수행하려 할 때는 홀로 주체가 되어 모든 일을 기획하고 준비하려는 욕심을 내려놓고 비슷한 관심을 가진 다양한 단체와 연대하는 것이 중요하다. 기독교가 수행하려는 공적 사업은 교회만의 프로젝트여서도 안 되고 교회가 홀로 감당해야 하는 행사여서도 안 된다. 교회는 시민사회의 구성원으로서 원탁회의에 참여해 함께 사업을 진행하고 의견을 조율하는 파트너가 되어야 한다. 그럴 때 교회의 신뢰도도 회복되고 사회적 인식도 좋아질 수 있다. 돈 많은 대형 교회가 홀로 구제 사업을 한다고 할 때, 지역 주민들은 그리 고운 시선으로 보지 않는다. 오히려 교회가 오랜 시간 경험과 비법을 축적한 시민단체와 협력해 사회사업을 진행한다면 훨씬 효율적이면서도 사람들에게 호감을 주며 일할 수 있을 것이다. 중요한 것은 교회가 시민사회의 좋은 파트너라는 인식을 사람들이 갖게 되는 것이다. 지역사회의 의사 결정에 교회가 참여하고 협력한다면 교회는 고립된 섬처럼 존재하는 것이 아니라 지역사회에 자연스럽게 스며들어 선교적 사명을 감당할 수 있을 것이다.

공공신학은 어떤 공론장을 만들 것인가

교회가 시민사회와 연대해 사회사업을 진행하거나 정치적 의제를 형성하려면, 어느 정도 자신의 기득권을 내려놓고 서로 의견을 조율할 수 있는 소통 능력이 필요하다. 이를 위해 공공신학자들은 기독교의 진리 주장이 세속적인 언어로 번역되어야 하고, 의사소통 합리성을 통해 보편성을 획득해야 한다고 말한다. 교회가 정치적 개입을 하거나 목소리를 낼 때는 시민사회가 어떤 방식으로 자신들의 의제를 수립하고 정책을 만드는지 일단 먼저 배워야 한다. 공공신학은 민주주의의 문법이라고 할 수 있는 합리적 의사소통을 통해 공동선과 인간의 번영을 증진하려 한다. 대다수 공공신학자들이 '번역'을 공공신학의 가장 중요한 특징으로 꼽는 것도 이런 이유에서다. 종교가 시민사회와 공적 대화를 이어 가려면 신앙의 언어와 가치, 개념을 다른 사람들도 이해하고 납득할 수 있도록 번역해야 한다. 만약 이런 과정이 힘들다면 신학은 자신의 울타리를 넘어 사회와 소통할 수 없을 것이다.

위르겐 하버마스는 종교적 언어가 세속 언어로 번역되어야 한다고 주장했고, 그의 주장은 많은 신학자에게 영향을 끼쳤다. 「국제 공공신학 저널」(*International Journal of Public Theology*)의 편집장이었던 김창환(Sebastian Kim)은 "공공신학은 공적 의사 결정에 영향을 끼치고, 또 실질적인 공적 담론으로부터 배우기 위해 공통의 언어를 사용하여 전달해야 한다"고 말했다.[14] 신앙의 언어를 공동의 언어로 번역하고, 신념을 보편적 가치로 전환하는 작업은 지역적 특징을 뛰어넘어 공공신학자들이 공통으로 주장하는 내용이다.

그렇다면 과연 한국 기독교와 교회는 그동안 세상과 소통 가능한 언어와 행동을 사용해 왔는지 냉철하게 반성할 필요가 있다. 어떤 종교 공동체든 자

14　Sebastian Kim, "Editorial", *International Journal of Public Theology* 1.1 (2007): 1.

기들만의 전통과 관습으로부터 형성된 사회적 실천이나 규범을 공적으로 주장할 수 있다. 그리고 그것을 구체적인 정책으로 만들 수도 있고 더 나아가 입법화할 수도 있다. 다만 그 과정은 철저히 시민사회의 공감대를 얻고 비판적인 논의를 거쳐야 한다. 기본소득당이 특정한 의제와 정치적 이념을 가졌더라도 정당으로서의 역할을 수행할 수 있는 것은 그것이 일반 시민의 보편적 정서와 공명했기 때문이다. 반면 기독교가 기독교 정당을 만들거나 특정한 정치적 행위를 할 때, 그것이 실효성을 얻기 위해서는 역시 동일하게 시민들의 보편성에 부합해야만 한다. 그런데 과연 한국 기독교가 내세우는 주장과 정치적 행위가 얼마나 보편성을 획득할 수 있을까? 보수 개신교는 토의를 통해 다양한 의견을 경청하고 비판을 견디면서 스스로 의제를 수정할 줄 알며, 자신과 생각이 다른 이들과 의견을 조율해 나갈 능력을 가지고 있을까? 이 질문에 지극히 회의적으로 답변할 수밖에 없다면 아직 한국 교회는 공론장에 나갈 준비가 덜 된 것이다.

공공신학은 어쩌면 신학의 내용이 아닌 그것의 전달 방식 혹은 태도에 대해 더 깊은 관심을 갖고 있다고 할 수 있다. 다원주의 사회를 살아가는 그리스도인들에게는 어떤 진리를 선포하느냐 만큼이나 그 진리를 어떻게 선포하느냐도 중요하다. 기독교의 진리를 독선적이고 배타적으로 선포할 것인가? 아니면 확실한 신념을 소유하면서도 온유하고 겸손하게 전달할 것인가? 이것은 사실 선택의 문제가 아니다. 그리스도인의 정체성의 핵심을 차지하는 부분이기 때문이다. 자신의 신념을 자신 있게 그러면서도 온유하게 전하는 것과 타자의 신념을 존중하며 그들을 포용하는 것은 예수 그리스도를 따르는 이들의 중요한 정체성이다. 심지어 세속 사회와 문화가 기독교 입장에서 틀렸거나 악하다는 확신이 들 때조차 이런 정체성은 흔들려서는 안 된다. 볼프는 그리스도인들의 이런 삶의 태도를 "온건한 차별성"(soft difference)이라고 부른다. 그리스도인들은 얼마든지 온화하고 부드러운 방식으로 자신의 신념을 시민사회에 전달할 수 있다. 그리고 그것이 바로 그리스도인의 참된 정체성을 보여 주는 표지다.

> 자신의 하나님 안에서 안정감을 찾은 사람들은 두려움 없이 온건한 차별성을 안고 살아갈 수 있다. 그들은 타인을 복종시키거나 비난할 필요가 없고, 타인에게 그들 나름의 존재가 되도록 공간을 허용할 수 있다. 온건한 차별성을 안고 사는 사람들의 경우, 선교는 기본적으로 증언과 초대의 형태를 취하게 된다. 그들은 압력이나 조작 없이 타인을 설득하려 하고, 때로는 "한마디의 말도 없이" 그렇게 한다.[15]

그리스도인들은 자신의 신념과 가치를 이 세상에 강요하거나 강압적 방식으로 전하려 하지 않는다. 혹은 세상에 위협을 가하며 위압감을 주어서도 안 된다. 진정한 그리스도인이라면 자신의 삶의 방식을 신실하게 증언하며 세상과 관계를 맺을 것이다. 그들이 만들 공론장은 대화와 타협, 공존과 호혜성이 넘치는 공간이 되어야 한다. 아니 그들로 인해 세속의 공론장은 그렇게 바뀌어야 한다.

열광주의와 수도원주의 사이에서 균형 잡기

1990년대 이후로는 교회가 정치 참여를 해야 하느냐 마느냐로 논쟁하지 않는다. 한때는 기독교의 정치 참여가 진보적 교회의 상징처럼 여겨지던 시절이 있었지만, 이제는 진보와 보수를 가리지 않고 많은 교회가 다양한 방식으로 정치와 유착 관계를 형성하고 있다. 특별히 보수 개신교는 태극기 부대의

---

[15] 미로슬라브 볼프, 『하나님의 말씀에 사로잡혀』, 홍병룡 역(서울: 국제제자훈련원, 2012), p. 96.

핵심 동원 세력이 되었고, 전광훈으로 대표되는 극우 개신교는 이제 보수 정치의 아이콘이 되었다. 그렇다면 전광훈이 보여 준 정치 참여의 논리는 그 이전에 진보적 교회가 보여 준 형태와 무엇이 다르고 무엇이 비슷한가? 한국의 민주주의를 위해 목숨을 걸고 싸워 온 진보적 기독교 열사들을 폄하하려는 의도는 전혀 없다. 다만 민주주의를 위해 싸웠던 진보 기독교의 인사들이나 전광훈이나 그 목적과 목표는 달랐을지라도 그들은 동일한 열망에 사로잡혀 있었다. 즉 하나님 나라의 뜻을 세상에 실현(Doing)하겠다는 열망이다. 열망의 방향이 서로 다르기 때문에 다른 하나님 나라를 꿈꾸었지만, 그 방식만큼은 크게 다르지 않았다. 앞에서도 언급했지만, 성서 한국, 성시화 운동, 하나님 나라 운동, 에스더 기도 운동 등 모두 비슷한 성격을 가지고 있다. 이들은 때로는 직접적으로 때로는 간접적으로 정치라는 매개를 통해 자신들의 기독교적 의제를 실제로 구현하려고 한다. 하지만 이렇게 기독교적 가치를 구체적으로 현실 사회에서 실현하려는 시도는 자칫 특정 정치 이데올로기에 포섭되어 본래의 가치와 이상을 상실할 위험에 처한다.

반면 이와는 전혀 다른 방식으로 교회의 정치 참여를 제시하는 이들도 있다. 전자가 구체적인 행동과 참여로 하나님 나라의 뜻을 실현하려 한다면, 세상에 대한 대안으로 존재하는(Being) 교회를 통해 그 뜻을 실현하려는 이들도 있다. 기존에는 기독교가 다양한 방식으로 정치 활동을 함으로써 선한 영향력을 끼쳐야 한다고 생각했다. 그런데 이런 방식으로 기독교가 세속 영역에 참여하면 결국 국가의 정책에 협조나 동조, 혹은 대립하는 방식으로 자신의 선택을 종용당하게 된다. 예를 들어, 스탠리 하우어워스(Stanley Hauerwas)와 같은 신학자는 그동안 기독교가 근대 자유주의의 기획에 맞추어 자신의 정체성을 교정했고, 그 과정은 보편성에 흡수되는 과정이었다고 지적한다.[16]

---

16   스탠리 하우어워스, 『교회의 정치학』, 백지윤 역(서울: IVP, 2019).

모든 사람이 믿을 만하고 이해할 만한 기독교를 만들겠다는 이상은 오히려 기독교 자유주의에 포섭되는 길이었고, 그것은 그야말로 타락의 길이었다는 것이다. 기독교는 이제 자유주의, 공공성, 민주주의라는 제도적 시스템 안에서 어떻게 자신의 자리를 만들지 고민하느라 진짜 중요한 진리의 정치를 놓치고 있다. 하지만 하우어워스에게 교회는 정치의 한계로 존재한다. 교회는 자신이 진리라고 믿는 것에 온 마음과 열정을 쏟을 수 있는 용기와 헌신이 필요하다. 기독교가 독선적이고 고집 불통의 모습으로 자신을 세상에 과시하는 것과 자신의 고귀한 진리를 위해 헌신하는 것으로 세상을 깜짝 놀라게 하는 것은 천지 차이다. 하우어워스는 교회가 진정 평화의 사도로 자신의 정체성을 세운다면, 그리고 그리스도인들이 전쟁을 반대하고 평화를 위해 투신한다면, 기독교는 이 세상 정치의 한계선을 무너뜨리고 전복시킬 수 있을 것이라고 말한다.

기독교적 가치를 세상 속에 관철하기 위해 고군분투하는 실천적 교회 유형을 열광주의 모델이라고 한다면, 후자는 세상으로부터 한 걸음 떨어져 교회의 존재 방식 자체로 사회에 메시지를 전달하려는 수도원주의 모델이라 할 수 있다. 공공신학이 전자에 해당된다면, 이에 대한 비판은 후자에 해당된다. 오늘날에는 양 진영이 팽팽하게 대결하면서 기독교 사회윤리의 두 축을 형성하고 있다. 여전히 논쟁은 현재진행형이고, 어느 한쪽에 무게중심을 두고 상대편의 논의를 수용하려는 노력이 학자들 사이에서 활발하게 진행되고 있다. 나는 디트리히 본회퍼(Dietrich Bonhoeffer)가 제시한 교회의 정치 참여 방식에 대한 논의가 이렇게 양 극단으로 치닫는 학자들 사이에서 하나의 대안이 될 수 있다고 생각한다. 교회는 언제, 어떻게 세상 정치에 개입해야 하는지에 대해 본회퍼는 다음과 같은 세 가지 기준을 제시한다.

첫째, 교회는 국가가 정치적 결단을 내릴 때, 그것이 스스로의 기준에 합법적인지를 묻고 책임을 추궁해야 한다. 교회는 "국가가 자신의 행위를 합법적인 국가의 행위로서, 다시 말해서 불공정하고 무질서한 행위가 아니라 공정하고 질서 있는 행위라고 해명할 수 있는지" 늘 물어야 한다.[17] 즉 국가의 행위가 인도주의적 정신에 입각한 것이었는지, 그리고 합법적이었는지를 감시하는 것이다. 둘째, 교회는 국가의 횡포에 희생당한 사람들을 돌봐야 한다. 그 희생자가 그리스도인이든 아니든 상관없이 희생자를 돌보는 것이 교회의 책임이다. 본회퍼는 누구에게나 착한 일을 하라는 갈라디아서 6:10을 인용하며 교회가 정치적 봉사자의 역할을 해야 한다고 말한다. 셋째, 교회는 마지막 수단으로 정치에 직접 개입해야 할 때가 있는데, 그때에는 "수레바퀴에 깔린 희생자들을 결합시킬 뿐만 아니라 수레바퀴 자체가 굴러가지 못하게 저지"해야만 한다.[18]

교회는 복음을 신실하게 선포하고 그 복음을 살아 냄으로 세상에 빛을 전하는 존재다. 그래서 본회퍼는 교회의 사회참여, 교회의 정치 실천, 기독교 사회윤리에 전혀 관심이 없었다. 교회는 복음을 선포하는 것으로 족하다. 교회는 정치적 선동이나 구호를 외치는 곳도 아니고, 세상에 나가 정치적 의제를 실천하는 주체도 아니다. 교회는 국가의 위임을 감시하고 견제하고 책망하는 역할을 하면서 희생자들을 돌보고 감싸 주는 역할을 하면 된다. 교회는 환대와 위로의 공간이 되어야 하고 피난처의 역할을 수행해야 한다. 무엇보다 사회적 약자와 희생자들이 안전하게 쉴 수 있는 공간을 제공하고, 그들의 목소리를 대변해 주는 것이 중요하다. 본회퍼는 유대인을 위해 외치는 자만이 그레고리우스 찬가를 부를 자격이 있다고 말했다. 이 말은 침묵을 강요당한 사람들을 대신해 교회가 목소리를 낼 수 있어야 하며, 그럴 때 비로소 교회는 자신의 정체성을 확인할 수 있다는 말이다.

교회가 직접 정치에 참여해 수레바퀴를 멈추게 하는 상황은 비상 상황이

17　자비네 드람, 『본회퍼를 만나다』, 김홍진 역(서울: 대한기독교서회, 2013), p. 286.
18　같은 책, pp. 286-287.

자 최후의 선택지였다. 그 판단과 결단을 내리는 일은 결코 쉬운 일이 아니다. 어떤 공식이나 안내서가 있는 것도 아니다. 이는 일종의 정치적 결단이자 신학적 판단이다. 본회퍼는 이것을 하나님의 명령이라 생각했고, 그는 그 명령에 순종했다. 어쩌면 마지막 세 번째 결단은 오늘날 민주주의 사회에서는 적용이 쉽지 않을 수 있다.

지금까지의 논의를 정리하면, 교회는 가능한 한 정치 참여를 하지 말고, 그저 복음을 선포하며 희생자들이나 돌보는 병원의 역할 정도만 하면 족하다고 생각할 수도 있다. 실제로 윌리엄 캐버너(William T. Cavanaugh)와 같은 학자는 교회를 야전병원으로 묘사하며 소외되고 억눌린 자들이 잠시 쉴 수 있는 교회를 꿈꾼다.[19] 그러나 그리스도인들의 정치 참여가 반드시 교회를 통해서만 수행되어야 하는 것은 아니다. 정치 참여의 주체는 예수의 제자이자 시민인 그리스도인 개개인이다. 교회는 말 그대로 야전병원이 되어 세상에서 깨지고 상한 심령을 복음으로 치유하는 공간이다. 그리스도인은 한 국가의 국민이자 시민으로서 사회의 변혁과 정치 개혁을 위해 적극적으로 참여해야 한다. 그리스도의 복음으로 무장된 제자들은 온유함과 겸손함으로 세상을 섬기며, 희생과 섬김의 본을 보일 것이다. 그리고 인간의 번영과 창조세계의 샬롬을 방해하는 죄와 폭력을 단호히 거부하고, 이 세상의 구속을 위해 적극적으로 정치에 개입하고 정책 결정에 참여할 것이다.

---

19   William T. Cavanaugh, *Field Hospital: The Church's Engagement with a Wounded World* (Wm. B. Eerdmans Publishing, 2016).

04
극우적 사고
정체, 형성 및 복음주의적 평가

송인규(한국교회탐구센터 소장)

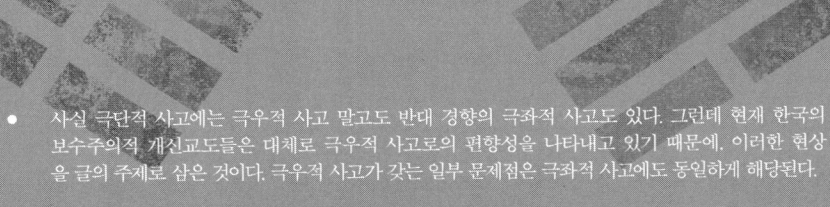

- 사실 극단적 사고에는 극우적 사고 말고도 반대 경향의 극좌적 사고도 있다. 그런데 현재 한국의 보수주의적 개신교도들은 대체로 극우적 사고로의 편향성을 나타내고 있기 때문에, 이러한 현상을 글의 주제로 삼은 것이다. 극우적 사고가 갖는 일부 문제점은 극좌적 사고에도 동일하게 해당된다.

들어가는 말

오늘날 우리 사회는 정치적 견해의 양극화 현상으로 인해 구성원 사이의 반목과 질시를 어쩔 수 없는 시대의 조건으로 받아들이고 있다. 이 와중에 상당한 비율의 보수적 개신교는 극우적 경향을 띤 채 이러한 양극화와 갈등의 환경 조성을 부채질하고 있는 것이 아니냐는 의혹과 비난을 면하지 못하고 있다. 여기에서 극우적 사고는 오른쪽으로 치우치는 성향이나 태도, 멘탈리티 등을 아우르는 말로서, 극단적 형태로 반공·친미에 집착하는 모습, 진보적 정치·사회 정책에 대한 극도의 반감으로 표출되곤 한다. 이러한 정황을 고려해 나는 먼저 극우의 정체가 무엇인지, 현재 한국에서 왜 극우적 사고가 발현하고 있는지, 또 복음주의 입장의 그리스도인으로서 이에 대해 어떻게 이해하고 반응해야 하는지 살펴보고자 한다.

1. '극우'의 정체

'극우'라는 말이 일상에서 쉽게 통용되는 것과는 달리 막상 이 단어를 좀더 정확히 규명하고 설득력 있는 정의를 내리려고 하면 여간 곤란한 게 아니다. 물론 사전에는 "극단적으로 보수주의적이거나 국수주의적인 사상, 또는 그러한 사상을 가진 집단이나 사람"[1]으로 나와 있지만, 다시 '극단적'과 '보수주의적'이 어떤 뜻이고 누구를 가리키는지 제대로 파악되지 않으면 사전의 정의는 크게 도움이 되지 않는다.

그래서 나는 먼저 '우파'에 대해 알아보고, 또 무엇 때문에 이 단어 앞에 '극'이라는 접두어를 붙이게 되었는지 설명하려 한다.

---

1 고려대학교 민족문화연구원 국어사전편찬실 편, 「고려대 한국어대사전: ㄱ~ㅁ」(서울: 고려대학교 민족문화연구원, 2009), p. 848.

1) 우파의 유형

오늘날 한국 사회에는 정치적(및 경제적) 입장과 관련해 세 갈래의 '우'(혹은 '우파') 가 존재한다.

사상적 우파

이들은 학문적 또는 이념적 이유로 인해 우파의 길로 접어든 사람들이다. 어떤 경제학자의 개인적 소감을 소개한다.

> 필자가 자신의 세계관을 새롭게 단장하고 정립할 수 있었던 것은 박사 학위 공부를 마치고 연구소 생활을 막 시작했을 무렵이다.
> **필자의 지적 토대에 결정적인 영향을 미친 것은 몇 편의 논문들이었다. 하이에크 교수가 쓴 인간 본성과 지식에 관한 단 몇 편의 논문들이 필자의 세계관을 정립시켰다고 할 수 있다.** 아마도 다른 사람들도 이 논문에 접했겠지만 유독 필자에게는 세상을 바라보는 시각에 일대 파란을 일으켰다(강조는 인용자의 것).[2]

> 앞에서 이야기한 바와 같이 필자가 미처 정돈되지 않은 흐릿한 상태의 세계관을 정립하는 계기가 된 것은 단 몇 편의 연구 논문이었다. **그 논문을 읽으며 스스로 '유레카!'를 외쳤으며,** 자신의 세계관이 제대로 정립되고 있다는 확신을 갖기도 했다(강조는 인용자의 것).[3]

이처럼 공병호는 신자유주의의 아버지라 불리는 하이에크(Friedrich Hayek, 1899-1992)의 글을 통해 우파로서의 기본 신념을 다졌다고 말한다. 그가 집단

---

2 공병호, 『좌파적 사고 왜, 열광하는가?』(고양: 공병호연구소, 2019), p. 44.
3 같은 책, p. 49.

보다 개인을 앞세우고,[4] 자유를 최고의 가치로 내세우며 평등(특히 결과의 평등)의 개념을 끊임없이 공격하는 것[5]은 모두 이러한 우파적 신념의 일환이다.

그러나 사상적 우파에 속하는 많은 이들이 반공 이념과 연관되어 있다. 즉 공산주의 이론에 맞서면서 우파를 지향하게 되었다는 말이다. 이들은 특히 한국의 건국 초기, 일제로부터의 해방과 6·25전쟁을 거치며 목소리를 높였다. 이런 인물들 가운데 대표 격인 한경직은 1947년에 전달한 설교 "기독교와 공산주의"를 통해 반공의 이념을 강도 높게 설파했다. 그는 공산주의 사상의 유물론적 종교관과 혁명을 정당화하는 계급 투쟁 이론 등을 비판한 후 다음과 같이 설교를 마감한다.

1848년 마르크스와 엥겔스가 발표한 공산당 선언 첫 구절은 이런 말로 시작이 됩니다. "한 괴물이 유럽을 횡행하고 있다. 곧 공산주의란 괴물이다." 저들의 말 그대로 공산주의야말로 일대 괴물입니다. 이 괴물이 지금은 **삼천리 강산에 횡행하며 삼킬 자를 찾습니다. 이 괴물을 벨 자가 누구입니까? 이 사상이야말로 계시록에 있는 붉은 용입니다. 이 용을 멸할 자 누구입니까?**(강조는 인용자의 것)[6]

이처럼 한경직은 공산주의를 사탄의 상징인 붉은 용(계 12:3)과 연계시켰고, 이러한 공산주의 사상을 척결하는 것이 그리스도인의 임무라고 강하게 암시한다.

---

4   같은 책, p. 135.
5   같은 책, pp. 61-69, 99-107, 158-165.
6   김병희 편저, 『한경직 목사』(서울: 규장문화사, 1982), p. 193.

체험적 우파

아마 대다수의 우파는 여기에 속할 것이다. 이들은 대부분 6·25전쟁 전후(前後) 세대로서 전쟁의 야만적 잔인성과 동족상잔의 비극을 친히 경험하고, 그 상흔을 트라우마로 가진 이들이다. 이들은 6·25전쟁을 몸소 겪은 70대 이상의 노년층이기도 하고, 전쟁 얼마 후에 태어나 어린 시절부터 전쟁의 후유증을 가족적으로 사회적으로 겪은 이들이다. 이제 우리의 타임머신을 70년 전으로 돌려 보자. 전쟁이 발발하면서 공산군이 점령한 서울 거리에서는 인민재판과 즉결 처분이 다반사로 시행되었다.[7] 어떤 사학자는 당시의 상황 가운데 한 가지 사례를 다음과 같이 증언한다.

> 그러고는 명륜동에서 벌어진 인민재판의 이야기.
> 그저께 마을에서 반을 통하여 한 집에 한 사람씩 성균관 앞으로 모이라기 나가 보았더니 청년 몇 사람을 끌어다 놓고 따발총을 멘 인민군들이 군중을 향하여
> "이 사람이 반동분자요 아니요?" 하고 물으매, 모두들 기가 질려서 아무 말이 없는 그중에 한두 사람이 — 나중에 생각해 보니, 아마도 그들을 적발한 사람인 듯 — "악질 반동분자요" 하고 소리치니 두말없이 현장에서 총을 쏘아 죽이는데, 그 피를 뿜으면서 버둥거리다 숨지는 양이 보기에 하도 징그러워서 그 자리에서 도망치듯 빠져나와 버리었다 한다. 그 죽은 청년들이 어떤 반동 행위를 했는지 군중은 알지 못한 채.[8]

또 전쟁 당시 북한군의 만행을 목도한 어떤 인물은 당시의 잔혹상을 다음

---

7   전상인, "6·25전쟁의 사회사: 서울 시민의 6·25전쟁", 유영익·이채진 편, 『한국과 6·25전쟁』(서울: 연세대학교출판부, 2002), p. 193.
8   김성칠, 『역사 앞에서: 한 사학자의 6·25 일기』(서울: 창작과비평사, 1993), p. 85.

과 같이 기술한다.

더욱 그들의 잔인성은 후퇴 시에 노골적으로 나타났다. 사람의 시체가 산과 들에 여기저기 널려 있었다. 그리고 굴속에 마루 밑 또는 하수도에 심지어 우물 속에 버리었다. 내가 목도한 것 중에 전주교도소 동북 측에는 400여 구를 무 묻듯이 한 구렁에 묻어 둔 것은 전부가 삽이나 몽둥이로 때려서 죽인 처참한 시체들이었다.[9]

양민들에 대한 이와 같은 학살은 "사상 유례없는 가장 잔인하고도 원색적인 방법을 썼다는 것이다. 그들은 교인을 죽이는 방법으로 방공호에 쓸어 넣기, 십자형, 돌로 짓쪼기, 총살, 불로 태우기, 죽창 살해, 강이나 바다에 돌을 달아 쓸어 넣기 등등의 참혹한 방법을 적용하였다."[10]

사실 일제로부터 해방되기 전에는 공산주의의 진면목을 경험하지 못했기 때문에 이념을 보고 호감을 갖는 이들도 있었으나, 6·25전쟁 전후의 테러와 대량 학살을 겪으며 대부분의 그리스도인에게 공산주의라는 이념은 악의 이미지로 각인되었다. 이것은 한경직의 경우에도 마찬가지였다.[11]

신의주에서 해방을 맞은 한경직 목사는 해방된 백성들이 자유를 누려 보기도 전에 공산주의자들의 폭력과 테러로 교회가 탄압받고 북한 주민들이 공포에 떠는 현장을 직접 목격했다. 그는 공산주의의 이념이 이론과는 너무 괴리된 허구이며, 잔인무도한 공포 정치로 지도되는 체제임을 직접 체험하고는 이때부터 철저한 반공주의자요, 멸공 운동의 선구자가 되었다.

---

9 정기환, "6·25와 죽엄," 「기독공보」(1963년 6월 24일): 2.
10 장병욱, 『6·25 공산남침과 교회』(서울: 한국교육공사, 1983), p. 261.
11 이런 점에서 한경직은 사상적 우파인 동시에 체험적 우파라고 하겠다.

그는 공산주의를 무신론적 유물사관이라는 이유만으로 반대한 것은 아니다. 그보다 더 근본적인 이유는 공산주의가 마르크스(Karl Marx)의 인본주의적 이상사회론과는 달리 권력 쟁취를 위해서는 수단과 방법을 가리지 않고 테러를 일삼는 인명 경시, 재산 몰수, 민중 압살, 양민 학살의 폭력을 자행하고 있는 것에 반대했다. 그에게 비춰진 공산주의는 생명의 가치를 무화(無化, Vernichtung)하는 인명 부정의 체제였다. 그러므로 공산주의에 대한 그의 반대는 단순히 이념적 차이 때문만이 아니고, 사느냐 죽느냐의 생사 문제와 직접 관련해서도 강하게 표출되었다. 그래서 그는 공산주의를 반대했고, 더 나아가서 **공산주의를 타도의 대상, 말살의 대상, 인류의 적으로 간주했다**(강조는 인용자의 것).[12]

결국 6·25전쟁은 한국의 그리스도인들이 반공주의를 내면화하는 결정적 계기로 작용했다. "한편으로 그것은 삶의 객관적인 조건이기도 했지만 다른 한편에서는, 주관적인 선택이었다고 보아야 한다. 그런데 이와 같은 '레드 알레르기'는 '레드 콤플렉스'와 결합되어 있다는 점에서 한국적 특징을 드러낸다. **공산주의를 전쟁으로 체험했다는 사실은 '존재'(Sein)로서의 레드 알레르기에 '당위'(Sollen)으로서의 레드 콤플렉스를 추가한 것이다**"(강조는 인용자의 것).[13]

반동적 우파

최근 20-30대 사이에 등장한 우파의 갈래로서, '반동'(反動)이라는 말은 과거 공산주의자들이 반대 세력을 지칭할 때 채택한 단골 표현이 아니라 "역사(歷史)의 진보나 발전에 역행하여 구체제를 유지 또는 회복하려는 입장이나 정치 행동 또는 그러한 사람"[14]을 의미한다. 오늘날 대다수의 젊은이층이 사회·정

---

12 한승홍, 『한경직: 예수를 닮은 인간, 그리스도를 보여 준 교부』(서울: 북코리아, 2007), pp. 121-122.
13 전상인, 같은 글, p. 220.

치적으로 진보 성향을 나타내는 추세를 감안할 때, 이 현상은 다소 이례적이다. 그러나 이들은 자신이 처한 현시대의 상황을 겪으며 우파로 귀착(혹은 전환)했다.

청년 우파들은 386세대의[15] 수구적 변절 모습에 이의를 제기하면서 왜 젊은이들이 우파면 안 되느냐고 정면으로 맞선다. 여기 어느 1991년생의 도발적 항변이 있다.

> 좌파 진영의 눈엣가시가 된 일베는 젊은 우파의 탄생 신호였다.
> 일베가 좌파에게 문제가 되는 이유는 일부 회원들이 보인 비도덕성 때문이 아니다.
> 좌파의 절대적 지지층이던 젊은층의 이탈 때문이다.
> …좌파는 비록 일시적이지만, 분명 청년 세대의 순수한 정의감과
> 주류에 대한 비판을 대변한 적이 있었다.
> 그런데 언제부터인지, 소외받은 이들을 위한 정의와 정치를 말하는 대신,
> 그저 권력을 지키고 키우는 데 급급한 모습을 보였다.
> …결국 젊은이가 '보수'라고 말하면 '개념 없다'라고 돌팔매질당하는
> 좌파 독재 세상에서 일베가 총대를 맸다.
> …청년들 스스로 정치적 신념을 선택할 수 있도록 돕는 것이 아니라
> 주류와 다르다는 안도감을 주는 것이라면,
> 그래서 '청년은 보수적이면 안 된다'는 사회의 인식을 만들고
> 좌파의 정치 신념을 내재화하는 것이라면,
> 나는 우리 사회의 진보에 반대한다.

---

14 고려대학교 민족문화연구원 국어사전편찬실 편, 「고려대 한국어대사전: ㅂ~ㅇ」(서울: 고려대학교 민족문화연구원, 2009), p. 2418.

15 이들은 시간이 흐름에 따라 486세대, 586세대로 불리기도 하지만, 이 글에서는 애초의 명칭대로 386세대로 표기한다.

> 젊은이들은 진보를 열망하기 이전에 무엇이 진보인지 알고 싶어한다.
> 그것이 젊은 우파가 탄생한 이유가 아닐까?[16]

또 어떤 젊은이는 대학 시절을 지나면서 자신의 가치관이 진보에서 보수로 바뀌었다고 서면 인터뷰를 통해 말한다.

> 대학에 처음 입학했을 때 상당히 진보적인 가치관을 가지고 사회 여러 분야에서 국가와 대립하는 생각을 하고 있었다. 그러나 훈련소 입소 후 여러 안보 교육을 받고, 그 후에 인터넷에서 선동하는 여러 사람들과 야당이라 할 수 있는 단체들의 정치적인 실수 등을 보면서 차츰차츰 변화하여 지금은 상당히 보수적인 가치관을 가지고 있다고 할 수 있다.[17]

이처럼 젊은 세대는 여러 경로를 통해 ─ 자신의 정치 성향 때문에, 주사파 세력의 거짓된 선동 정치가 대한민국의 근간을 흔들고 있다는 문제의식 때문에, 이승만 대통령에 관한 강의를 들으며, 북한에 대한 관심을 가지면서, 박정희 대통령에 대해 공부하면서 등등 ─ 우파적 입장을 견지하게 되었다.[18]

오늘날 한국 사회에는 지금까지 살펴보았듯 사상적 우파, 체험적 우파, 반동적 우파 등 다양한 유형의 우파가 존재한다.

2) '극'의 의미

우파는 어떤 상황에서 '극'이 되는가? 그냥 우파와 극우파의 차이는 무엇인가? 이에 대해 맺고 끊어지는 답변을 속 시원히 제시하기는 어렵다. 다만 상식의

16　강유화, "청년 우파의 탄생 '좌파 독재여, 안녕!'", 「New Daily」(2016년 5월 19일): 2, 3, 5.
17　김선기, "청년들, 청년세대담론을 해체하다", (서울시 청년일자리허브 연구, 2014), p. 26, 각주 18번.
18　신승민, "'태극기'에서 '유튜브'까지…마이크를 든 젊은 右派들!", 「월간조선」(2018년 9월): 1-12.

차원에서 논하고자 한다.

'극'이 매우 심한 정도를 나타내는 접두어이므로, 극우파는 우파로서 정도가 지나친 이들을 가리킨다. 가령 회심 전의 사도 바울은 자신이 '유대교를 **지나치게 믿었다**'[유대교에 대한 신념이 지나쳤다](갈 1:14)고 했는데, 이런 상태가 바로 극우파에 해당된다. 그런데 정도가 심하다고(혹은 지나치다고) 할 때, 두 가지 방면을 생각해 볼 수 있다. 하나는 **신념의 내용**과 관련한 정도의 지나침이고, 또 하나는 **신념의 표출**에서 나타나는 정도의 지나침이다. 이제 이 두 가지 방면을 하나씩 살펴보자.

신념의 내용으로 나타나는 극우의 특징

신념의 내용이란 우파가 소신으로 간직하고 있는 정치적·사회적 견해나 주장을 말한다. 그 목록을 살펴보면 최소 다섯 가지 항목이 부각된다.

- 자유주의 경제 체제 신봉[19]
- 북한에 대한 적대적 접근[20]
- 미국과의 친화적 태도[21]
- 현 정부의 시책에 대한 비판[22]
- 이승만·박정희 예찬[23]

---

19 공병호, 같은 책, pp. 174-243.
20 임계수, 『누가 우리를 극우라 하는가?』(서울: 넥센미디어, 2013), pp. 63-105.
21 이상현, 『종북 세력의 주장과 비판』(서울: 넥센미디어, 2013), pp. 99-105, 116-118; 김세의, 『좌파가 장악한 대한민국』(서울: 가로세로연구소, 2019), pp. 15-16.
22 윤희숙, 『정책의 배신』(파주: 21세기북스, 2020), pp. 4-9.
23 국부로서의 이승만을 묘사하는 설명으로서, 이상현, 같은 책, pp. 254-256 및 김세의, 같은 책, pp. 34-36를 참고하라. 또 기독교적 입장에 입각해 이승만을 드높이는 주장으로서, 황선우, 『나는 기독교 보수주의자입니다』(서울: 주식회사 부크크, 2020), pp. 29-32 및 김정민·이호, 『공산주의 바이러스』(서울: 자유인의숲, 2020), pp. 218-219가 있다. 박정희를 긍정적으로 바라보는 내용으로는, 임계수, 같은 책, pp. 122-128 및 김정민·이호, 같은 책, p. 73가 있다.

그런데 극우파는 이상의 내용을 거의 절대적 강령으로 받아들인다. 그런 점에서 이들은 정도가 지나치고, 따라서 '극우'인 것이다.

신념의 표출로서 드러나는 극우의 특징

극우파[24]의 특징을 훨씬 더 뚜렷하게 드러내 보이는 것은 그들의 신념을 표출하는 양태에 있어서다. 여기에는 세 가지 경향이 목도된다. 첫째, 극도의 편협성과 폐쇄성이다. 반대 입장이나 견해에 대해 완전히 마음을 닫는다. 상대방의 의견에 전혀 귀를 기울이고자 하지 않을 뿐 아니라 알아보고자 하는 의욕조차 스스로 차단한다. 이것은 아마도 두려움 — 혹시 자신이 틀리거나 잘못될 수도 있다는 두려움 — 때문에 생기는 심리적 반응 기제로 이해할 수 있을 것이다.

둘째, 편 가르기의 비열성이다. 이것은 자연스럽거나 선한 목적의 그룹 짓기가 아니라 파괴적인 자기 정당화의 붕당 형성이다. 내 편이 아닌 이들은 모두 적으로 간주된다. 기독교 신앙을 빙자해 상대편을 아예 사탄의 보루로 치부하기도 한다. 그래야 자기들의 입지가 확보될 수 있기 때문이다.

셋째, 상대방을 정복·타도·파멸하는 데 목표를 둔다. 상대편이 멸절당해야 싸움이 끝난다고 생각한다. 그러므로 존중·만남·대화 같은 나약한 방편은 애초부터 자신들의 전략을 무력화시키는 유혹에 불과한 것으로 백안시된다. 그러니 어찌 상대방에 대한 정죄·공격·혐오의 책략을 마다하겠는가!

3) 정리

극우적 사고(Extreme Right-wing Mentality, ERM)의 정체를 다음과 같이 정리할 수 있다.

---

24 이것은 극좌파의 경우에도 대동소이하다고 볼 수 있다.

사람들이 우파로 귀착하는 경로는 개인마다 사정이 다르다. 나는 이러한 차이에 입각해 우파에 ①사상적 우파, ②체험적 우파, ③반동적 우파의 세 가지 유형이 있음을 지적했다.

그러나 모든 우파가 극우파, 곧 극우적 사고(ERM)를 견지하는 것은 아니다. 무엇이 극우를 극우로 만드는가? 이 점을 밝히기 위해 사람의 신념(belief)을 두 가지 요소로 나누었다. 하나는 신념의 내용(belief contents)이고 또 하나는 신념의 표출 양태(belief expression)다.

극우가 견지하는 신념의 내용은 ①자유주의 경제 체제 신봉, ②북한에 대한 적대적 접근, ③미국과의 친화적 태도, ④현 정부의 시책에 대한 비판, ⑤이승만·박정희 예찬 등 다섯 가지를 들 수 있다. 이들 가운데 어느 것에 가장 큰 비중을 두느냐는 극우파 개인에 따라 다를 수 있겠으나, 아마도 대체적 경향은 북한에 대한 적대적 접근일 것이다. 어쨌든 극우파는 이 다섯 가지 내용을 거의 절대적 강령으로 받아들인다.

극우가 신념을 표출하는 양태는 ①극도의 편협성과 폐쇄성, ②편 가르기의 비열성, ③상대방의 정복·타도·파멸 의도 등 세 가지다. 상기한 신념의 내용과 표출 양태가 만날 때 극우적 사고(ERM)가 탄생하고, 이것이 극우파의 정체라고 할 수 있다.

지금까지 기술한 내용을 도표화하면 다음과 같다.

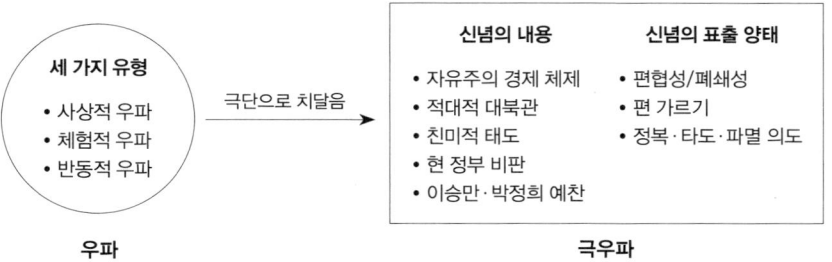

이제까지 나는 극우의 정체를 규명하는 데 힘을 쏟았다. 다음 분단에서는 극우적 사고가 어떤 요인들에 의해 형성되는지 탐색할 것이다.

2. 극우적 사고의 형성

1) 원초적 경험으로서의 6·25 동란

극우적 사고가 발현하고 번성한 역사적·사회심리적 뿌리를 추적해 보면, 6·25전쟁이 도사리고 있음을 발견한다. 만일 6·25전쟁이라는 사태가 없었다면 극우적 사고는 오늘날 존재하지 않거나 아니면 본질상 다른 모습을 하고 있을 것이다. 전쟁이 발발하고 정전 상태로 접어든 지 어언 70년이 가깝지만 이 땅에 태어난 대한민국 사람치고 6·25전쟁의 후유증으로부터 자유로운 이는 거의 없을 것이다.

우리는 왜 원하든 원치 않든 아직도 6·25전쟁의 그늘을 벗어나지 못하는 것일까? 무엇 때문에 6·25전쟁은 우리 민족의 원초적 경험이 되어 지금까지 영향력을 행사하는 것일까? 세 가지 정도의 이유를 찾아볼 수 있다.

첫째, 6·25전쟁은 어마어마한 피해를 남겼기 때문이다. 가장 먼저 전쟁으로 인해 막중한 인적 자원이 유실되었다.

> 전쟁 중 발생한 인명 손실이 군인은 유엔군 포함 77만 6000여 명(유엔군 154,881명)이나 되었고, 북한군도 중공군 포함 180만여 명(중공군 약 100만)이 되는 것으로 추정된다. 뿐만 아니라 민간인의 피해는 남한에서 약 100만 명, 북한에서도 약 200만 명으로 총 300만 명이 피해를 입었다. 이는 남북한 총 인구의 10퍼센트에 해당되는 숫자이다. 또한 320만 명의 피난민, 30만 명의 전쟁미망인, 10만의 전쟁고아 등이 발생하였다.[25]

상기한 내용 가운데 남한 측 군인들의 상황을 좀더 자세히 기술하면 다음과 같다.[26]

소속 \ 내역	전사/사망	부상	실종	포로	계
한국	137,899	450,742	24,495	8,343	621,479
유엔	40,670	104,280	4,116	5,815	154,881
계	178,569	555,022	28,611	14,158	776,360

인명 피해 외에도 "한국 전체에서 산업 시설의 40퍼센트와 가옥의 30퍼센트가 파괴되었는데,"[27] 이로 인한 재산 피해는 320억 달러에 이르는 것으로 파악된다.[28]

둘째, 6·25전쟁 동안 많은 수의 민간인이 학살당했기 때문이다. 민간인들의 피해가 심각했음은, 남북한 합친 민간인 사망자의 수가 약 65만 명으로 남북한 군인 사망자 44만 명보다 훨씬 웃도는 것[29]을 보아 알 수 있다. 더욱 놀라운 점은 인명 피해자 가운데 학살당한 민간인의 수효가 엄청나게 많다는 사실이다. 남한 지역만 살펴볼 때 총 99만 968명의 민간인이 희생된 것으로 나타나는데, 이들 가운데 12만 8,936명이 학살당한 것으로 되어 있다.[30]

사망	학살	부상	납치	행방불명
244,663	128,936	229,629	84,532	303,212

---

25 강경표 외, 『한 권으로 읽는 6·25 전쟁사』(인천: 도서출판 진영사, 2012), pp. 316-317.
26 같은 책, p. 339. 유엔군 통계는 17개국의 데이터를 합친 것이다.
27 베른트 슈퇴버, 『냉전 시대 최초의 열전 한국 전쟁』, 황은미 역(서울: 여문책, 2016), p. 138.
28 강경표 외, 같은 책, p. 317.
29 박찬승, 『마을로 간 한국전쟁』(파주: 돌베개, 2010), p. 5.
30 정병준, "한국전쟁기 남한 민간인 인명 피해 조사의 유형과 특징: 한국 정부의 통계·명부를 중심으로", 한국역사연구회 현대사분과 편, 『역사학의 시선으로 읽는 한국전쟁』(서울: 휴머니스트, 2010), pp. 473-474.

어떤 사학자는 6·25전쟁 시의 학살에 대해 다음과 같이 말한다.

한국전쟁기 민간인의 희생, 특히 북한에서의 민간인 희생은 폭격으로 인한 경우가 많았다. 하지만 후방에서의 민간인들의 피해는 남과 북의 국가권력, 그리고 그들의 수족 역할을 했던 좌우익에 의한 학살에서 비롯된 사례가 더 많았다. **한국전쟁 당시 엄청난 규모의 민간인 학살이 알려지면서 전 세계 사람들은 경악했다.**…그렇다면 이 땅에서는 왜 그와 같은 엄청난 민간인 학살, 그리고 한 마을에서 동고동락했던 친지와 주민을 죽이는 동족상잔의 비극까지 벌어졌을까(강조는 인용자의 것).[31]

셋째, 6·25전쟁 전후로 그리스도인은 공산주의자들에게 천인공노할 만행을 겪었기 때문이다. 동족상잔의 비극이 그 추악한 자취를 남긴 또 다른 영역은 기독교와 교회에 대한 것이었다. 북한의 교회는 이미 6·25전쟁 이전부터 큰 피해를 입었고, 전쟁이 발발하면서 남한의 교회들도 공산주의자들의 잔인한 살육 행위를 피할 수 없었다. 급기야 피비린내 나는 도륙과 순교의 행렬이 이어졌다.

서울에서는 신당동 중앙교회의 안길선(安吉善) 목사, 김예진(金禮鎭) 목사가 순교했고, 서대문 감옥에서 주채원(朱採元) 목사 등 여러분들이, 김응락(金應洛) 장로는 영락교회 앞에서, 김인룡(金仁龍), 김윤실(金允實) 목사 등은 서대문 감옥에 갇혀 있다가 후퇴하던 인민군들에 의해 총살당하였다. 전북 옥구군 미면(米面) 원당(元堂)교회의 교인 75명 중 73명이 한꺼번에 살해되는 처참한 살육이 감행되었다. 전북 삼례(參禮)교회의 김주현(金周鉉) 목사는 그의 가족 7인과 함께 순

---

31 박찬승, 같은 책, p. 6.

교했고, 광주 양림교회의 박석현(朴錫炫) 목사가 순교할 때 그의 부인, 외아들, 장모가 함께 공산당에게 살해당하였다. 황해도 봉산의 계동교회 180여 교인 중 175명이 목조 건물 예배당 안에 갇힌 채 소사되었고, 대전형무소에는 남한 각지의 교역자, 평신도들이 수백 명 투옥되어 있었는데, 공산당들은 후퇴 직전에 감옥에 불을 질러 이들 모두를 소사시켰다.[32]

또 교회당과 기관 건물의 파괴도 만만찮게 심각했는데, 예배당 소실 944건, 기독교 연합기관 소실 4건으로 총 948건에 이르렀다. 자세한 내용은 다음과 같다.[33]

교파	전소된 건물	반소된 건물	합계
장로교	113	418	531
감리교	84	155	239
성결교	27	97	124
구세군	1	3	4
재림교회	16	30	46
연합기관	2 (서울 YMCA, 성서공회)	2 (세브란스병원, 기독교서회)	4
합계	243	705	948

한국 민족에게 6·25전쟁이 이처럼 원초적 경험으로 자리 잡은 까닭은 첫째, 어마어마한 전쟁 피해, 둘째, 민간인 학살, 셋째, 기독교에 대한 박해 때문이다.

---

32 김인수, 『간추린 한국 교회의 역사』(서울: 한국장로교출판사, 1998), p. 206. 순교 상황에 대한 좀 더 자세한 기술은 김수진, 『한국 장로교 총회 창립 100년사 1912-2012』(서울: 홍성사, 2012), pp. 297-303, 그리고 순교자·실종자·납북자에 대한 명단은 전택부, 『한국 교회 발전사』(서울: 홍성사, 2018), pp. 372-376를 참고하라.
33 전택부, 같은 책, p. 376.

2) 극우적 사고의 형성 요인

서론

이 글의 첫 분단(1. 극우의 정체)에서 극우적 사고(ERM)의 진면목에 대해 신념의 내용과 신념의 표출 양태에 의거해 설명했다. 이것을 요약하면 다음과 같다.

신념의 내용	신념의 표출 양태
• 자유주의 경제 체제 신봉	• 극도의 편협성과 폐쇄성
• 북한에 대한 적대적 접근	• 편 가르기의 비열성
• 미국과의 친화적 태도	• 상대방의 정복·타도·파멸 의도
• 현 정부의 시책에 대한 비판	
• 이승만·박정희 예찬	

그런데 극우파에게 발견되는 신념의 내용이든 신념의 표출 양태든 모든 것의 뿌리를 찾아가 보면, 그 근저에 6·25전쟁이 있음을 부인할 수 없다. 그래서 6·25 동란을 "원초적 경험"이라고 말한 것이다. 왜 극우파들은 북한에 대한 적대적 접근을 당연시하는가? 6·25전쟁 때문이다. 왜 극우파는 현 정부의 시책에 대해 비판으로 일관하는가? 정부 요직의 집권자들이 386세대의 주사파와 직간접적으로 연관되었기 때문이고, 주사파의 발현과 활동은 북한의 공산주의적 정치 이념에서 영감을 입었기 때문이며, 이것은 다시금 그 근원에 있어 6·25전쟁으로 설명된다. 왜 극우파는 공산주의자는 물론 자신과 신념이 다른 이들을 적으로 간주하는가? 6·25전쟁을 경험했기 때문이다. 이렇듯 극우적 사고가 형성된 날줄과 씨줄이 모두 직간접적으로 6·25전쟁과 얽혀 있음을 알 수 있다.

그리하여 "북한(공산주의자들)은 우리가 싸워 타도해야 할 적이다"라는 명제가 극우적 사고의 핵심을 이루게 되었고, 극우파들은 이것을 지극히 타당하고 이치에 맞는 당면 과제로 받아들이고 있다. 이것이 원초적 경험으로서의 6·25전쟁이 한국인, 특히 극우파에게 남긴 이데올로기적 유산이다. 그러므로 극우적 사고의 형성 요인을 탐구하는 것은, 상기한 명제가 어떻게 극우파에게 내면화되었는지를 규명하는 작업이라고 할 수 있다.

형성 요인에 대한 안내

극우적 사고(ERM)의 형성 요인은 두 가지 차원으로 설명할 수 있다. 하나는 현실적 차원이고 또 하나는 종교적 차원이다. 현실적 차원은 극우적 사고가 형성되는 심리적·사회적 요인을 가리킨다. 이것은 극우파가 한국의 현실을 살아가는 실존적 존재이기 때문에 고려되는 바다. 종교적 차원은 기독교 신앙이 극우적 사고에 미치는 종교적 성격의 요인에 관한 것이다. 이 요인을 거론하지 않을 수 없는 이유는 지금 우리가 보수적 개신교도들의 극우적 사고를 다루고 있기 때문이다. 이 두 가지 차원이 실제적으로는 개인의 내면에서 함께 작용하지만 개념적·이론적으로는 뚜렷이 구별되므로 별도의 차원으로 대별해 기술하려 한다.

현실적 차원의 형성 요인에는 세 가지 요인—발원적 요인, 재현적 요인, 계도적 요인—이 있다. 종교적 차원의 형성 요인은 곧 신앙적 요인을 말하는데, 이는 한국의 보수적 개신교도들이 전형적으로 드러내는 신앙 특징을 가리킨다. 이렇듯 두 가지 차원의 요인들이 함께 작용함으로써 극우파의 명제—"북한(공산주의자들)은 우리가 싸워 타도해야 할 적이다"—가 내면화되고, 최종 단계로 극우적 사고가 산출되는 것이다. 이 내용을 도표로 가시화하면 다음과 같다.

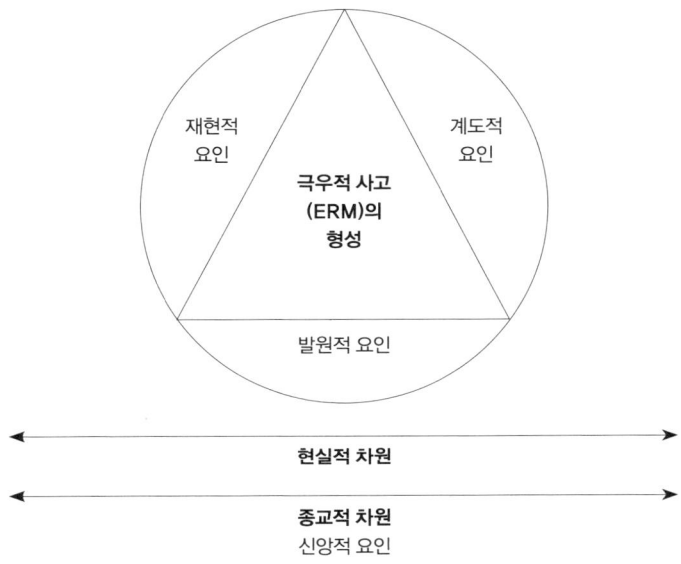

현실적 차원의 형성 요인

우리의 개인적·집단적 삶을 살펴볼 때 극우적 사고는 발원적(發源的) 요인, 재현적(再現的) 요인, 계도적(啓導的) 요인에 의해 촉발―배태, 지탱, 강화 등―된다.

① **발원적 요인**

이 요인은 극우적 사고가 출현하는 근원이 되고 또 직접적으로 영향을 끼친 조건을 말한다. 이것은 단도직입적으로 말해 6·25전쟁에 대한 개인적 경험인데, 오늘날 주로 70-85세의 연령층에서 발견된다.[34] 이들은 6·25전쟁 발발 시

---

[34] "…한국전쟁을 겪은 이들은 반세기가 훌쩍 지났는데도 당시를 생생하게 기억하고 있으며, 아직도 전쟁의 상처를 고스란히 간직한 채 살아가고 있다. 안타깝게도 이들은 이제 대한민국 인구 구성에서 최고령층에 이르렀기에 하루가 다르게 역사의 무대에서 사라지고 있다."(함한희, "구술사가 들려주는 또 하나의 한국전쟁", 한국구술사학회 편, 『구술사로 읽는 한국전쟁』(서울: 휴머니스트, 2011), pp. 6-7. 물론 6·25전쟁 얼마 후 태어난 이들(60대) 가운데 가족과 친인척이 참혹한 죽음을 당한 이들도 발원적 요인에 영향을 입은 것으로 간주할 수 있다.

에 10세 전후의 어린이였다. 전쟁 당시 12세였던 조명길은 B-29 폭격기와 불타던 동네 광경으로 6·25전쟁을 경험했다.

관전리 감골 방공호 간다고, 엄마가 내게 이불을 가져오라고 했어. 내가 열두 살 때인데, 얼마나 이불이 무거운지 그냥 팽기치고, 그때 B-29 전투기 석 대가 포탄을 떨어뜨려 불바다를 만들려고 했어. 난리였지. 나는 변소 기둥만 붙잡았고 있었지. 여기, 저기서 말도 못해. 그리고 하늘이 노래. 귀신 나올 정도로 됐었어요. 그리고 엄마를 찾아 맨발로 걸어가, 그때 다 불바다 되고. 그때 동지섣달에 추운데, 신발이고 하나도 없고. 바지도 얇고. 거기서 그냥 버선 바닥, 어머니 꺼 하나 껴 신고서 그냥 걸어 나오는 거야. 그래가지고 저 유메(군량봉 뒷산)까지 피난 나왔어. 집이 다 날아갔어.[35]

그런가 하면 자기 고향에서 처참히 죽은 식구들 때문에 지금까지 두려워 떠는 여성도 있다.

…언니에게 장소를 물어 동창 몇 명과 우리 가족이 묻혔다는 곳을 찾았다. 한참을 둘러봐도 모르겠다. 그런데 하얀 고무신…. 내 고무신이 닳고 해졌다고 어머니가 바꿔 신으셨던 그 고무신이 있었다. 미친 듯이 땅을 헤집었다. 맨 먼저 할머니 시체가 나왔다. 그다음으로 어머니, 그 밑으로 판순이, 남순이, 장손 동진이, 춘광이, 대여섯 살도 안 된 막내 남동생 행진이가 줄줄이 나왔다. 할머니 어머니가 보는 앞에서 가장 어린 것부터 죽창으로 찔러 구덩이로 밀어 넣었단 말인가. 반쯤 부패한 시체에는 구더기가 득실득실 끓었다. 숨조차 제대로 쉴 수 없었다. 한 명씩 파서 대밭(갈대 또는 가늘게 쪼갠 대나무를 실로 엮어 만든 가

---

35 김귀옥, "분단선 위를 걷는 사람들", 한국구술사학회 편, 『구술사로 읽는 한국전쟁』, p. 56.

리개)으로 덮어 주고 화장을 했다. 뼛가루는 한데 모아 근처 야산에 뿌렸다. 정신 나간 사람처럼 눈물을 흘리며 얼마를 보냈던가…

내가 겪은 6·25는 너무도 끔찍하다. 60년 전, 내 고향은 살인 지옥이었다. 나는 아직도 그 사람들이 쫓아올까 무섭다. 이 글을 쓰는 지금도 몇 번이나 망설이고 있다. 난 전쟁이 끝나고도 30년이 지날 때까지 무서워 고향에 가질 못했다. 나마저 죽고 없어지면 누가 그때 일을 기억할 것인가.[36]

이처럼 6·25전쟁의 참상을 몸소 겪은 세대는 누가 시켜서가 아니라 거의 본능적으로 극우적 사고를 견지한다.

② 재현적 요인

재현(再現)이라는 말은 "한번 경험한 내용을 어떤 기회에 다시 생각해 내는 일"[37]이다. 따라서 원래의 경험이 존재해야만 재현이 가능하다. 극우적 사고가 재현적 요인으로 형성된다는 것은, 6·25전쟁이라는 원초적 사건으로 시작된 극우적 사고가 추후 반복되는 경험으로 더욱 강화되는 것을 뜻한다. 재현적 요인이 발동하는 방도는 다음 두 가지로 묘사할 수 있다.

첫째, 후속적 사태와 기억 작용에 의한 재현이다. 이는 6·25전쟁 이후 북한이 일으킨 도발 행위를 목도하며 생기는 현상이다. 북한은 정전 협정이 조인되고 나서도 크고 작은 사건을 통해 위협과 공포 분위기를 조성했다. 다음 목록이 그러한 도발의 예다.[38]

---

36 김차순, "그때 내 고향 무장은 살인지옥이었다", 조선일보 특별취재팀, 『나와 6·25』(서울: 도서출판 기파랑, 2010), pp. 61-62.
37 고려대학교 민족문화연구원 국어사전편찬실 편, 『고려대 한국어대사전: ㅈ~ㅎ』(서울: 고려대학교 민족문화연구원, 2009), p. 5316.
38 강진웅, 『주체의 나라 북한』(파주: 도서출판 오월의봄, 2018), pp. 4-6에는 "북한 사건 연표"가 나와 있는데, 이 가운데 도발 행위에 대한 항목만 추렸다.

- 1968년 01월 21일: 북한 게릴라 청와대 습격
- 1968년 01월 23일: 푸에블로호 나포
- 1976년 08월 18일: 판문점 도끼 사건
- 2002년 06월 29일: 연평해전
- 2010년 03월 26일: 천안함 침몰 사건
- 2010년 11월 23일: 연평도 포격 사건

또 2006년부터 2017년까지 여섯 차례의 핵실험을 추진했고, 중간중간 미사일 발사 또한 서슴지 않았다.

후속적 사태에 의한 재현은 6·25전쟁을 겪은 세대(70-85세)에서 많이 발견된다. 북한의 도발 행위를 겪을 때마다 6·25전쟁의 끔찍한 경험이 되살아나고, 북한과 공산주의자들을 철천지원수로 여기는 극우적 사고가 강고해지는 것이다.

둘째, 구술적 자료와 추체험으로 인한 재현이다. 최근 역사 기술에 있어 구술(口述), 곧 경험자가 직접 말로 한 내용을 발굴하거나 활용하는 서술 방식이 각광받고 있다. 이것은 다른 무엇보다 문헌 사료의 경우와 달리 평범한 이들의 생활 경험을 생생히 반영할 수 있다는 이점 때문일 것이다. 구술에 의한 서사적 기록은 읽는 이로 하여금 6·25전쟁 경험을 재현하도록 하는 효과를 발휘한다.

물론 여기에서 질문이 생길 수 있다. 구술이나 구술 자료가 이미 재현의 산물이 아닌가? 그런데 어떻게 이것이 재현을 일으키는 "원초적 경험" 노릇을 한다는 말인가? 이 질문에 대한 답변은, 구술 자료를 통한 6·25전쟁의 경험이 "원초적 경험" 구실을 할 수 있다는 것이다. 예를 들어 매우 강력하고 생생한 어떤 구술 내용이 어떤 이의 뇌리에 6·25전쟁에 대한 강한 인상을 각인시켰다고 하자. 그러면 비록 그 개인이 6·25전쟁의 직접 체험자가 아니라도

그에게는 그 구술 내용이 6·25전쟁에 대한 "원초적 경험" 노릇을 할 수 있다. 이후 그 경험자는 비슷한 구술 자료나 기록을 접할 때마다 원래의 경험에 대한 '재현'을 맛보게 된다. 이런 일은 6·25전쟁을 겪지 않은 어느 누구에게든 일어날 수 있다. 물론 아무래도 40-50대의 연령층에서 좀더 많이 목격되겠지만 말이다.

구술이나 구술 자료를 통한 재현을 어떤 이들은 추체험(追體驗, Nacherleben)이라는 용어로 설명한다. 이 개념은 독일 철학자 빌헬름 딜타이(Wilhelm Dilthey, 1833-1911)가 타자를 이해하는 인식의 과정을 설명하기 위해 도입한 것이다. 추체험이 실현되려면 '이입' '현재화' '상상력'이라는 하위 인식 활동이 필요하다.[39] 먼저 '이입'은 타자가 어떤 조건과 환경하에서 어떤 경험을 했고, 그 경험이 행위자(타자)에게 무엇을 의미했는지 이해하려는 것이다. '현재화'는 행위자의 삶에 영향을 미쳤던 과거의 사회적 조건을 현재의 시간에서 이해할 수 있는 방식으로 규명하는 작업이다. 마지막 단계인 '상상력'은 해석자 자신의 내면성, 곧 행동양식, 감정, 욕구, 지향 등의 특정 측면을 의식적으로 부각시키거나 배제함으로써 타인의 정신적 삶을 재구성하는 일이다.

6·25전쟁에 관한 개인들의 구술 내용은 듣는 이(혹은 읽는 이)로 하여금 6·25전쟁 경험자들이 그들의 시대에 어떤 고통과 아픔을 겪었는지 추체험이 가능하도록 만든다. 이러한 추체험을 통해 6·25전쟁 이후의 후속 세대— 40-50대 그리고 심지어 20-30대까지도[40] — 는 6·25전쟁을 경험하는 것과

---

39 '추체험'에 대한 설명은 신진욱, "삶의 역사성과 추체험: 딜타이의 의미 이론과 해석학적 재구성 방법론", 「담론 201」, 12권 1호(2009년 5월): 123-124의 내용을 참고했다.
40 다음의 묘사나 증언이 그런 사례를 대표한다. "4월 초, 20대 후반의 젊은 남자 후배의 분위기가 이상하다 싶더니 순식간에 눈이 촉촉하게 젖어 들었다. 독자가 보내 온 6·25전쟁에 얽힌 사연을 이제 막 읽고 있던 참이었다. 입사 동기인 여자 기자가 얼굴을 들이대며 '울었지'라고 묻자 그는 '아니야'라고 작은 소리로 애써 대답했다. 하지만 그의 목소리가 미세하게 떨리고 있다는 사실을 방 안에 있던 나머지 5명의 기자들은 모두 알고 있었다"(장현일, "책을 내면서", 『나와 6·25』, p. 4). "저는 30대 중반의 일하는 여성이며 주부입니다. 최근 조선일보에서 창간 90주년 특집으로 내보내는 '나와 6·25' 기사를 보며 왜 그렇게 눈물이 나고 가슴이 아픈지요.…저는 전쟁을 모르는 세대입니다. 6·25전쟁의 참상이라곤 영화나 책에서 접한 게 전부입니다. 저에게 전쟁이란 다른 나라에서나 발생

같은 인식 효과를 맛보게 된다. 이렇듯 6·25전쟁을 직접 경험하지 않은 이들도 추체험을 통한 재현적 요인으로 인해 극우적 사고의 노정에 오르는 수가 적지 않다.

③ 계도적 요인

계도(啓導)는 단어의 구성 그대로 "깨우쳐 이끌어 주는"[41] 일이다. 이것은 잘 몰랐던 사실이나 의미를 일깨우는 작업이기도 하고, 이미 알고 있던 바의 진정성을 새로 환기하는 활동이기도 하다.

그런데 극우적 사고(ERM)의 계도적 요인을 말할 때 그것은 다음과 같은 점에서 특이성을 나타낸다. 첫째, 계도적 요인은 6·25전쟁과 연관이 없는 사건이나 현상이다. 둘째, 계도적 요인은 사람들이 현재(혹은 최근 몇 년 내에) 겪고 있는 바에 초점이 맞춰 있다. 대표적인 계도적 요인으로서 태극기 집회, 온라인 커뮤니티, 유튜브 영상물 등을 들 수 있다. 이것들은 6·25전쟁과 필연적으로 연관되는 것도 아니고, 6·25전쟁이라는 역사적 과거와 달리 오늘날 우리가 터를 잡고 살아가는 현실 삶의 일부를 구성한다. 이런 점에서 계도적 요인은 발원적 요인이나 재현적 요인과 개념적·특징적으로 구별된다. 그런데도 계도적 요인—바로 앞에서 예로 든 태극기 집회, 온라인 커뮤니티, 유튜브 영상물 등—은 극우적 사고가 활성화하는 데 적잖이 기여하고 있다.

계도적 요인이 작동하는 방식은 극우적 사고의 확립 여부에 따라 두 가지로 대별된다. 즉 이미 극우적 사고가 확립된 이들(A)과 아직 극우적 사고가 확립되지 않은 이들(B)에 따라 계도적 요인이 성취하는 효과가 다르다는 말

하는 참혹함이었습니다. 하지만 신문을 읽으면서 다른 나라의 전쟁보다 더 끔찍한 상황이 내가 일상을 누리는 이 땅에서 일어났다는 사실을 깨달았습니다. 사연을 읽는 시간은 그동안 망각했던 진실을 깨닫는 시간이었습니다"(이현도, "전 전쟁을 모르는 세대입니다…그러나 이제 우리가 당신들과 함께 울어드리겠습니다", 『나와 6·25』, p. 326).

41 고려대학교 민족문화연구원 국어사전편찬실 편, 『고려대 한국어대사전: ㄱ~ㅁ』, p. 402.

이다. (A)에 대해서는 계도적 요인이 확증의 역할이나 기능을 하는 데 반해, (B)에 대해서는 각성의 역할이나 기능을 한다. 이제 이 두 가지 작동 방식에 대해 알아보자.

첫째, 확증의 역할을 하는 계도적 요인이 있다. 이것은 앞에서 밝힌 바와 같이 이미 극우적 사고를 마음에 품은 이들과 연관된다. 그렇다면 이들은 발원적 요인 및 재현적 요인으로 인해 벌써 극우파를 자처하는 이들이다. 이들 중 다수는 발원적 요인으로 극우파가 된 이들인데, 연령상으로는 70대 이상이다. 소수의 사람은 추체험의 경험으로 극우적 사고를 받아들인 이들로서 50-60대의 사람들(및 드물게 20-30대)이 해당된다.

이들에게는 태극기 집회에 참가하거나 인터넷 커뮤니티, 단톡방, 유튜브 등의 온라인 매체를 통해 교류하는 것이 극우적 사고의 계도적 요인으로 기능하는데, 이 요인은 이들의 극우적 사고가 옳고 정당함을 확증하는 쪽으로 영향을 미친다. 여기 태극기 집회에 참가한 어느 70대 노인의 에피소드가 있다.

그날 서울역에 들렀다가 역사 로비에서 친척 할아버지를 만났다. 친구로 보이는 분들의 무리와 함께 앉아 계신 할아버지 손에는 태극기와 성조기가 들려 있었다. 아침에 금식 기도회에 참가한 다음 바로 열릴 태극기 집회를 기다리던 중이라고 하신다. 기도회와는 다른 모임이지만 뜻이 통하고 마음이 맞아 끝까지 참석할 거라고 하신다. 할아버지는 장로님으로 일흔을 갓 넘기셨고 평생 은행에 계시다 퇴임하신 후에 여행을 다니시거나 교회를 섬기면서 조용히 봉사하는 분으로 알고 있었다. **할아버지는 동료들과 함께 자신들이 개신교 극우세력이며 '태극기 부대'라고 당당하게 밝히고 아르바이트나 동원된 인원이 아님을 몇 번이나 확인시켜 주셨다.**…그날 밤, 할아버지 카톡으로 잘 들어가셨는지 안부를 물었다. 그리고 그날 이후 할아버지는 하루에도 몇 번씩 카톡으로 집회 관련 소식뿐 아니라 온갖 가짜 뉴스들을 전달하며 태극기 부대로 '전도'를 시도하고 계신다.…할아버지는 이 카톡 내용들은 목사님을 비롯한 소위 지식인들이 함께 있는 교회 카톡방에서 '기도 제목'으로 공유하기 때문에 매우 공신력 있는 내용들이며, 기존 언론에 현혹되지 말고 이 글들을 믿으라는 당부도 잊지 않으셨다(강조는 인용자의 것).[42]

이 노인의 경우 태극기 집회나 동료끼리의 카톡이 그의 극우적 신념을 확증하는데, 이것은 "폭포 효과"[43]라는 사회심리적 메커니즘으로 설명될 수 있다. 폭포 효과는 정보의 폭포 현상과 평판의 폭포 현상의 두 가지 형태로 나타나는데, 전자는 "편향적인 정보가 집단을 휩쓸어 가는 것을 말한다. 만약 누군가가 극우적인 집단에 속해 있을 경우 극우적인 입장을 지지하는 쪽의 주장을 훨씬 더 많이 말하고 듣게 될 것이다."[44] 후자는 "개개인들이 다른 사람들에게 호의적으로 보이기 위한 행동을 하게 되고 그것이 모여 사회적 압력 혹은 사회적 흐름 — 한국 사회에서 흔히 말하는 '대세'라고도 할 수 있다 — 을 형성하는 것을 말한다."[45]

위에 등장한 노인은 태극기 집회 참석이나 동료들과 나누는 카톡을 통해 "다른 사람들도 나와 같은 생각을 하는구나"(정보의 폭포 현상), "나와 같은 사람들이 한두 명이 아니야"(평판의 폭포 현상)라는 식으로 자신감을 갖게 되었고, 이로써 그의 극우적 신념은 더욱 확증 일변도로 발전했다. 이제 우리는 확증의 역할을 통한 계도적 요인이 무엇이고, 어떤 메커니즘을 통해 이루어지는지 실상을 파악했다.

---

42 이지성, "혐오의 시대, 한국 기독교의 역할: 극우 개신교의 종북게이 혐오를 중심으로", 「기독교사회윤리」, 제42집(2018): 214-215.
43 캐스 선스타인, 『우리는 왜 극단에 끌리는가』, 이정인 역(서울: 도서출판 프리뷰, 2011), pp. 125-134.
44 김태형, 『그들은 왜 극단적일까: 사회심리학자의 눈으로 본 극단주의의 실체』(서울: 을유문화사, 2019), pp. 103-104.
45 같은 책, p. 105.

둘째, 각성의 기능을 하는 계도적 요인도 있다. 확증의 역할/기능이 극우적 사고가 확립된 대상(A)에 대한 것이라면, 이제부터 설명하려는 각성의 역할/기능은 극우적 사고가 확정되지 않은 대상(B)과 연관된다. 이들은 나이로 보아 20-30대다. 통계 자료를 보면, 이 연령층의 젊은 세대는 대부분 극우파에 대해 무관심하거나 극우적 사고를 꺼리는 것으로 보인다.[46] 그런데 이들 가운데 일부가 어느 때부터 극우파의 옹호자로 탈바꿈하고 나타났다![47] 이들의 변신을 어떻게 설명할 것인가?

이런 현상을 설명하려는 것이 "각성의 기능에 의한 계도적 요인"이다. 이 요인 때문에 극우적 사고가 전혀 확립되지 않은 젊은이들이 극우파의 진영에 합세한 것이다. 즉 이들은 극우적 사고와 무관하게 살아오다 어떤 사건이나 사태가 계기가 되어 '각성'[48]하게 되었다. 20-30대 젊은이들이 극우적 사고를 수용하게 된 계기는 다양하다. 어떤 이는 입대 후 반공 교육을 받으면서, 어떤 이는 극우적 관점의 역사 자료에 접하면서, 또 어떤 이는 현 정부의 시책에 불만을 느끼면서, 또 어떤 이는 인터넷이나 소셜 미디어에 노출되면서 극우파의 길로 접어들었다. 어떤 계기로 접했든 이 경로의 끝은 극우적 사고(ERM)의 핵심인 "북한(공산주의자들)은 우리가 싸워 타도해야 할 적이다"라는 명제다.

그런데 이들의 각성을 조명하며 극우적 사고를 수용하게 된 계기 혹은 경로만 열거하고 끝난다면, 수박 겉핥기식의 사안 처리가 될 것이다. 그러므로 그런 계기들이 극우파를 지향하도록 추동한, 오늘날 젊은이 세대를 휘감고

---

46 가령 "2010년 3월 5일 실시된 한국갤럽의 여론조사에 의하면, 13세부터 19세의 청소년 응답자의 62.9%가 한국전쟁이 언제 일어났는지 모르고 있었다"[김진웅, "기억의 특성을 통해 살펴본 한국인들의 한국전쟁 인식", 「역사 교육 논집」 제48집(2012년 2월): 302]. 이 청소년들이 자라나 20-30대가 된다고 해서 크게 달라지리라고는 거의 생각하기 힘들다.
47 어떤 민중신학자는 태극기 집회를 구성하는 네 부류의 집단 가운데 하나가 "개신교계 극우 NGO 활동가들"이라고 지적한다[김진호, "'태극기 집회'와 개신교 우파: 또다시 꿈틀대는 극우주의적 기획에 대하여", 「황해문화」, 통권 95호(2017년 여름호): 86-87].
48 이것은 6·25전쟁에 대한 원초적 경험이나 추체험으로 인한 인식 작용과는 전혀 성격이 다르다.

있는 심층적 수준의 실태와 조건들이 무엇인지를 파악해야 한다.

  나는 현재 한국을 살아가는 20-30대 젊은이들의 삶의 환경을 두 가지 방면으로 묘사할 수 있다고 생각한다. 첫째, 청년 세대가 직면한 경제적 악재를 언급하지 않을 수 없다. 1980년대 영국과 미국에서 경제 활성화의 실행 방안으로 등장한 신자유주의 정책은 IMF 위기 후 한국 사회 전반에도 회오리바람을 몰고 왔다. 승자 독식의 불문율이 일반화된 노동 시장에서 젊은이들은 예전 세대보다 훨씬 더 치열하고 잔혹한 경쟁 속으로 떠밀려야 했다. 소수의 탁월한 개인을 제외한 나머지 대부분의 젊은 세대는 생존 경쟁에서 탈락하거나 뒤로 밀린 채 패자의 상처만 짓씹을 수밖에 없었다.

  최근 한국 사회 내 세대 간 불평등의 상황을 소상히 분석한 어떤 사회학자는 청년 세대가 겪어야 하는 격화된 경쟁의 현실을 다음과 같이 묘사한다.

> 전 세대들과 오늘날 청년 세대가 마주한 경쟁의 장에 차이가 있다면 두 가지이다. 2010년 청년 세대는 전 세대들과 달리, 구조적 불경기 아래서 대학 진학률은 70%를 넘나드는 상황에서 줄어들어만 가는 일자리를 놓고 경쟁한다. 딜레마는 저출생으로 경쟁에 참여하는 수가 줄어 감에도 불구하고 청년 세대가 체감하는 경쟁의 정도는 더 극심해진다는 것이다.…오늘날 청년 세대들은 끝 모를 불황의 터널의 입구에서 터널을 좀 편하게 지나갈 수 있는 열차의 자리 몇 개를 두고 경쟁하고 있다. 구조적 불황이 몇 '세대'를 집어삼킬지도 모를 상황이니 목숨을 건 경쟁일 수밖에 없다.

  청년 세대가 마주한 또 다른 현실은 세대 내부의 극심한 불평등으로 인해 출발선에서 공정한 룰이 지켜지지 않는다는 데 있다. 이른바 금수저/흙수저가 상징하는 부모의 힘이 청년 세대의 출발 자체의 경쟁을 다르게 만들어 놓았음을 실증하는 보도와 연구들은 지천이다.[49]

그런데 이러한 경제적 곤경이 묘하게도 청년들의 성향을 보수화하는 방향으로 작용한다는 사실은 매우 흥미롭다. 이러한 처지는 어떤 경제학자의 진단에서 다음과 같이 밝혀져 있다.

> 앞으로 BAU(business as usual의 약자로서 '비즈니스가 지금처럼 움직인다면'이라는 뜻이다 — 인용자 주)대로 진행된다면, IMF 경제위기 1세대라고 할 수 있는 지금의 20대가 사회에 진출하면서 겪게 되는 어려움은 줄어드는 것이 아니라 더 커지게 된다.…대기업과 정부 조직에 대부분의 20대가 몰리게 되고, 이 좁은 문에 들어갈 수 없는 나머지 사람들은 막말로 "버리고 가는" 상황이 전개될 것이다. **박정희 시대나 전두환 시대, 즉 한국 경제의 "영광의 30년"을 많은 사람들이 좋았던 시절이라고 추억하고 회상하는 것은** 그 시절에 국민소득이 높아서만이 아니다. 그 시절에는 SKY 대학이라고 부르는 서울대, 고려대, 연세대를 졸업하지 않아도, 그리고 당시 권력을 잡고 있던 육사 출신이 아니더라도 성실하게 경제생활에 임한 사람들에게는 적절한 기회와 다양한 패자부활전이 주어졌기 때문이다. 한마디로 입체적인 경제활동이 가능했다.
>
> 그 시절로 돌아가는 일은 지금의 20대에게는 불가능하다. 그래서 40대와 50대가 그 시절을 그리워하는 것만큼이나 지금의 20대가 **젊은 사람들에게 더 많은 가능성이 있었던 박정희와 전두환의 군사정권 시절을 그리워하는 것은 자연스러운 일이다**(강조는 인용자의 것).[50]

이 내용에서 우리가 눈여겨보아야 할 대목은 젊은 세대의 경제적 참담함뿐 아니라 그것이 어떻게 우파적 선회를 부추기는지에 대한 내용이다.

---

[49] 이철승, "세대, 계급, 위계: 386세대의 집권과 불평등의 확대", 「한국사회학」 제53집 제1호(2019년 2월): 34-35.
[50] 우석훈·박권일, 『88만 원 세대』(서울: 레디앙미디어, 2007), pp. 139-140.

둘째, 청년 세대가 목도한 정치 상황 또한 의미심장하다. 현 정부의 골격을 이루는 386세대는 과거 80년대에 희생과 열정을 아끼지 않고 민주화 투쟁에 헌신했다. 이들은 2000년대 초반 노무현 시대부터 시작해 현 정권에 이르기까지 민주화의 역군으로서 정부 요직에 포진했다. 그로부터 20년이 지난 오늘날 386세대를 바라보는 주위의 시선은 예전과 달리 비판적이고 싸늘해졌다. 주된 이유는 그들이 외쳤던 민주화의 노력이 정치적 외양을 바꾸는 데만 집중되고 정작 민주주의의 실질적 내용을 견실히 채우지는 못한 것으로 평가되었기 때문이다. 이것은 특히 젊은 세대의 비난과 배척을 불러일으켰다. 여기 30대 후반 젊은 논객들이 386세대에게 던지는 준엄한 심문 내용이 있다.

그러나 386세대가 지나온 지난 30년의 대한민국을 돌아보자. 2019년 오늘의 모습은 그들이 만들고자 했던 세상과 얼마나 동떨어져 있는가?…경제 선진국 클럽이라 할 수 있는 OECD 회원국 중 노인 및 청소년 자살률 1위, 노인 빈곤율 1위, 장시간 노동 3위, 출산율 꼴찌를 기록하고 있으며, 부패인식지수는 180개국 중 45위, 행복지수 156개국 중 54위다.…이러한 지표들을 보면 **민주주의와 인권, 평화와 같은, 그들이 지향한다 흉내 냈던 상위 가치가 강물처럼 흐르는 나라가 되었다고, 과연 386세대는 말할 수 있을까?**(강조는 인용자의 것).[51]

그런데 문제는 이러한 실책이 젊은이 세대의 극우화 경향을 선동한다는 것이다. 그 자신이 386세대인 어느 사회학자는 이 점을 다음과 같이 내비친다.

나 또한 386세대의 일원으로서 그들의 뜨거웠던 헌신과 희생을 기억한다. 그러나 그것은 30년 전 일이고, 386세대라는 단어가 처음 등장했던 1990년대

---

51 김정훈·심나리·김항기, 『386 세대유감: 386세대에게 헬조선의 미필적고의를 묻다』(파주: 웅진지식하우스, 2019), p. 204.

이후 20년에 걸쳐 보상받았다. 젊은 세대 일부의 극우화 경향이 처음 관찰되던 몇 년 전, 나는 이것이 '386세대의 유통기한 만료 선언'이라는 것을 직감했다. 민주화운동에 헌신했다고 해서 도덕적 우위와 정치적 정당성을 독점하려는 태도를 젊은 세대는 더 이상 받아들이지 않을 것이 분명했기 때문이다. 386세대의 자기절제 없이 젊은 세대의 우경화를 막기는 쉽지 않을 것으로 보인다(강조는 인용자의 것).[52]

이처럼 20-30대 젊은이들은 자신들이 감지한 선배/부모들(386세대)의 정치적 모순성 때문에 현 정권의 진보적 기조와 방침에 등을 돌리기 시작한 것이다.

지금까지 젊은 세대가 살아가는 삶의 환경을 경제적 악재와 정치적 상황의 각도에서 살펴보았다. 이러한 심층적 수준에서의 집단의식이 삶에서의 사건이나 사태 ─ 입대 후의 반공 및 안보 훈련, 극우적 관점의 역사 교육, 정부 시책에 대한 불만, 인터넷과 소셜 미디어의 영향 등 ─ 와 만나면서 극우적 사고로의 '각성'이 촉발되었다. 이것이 바로 각성이라는 기능이 어떻게 극우적 사고를 일으키는 계도적 요인이 될 수 있었는지에 대한 설명이다.

종교적 차원의 형성 요인

나는 이 글에서 극우적 사고가 형성되는 요인으로 두 가지 차원이 고려되어야 한다고 주장했다. 하나는 현실적 차원의 요인들인데, 발원적·재현적·계도적 요인이 그에 해당하는 것들이다. 또 하나는 종교적 차원의 요인인데, 이것은 쉽게 말해 신앙적 요인이라고 할 수 있다. 지금까지는 현실적 차원의 요인들을 밝히는 데 주력했고, 이제부터 종교적 차원의 요인, 곧 신앙적 요인에

---

[52] 장덕진, "결손민주주의와 장기 386", 「경향신문」(2019년 3월 25일), p. 2 at news.khan.co.kr/print.html?art_id=201903252022005&media=khan, 2020년 12월 21일 접속.

대해 언급하고자 한다.

극우적 사고를 논하면서 종교적 차원의 요인(신앙적 요인)을 고려하지 않을 수 없는 이유는 지금 우리가 보수적 개신교도들 가운데 만연한 극우적 사고에 대해 다루고 있기 때문이다. 이 경우 보수적 개신교도들의 신앙적 특징은 극우적 사고를 활성화하는 데 적잖이 기여했다. 그들의 보수적 신앙이 알게 모르게 극우적 사고를 심화하는 데 큰 몫을 감당했다는 말이다. 그렇다면 보수적 개신교도들의 신앙 가운데 어떤 요소나 경향이 극우적 사고가 번성하는 데 자양분을 공급했을까?

이 질문에 답하려면 먼저 보수적 개신교도들[53]의 신앙적 특징부터 알아보아야 한다. 한국 교회의 보수적 신앙인은 다른 어떤 지역의 공동체와도 차별되는 독특한 신앙적 양상을 지니고 있다. 약 열 가지의 특성을 열거하려 한다(이 항목들은 어떤 경우 조금씩 중첩된다).

특징적 신앙 자태
① 신앙의 사사화(私事化, privatization)
② 기복적 편향
③ 규칙 준수적(율법주의적) 경직성
④ 체면·위신의 중시

까칠한 인간관계
① 자기 의와 정죄 의식
② 분파적 성향

---

53   혹자는 '보수적 개신교도들' 대신 '근본주의자들'이라는 표현을 쓰고 싶어 할지도 모르겠다. 그러나 '근본주의'의 기원이 두드러지게 미국적이기도 하고 '근본주의'라는 개념으로는 한국의 보수적 신앙인들을 포함하기 어려워 '보수적 개신교도들'이라는 말을 사용한다.

③ 무례·강압적 태도

편협한 안목
① 성경주의[54]
② 합리적 사고의 무시/배척
③ 이원론적 세계관

보수적 개신교도들의 이런 독특한 신앙적 면모는 극우적 사고를 형성하는 데에도 매우 비옥한 풍토를 제공한다. 세 가지 사항을 예시하려 한다.

첫째, 성경이 강조하는 확고한 신앙의 중요성에 편승해 극우적 신념을 종교적 신념에 맞먹는 것으로 고착화시켰다. 기독교 전통은 성경의 가르침에 의거해 믿음, 그것도 확고한 믿음을 매우 귀하게 여긴다. 이때 아브라함은 으레 그리스도인의 모범적 전례(典例)로 호출된다.

> [19]그가 백 세나 되어 자기 몸이 죽은 것 같고 사라의 태가 죽은 것 같음을 알고도 **믿음이 연약하여지지 아니하고** [20]**믿음이 없어 하나님의 약속을 의심하지 않고 믿음으로 견고하여져서** 하나님께 영광을 돌리며 [21]약속하신 그것을 또한 능히 이루실 줄을 **확신하였으니**. (롬 4:19-21)

이 내용을 보면 믿음과 관련해 "믿음이 연약하여지지 아니하고" "믿음이 없어…의심하지 않고" "믿음으로 견고하여져서" "확신하였으니" 등의 표현이 반복된다. 따라서 믿음이 견고해진다는 것은 곧 추호도 의심하지 않는 것임

---

54 '성경주의'(biblicism)란 성경이 기록된 역사적·문학적·문법적 맥락을 무시하고 글자 그대로 나타난 내용을 읽어 내는 무지몽매한 방침/입장을 의미한다[J. Douma, *Responsible Conduct: Principles of Christian Ethics*, trans. Nelson D. Kloosterman (Phillipsburg, New Jersey: P&R Publishing, 2003), p. 63].

을 미루어 알 수 있다. 이러한 내용에 거의 세뇌가 되다시피 한 그리스도인들은 모든 형태의 신념적 진술—그것이 기독교 신앙에 대한 것이든 이념적 강령에 대한 것이든—을 만나면, 이처럼 확고한 믿음을 발휘해야 한다는 식의 생각이 고착되었다.

그런데 여기에는 확고한 신앙과 관련해 교묘한 전이 행위가 감추어져 있다. 다음의 그림을 보라.

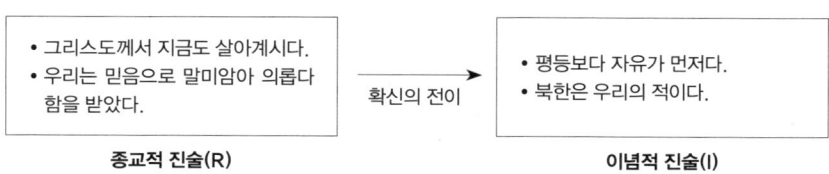

우리는 그리스도인으로서 왼쪽 항목의 종교적 진술(R)에 대해서는 정말로 믿음이 견고해야 하고 추호도 의심하지 않는 것이 마땅하다. 그것은 (R)의 경우, 하나님의 계시로 전달받은 절대적 진리이기 때문이다. 그러나 이념적 진술(I)은 인간의 경험과 판단에 근거한 이론일 따름이다. 그것은 성경에 계시된 바도 아니고 성경의 교훈과 같은 수준의 절대적 진리도 아니다. 그러므로 (I)에 대해서는 (R)과 같이 의문의 여지조차 없는 확고한 믿음이 요구될 수도 없고 요구될 필요도 없다.

그런데도 극우파 신념을 가진 이들은 (I)에도 (R)에 맞먹는 확고한 믿음이 필요한 것으로 혼동을 일으켰다. 그것은 아마도 (I)에 해당하는 내용이 그들에게는 민족과 국가의 미래가 달린 중차대한 사안으로 간주되었기 때문일 것이다. 바로 여기에 확고한 신앙의 전이 행위가 숨어 있다. 그래서 보수적 개신교도인 극우파는 기독교 신앙을 갖지 않은 이들보다 더 열광적으로 극우적 이념을 활성화하는 데 앞장서게 된 것이다.

둘째, 성경 특히 구약의 내용에 힘입어 공격적이고 적대적인 태도의 함양을 정당화한다. 극우적 견해의 주창자들은 꽤 많은 경우 자신과 의견이 다른 이들에 대해 적대적 분위기를 연출하곤 한다. 그런데 이것은 보수적 개신교도들의 신앙에 의해 더욱 조장될 가능성이 높다. 그 이유는 무엇일까?

한 가지 단서로서 그들이 구약성경을 읽으며 은연중에 습득한 공격성의 폐해를 들 수 있다. 더 구체적으로 말해, 구약성경에는 그리스도인들이 주의해서 해석하고 적용하지 않으면 자기도 모르는 사이에 올무로 작용할 폭력적 본문이 여기저기에 깔려 있다는 것이다. 가장 흔한 예는 소위 저주 시편(imprecatory psalms)에 등장하는 표현들이다.

> 의인이 악인의 보복당함을 보고 기뻐함이여! 그의 발을 악인의 피에 씻으리로다. (시 58:10)

> ⁸멸망할 딸 바벨론아! 네가 우리에게 행한 대로 네게 갚는 자가 복이 있으리로다. ⁹네 어린 것들을 바위에 메어치는 자는 복이 있으리로다. (시 137:8-9)

또 범죄자들이나 우상숭배 연관자들에 대한 조치에 있어서도 파괴와 참살이 다반사로 등장한다. 아간의 경우 자신의 범죄로 말미암아 그의 자녀들과 짐승과 물건들까지 참혹한 운명을 맞았다(수 7:24-25). 기드온은 하나님의 명령을 받고 바알의 제단과 아세라상을 파괴했고(삿 7:25, 28), 엘리야는 바알의 선지자 450명을 한꺼번에 몰살했다(왕상 18:19, 40). 엘리사는 자기를 조롱한 아이들을 저주했고 그 결과 42명의 아이들이 암곰 두 마리에게 찢김을 당했다(왕하 2:23-24).

그뿐만 아니라 하나님께서는 특정 족속에 대해 멸절을 명령하셨다. 가나안 땅을 정복할 때 거기에 거하는 족속들의 진멸을 명하셨고(신 20:16-17), 실제로 여호수아는 여리고성의 경우 어린이들까지 칼날로 멸했다(수 6:21). 후에

아말렉족속의 경우에는 "소아와 젖 먹는 아이"까지 죽이도록 구체적으로 지시하셨다(삼상 15:3).

구약성경을 읽으며 이러한 내용에 지속해 노출되는 이들(보수적 개신교도들)은 폭력과 살육에 대해 점점 더 익숙해진다. 또 온전하고 차분하던 심성이 은근히 자극을 받아 자기와 입장을 달리하는 반대자들에 대해 상습적으로 공격적이고 적대적인 반응을 표출하게 된다. 여기서 더욱 가공할 사실은, 그러한 가학적 태도를 성경으로부터 인증받은 것으로 잘못 생각하게 만든다는 것이다. 이로 인해 그리스도인 극우파 지지자들은 신앙을 갖지 않은 이들보다 훨씬 더 공격적이고 적대적인 모습을 드러내게 되었다.

셋째, 정치 사회적 이념 투쟁을 영적 전쟁의 수준으로 격상시킴으로써 자신의 극우적 정체와 활동을 신성화한다. 극우적 사고의 옹호자들은 종종 반대 입장에 있는 이들을 적으로 간주하고 이들에 맞서 벌이는 이념 투쟁을 숭고한 책무로 받아들인다. 그런데 이 점에 있어 보수적 개신교도들은 최상의 전략적 자원을 제공받는 셈이니, 기독교에는 오래전부터 성전(聖戰)—거룩한 전쟁—이라는 개념 틀(conceptual framework)이 존재했기 때문이다. 거룩한 전쟁은 성도들이 원수들과 벌이는 싸움인데, 신약 시대에는 영적 전쟁—사탄 및 그의 추종 세력에 대한 쟁투—으로 이야기되었다.

> [11]**마귀의** 간계를 능히 대적하기 위하여 하나님의 전신 갑주를 입으라. [12]우리의 씨름은 혈과 육을 상대하는 것이 아니요 통치자들과 권세들과 이 어둠의 세상 주관자들과 하늘에 있는 **악의 영들**을 상대함이라. (엡 6:11-12)

상기한 영적 전쟁의 구도에 의하면, 하나님(혹은 그리스도)을 대장으로 하는 선의 진영과 사탄 및 악한 영들로 구성된 악의 진영이 대치하고 있다. 극우파적 그리스도인들은 바로 이 구도 속에 자신과 적을 끼워 넣는다. 극우파 자신들은 하나님의 진영에 속하여 하나님(과 그리스도)의 군사가 되고, 자신의 적들—북한(공산주의자들)과 종북 세력—은 사탄의 수하에 얽매인 노예가 된다. 하나님의 군사는 의와 선의 역군들로서 철천지원수요 대적인 사탄의 세력에 맞서 싸우라는 중차대한 임무를 부여받았다.

이렇듯 극우파 그리스도인들은 당당히 주의 군대로 격상되었고, 반대로 공산주의자들과 용공 세력은 나락으로 떨어져 사탄의 하수인이 되었다. 극우파의 싸움은 이제 단순한 이념 투쟁이 아니라 하나님의 뜻을 이루는 거룩한 전쟁이요 사탄의 궤계에 맞서는 영적 전쟁으로 승격되었다. 이 모든 변화는 보수적 개신교도들의 신앙적 지원이 없이는 불가능한 일이었다. 그러므로 이런 사항을 극우적 사고의 융성에 이바지한 신앙적 요인으로 간주하지 않을 수 없다.

이 세 가지 예시 내용에 의거할 때, 보수적 개신교도들의 신앙적 특징은 극우적 사고가 강고해지고 심화하는 데 그 몫을 톡톡히 한 셈이다.

지금까지 극우적 사고의 형성 요인으로서 실제적 차원의 요인들—발원적 요인, 재현적 요인, 계도적 요인—을 거론했고, 종교적 차원의 요인으로서 신앙적 요인에 대해 설명을 시도했다. 이제 마지막 분단에서는 극우적 사고를 복음주의적 신앙에 비추어 어떻게 평가해야 할지 밝히고자 한다.

3. 극우적 사고에 대한 복음주의적 평가

1) 복음주의적 평가가 의미하는 것

우리가 당면한 과제는 먼저 복음주의 혹은 복음주의적 신앙이 무엇인지 규명하는 것이다. 왜냐하면 극우적 사고를 복음주의적 신앙에 비추어 평가하겠다고 했기 때문이다. 복음주의(혹은 복음주의 신앙)의 정체를 밝히는 일은 만만치 않은 작업이므로, 이미 이 방면에서 오랫동안 관록을 쌓아 온 학자의 도움을 받고자 한다. 알리스터 맥그래스(Alister McGrath)는 복음주의가 기초한 지배적인 확신 내용으로서 다음의 여섯 가지 조항을 열거한다.

1. 하나님을 아는 지식의 원천이자 그리스도인의 삶의 지침으로서 성경이 갖는 최고의 권위.
2. 성육신하신 하나님이자 주님이시며 죄인의 구주이신 예수 그리스도의 위엄.
3. 성령의 주되심.
4. 인격적 회심의 필요성.
5. 개별 그리스도인과 교회 전체의 복음 전도의 우선성.
6. 영적 양육, 친교, 성장을 위한 기독교 공동체의 중요성.[55]

이 여섯 가지 조항 가운데 지금 주목할 항목은 첫 번째다. 즉 성경이 그리스도인의 삶의 지침으로서 최고의 권위가 된다는 내용이다. 여기에는 우리의 신앙생활과 연관된 어떤 주제나 쟁점 혹은 사안이든 성경의 점검과 안내를 받겠다는 결의가 포함되어 있다.

그렇다면 극우적 사고에 대한 복음주의적 평가라는 것은 결국 극우적 사고가 성경적으로 정당화될 수 있느냐 아니면 최소한 성경의 가르침과 조화를 이룰 수 있느냐 하는 질문으로 요약된다. 이 사안을 좀더 구체적으로 정리해 보자. 나는 이 글의 첫째 분단에서 "극우적 사고"가 다섯 가지 신념과 세 가지 표출 양태로 설명될 수 있다고 밝혔다.

---

55 알리스터 맥그래스, 『복음주의와 기독교의 미래』, 정성욱 역(서울: IVP, 2018), pp. 66-67.

신념의 내용	신념의 표출 양태
• 자유주의 경제 체제 신봉	• 극도의 편협성과 폐쇄성
• 북한에 대한 적대적 접근	• 편 가르기의 비열성
• 미국과의 친화적 태도	• 상대방의 정복·타도·파멸 의도
• 현 정부의 시책에 대한 비판	
• 이승만·박정희 예찬	

그렇다면 상기한 신념의 내용과 표출 양태는 성경의 가르침에 비추어 볼 때 합당한 것인가? 이제 우리는 이 질문에 답하려고 한다.

2) 성경의 가르침

극우적 사고를 성경적으로 평가할 때, 그들이 품고 있는 신념의 내용이 성경에 나오느냐 아니냐의 문제로 타당성 여부를 결정할 수는 없다. 성경에 등장하지 않는 사안으로서 어떤 것(독서 훈련, 신학교 직원 채용, 이성 교제 등)은 타당하게 여겨지며, 반면에 그렇지 않은 것(대마초 사용, 원정 출산, 인터넷 중독 등)도 있기 때문이다.

그것보다는 성경이 직접 거론하지 않는 사안과 관련하여 어떤 원리나 방침을 제시하고 있는지, 혹시 그렇다면 그 원리/방침이 무엇인지 찾는 것이 훨씬 더 나은 접근으로 여겨진다. 그런 원리나 방침이 성경에 존재할까? 가장 먼저 예수님의 교훈으로부터, 그리고 바울의 목회적 권면으로부터 그런 원리/방침을 도출할 수 있을 것이다.

예수님의 교훈

예수 그리스도의 이름으로 귀신을 내쫓으면서도 제자들 그룹을 따르려 하지 않은 사람이 있었다. 요한은 이에 대해 매우 배타적인 반응을 보였는데, 놀랍게도 예수님은 오히려 요한을 막으시며 열린 마음 자세를 추천하신다.

⁴⁹요한이 여짜오되, "주여! 어떤 사람이 주의 이름으로 귀신을 내쫓는 것을 우리가 보고 우리와 함께 따르지 아니하므로 금하였나이다." ⁵⁰예수께서 이르시되, "금하지 말라. 너희를 반대하지 않는 자는 너희를 위하는 자니라" 하시니라. (눅 9:49-50)

먼저 예수님은 요한의 배타적 반응이 잘못되었다(혹은 지나쳤다)고 진단하신다. 그래서 "금하지 말라"고 하신 것이다. 귀신을 쫓은 이가 제자들 그룹에 합세하지 않아도 주님의 이름으로 귀신을 쫓는 일은 허용해야 한다는 뜻이다.

또 "너희를 반대하지 않는 자는 너희를 위하는 자니라"라고 매우 개방적이고 관용적인 방침을 언명하신다. 이로써 '내 이름(예수의 이름)에 의존하여 귀신을 쫓는 자는 우리와 같은 편이다' '그가 우리 그룹에 합세하느냐 합세하지 않느냐는 궁극적 관심사가 아니다' '중요한 것은 귀신을 쫓는 데 있어 나(주님)의 능력/권세를 인정하는 일이다' 등을 주장하신 것이다.

여기에서 예수님은 은연중에 부차적이고 비본질적인 사안(우리 그룹에 합세하느냐 않느냐)과 일차적이고 본질적인 사안(주님의 이름에 의존해 귀신을 쫓는 일)을 구별하셨다. 그리하여 비본질적인 사안에서는 이럴 수도 있고 저럴 수도 있으니 서로 의견이나 견해가 달라도 기꺼이 용납해야 함을 간접적으로 밝히신 것이다. 그러면 본질적 사안에서 차이가 나면 어떻게 해야 할까?

이와 관련해서는 얼마 후 바리새인과의 논쟁에서 명확하게 말씀해 주신다. 이 경우에는 언뜻 보기에 누가복음 9:50과 상반되는 것 같은 내용을 표명하셨다.

나와 함께하지 아니하는 자는 나를 반대하는 자요 나와 함께 모으지 아니하

는 자는 헤치는 자니라.(눅 11:23)

이 주장을 제대로 이해하려면 사건의 전후 관계를 명료히 파악해야 한다. 예수님은 조금 전에 "말 못하게 하는 귀신을 쫓아내"셨고 무리는 놀라움을 금하지 못했다(눅 11:14). 그런데 이 사실(귀신 쫓은 일)에 대한 예수님의 해석은 바리새인들의 해석(마 12:24)과 천양지차였다.

바리새인들의 해석: 예수는 사탄(귀신의 왕 바알세불)을 힘입어 귀신을 쫓아낸 것이다(눅 11:15, 18).
예수 그리스도의 해석: 나는 하나님의 손을 힘입어 — "하나님의 성령을 힘입어"(마 12:28) — 귀신을 쫓아낸 것이다(눅 11:20).

그러면서 성령의 역사를 사탄의 힘으로 돌리는 것은 성령 모독죄로서 영원히 용서받을 수 없다고 천명하셨다(막 3:29). 다시 말하자면, 귀신 축출에 대한 예수님의 해석에 동의하지 않는 사람은 결국 예수님을 믿지 않는 것이요 지옥에 떨어지게 된다는 것이다.

누가복음 11:23은 바로 이런 맥락에서 이해되어야 한다. "나와 함께하지 아니하는 자"는 예수님의 해석을 버리고 바리새인의 해석을 취함으로써 성령 모독죄를 범하는 자다. 이와 비슷하게 "나를 반대하는 자"는 예수님을 믿지 않고 예수님의 반대편에 서는 자다.

이처럼 예수님이 성령의 능력을 힘입어 귀신을 쫓아낸다고 믿는(인정하는) 것은 본질적 사안이다. 본질적 사안에 있어서는 이럴 수도 있고 저럴 수도 있는 것이 아니라 반드시 의견이 일치해야 한다. 그렇지 않으면 예수 그리스도를 대적하는 셈이 된다.

우리는 예수 그리스도의 교훈을 통해 다음과 같은 주장을 일반화할 수 있다.

즉 그리스도인들은 본질적 사안에서는 의견/견해의 차이가 있을 수 없으나 비본질적 사안에서는 얼마든 의견/견해의 차이가 있을 수 있다. 이 주장은 다음과 같은 식으로도 진술될 수 있다. "그리스도인들은 비본질적 사안에서 의견의 차이를 나타내면서도 동일한 그리스도인으로 남을 수 있으나 본질적 사안에서는 그렇지 않다. 한쪽이 올바른 입장을 견지하는 것이라면 반대쪽은 그리스도인의 범주를 벗어나 더 이상 그리스도인이 아니게 되는 것이다."

사도 바울의 조치

바울 사도 역시 그리스도인의 신앙생활과 관련해 본질적 사안과 비본질적 사안을 구별한다. 먼저 비본질적 사안에서는 그리스도인 사이에 얼마든 입장 차이가 있을 수 있다고 말한다.

> [1]믿음이 연약한 자를 너희가 받되 그의 의견을 비판하지 말라. [2]어떤 사람은 **모든 것을 먹을 만한** 믿음이 있고 믿음이 연약한 자는 **채소만 먹느니라**.…[5]어떤 사람은 **이 날을 저 날보다 낫게 여기고** 어떤 사람은 **모든 날을 같게 여기나니** 각각 자기 마음으로 확정할지니라. (롬 14:1-2, 5)

논란의 주제는 음식을 먹는 것(2절, 채소만 먹음 vs. 채소든 고기든 무엇이든 먹음)과 날을 지키는 것(5절, 안식일이나 절기의 어떤 날을 다른 날보다 더 중히 여김 vs. 모든 날을 똑같이 여김)이었다. 이에 대해 바울은 "각각 자기 마음으로 확정할지니라"(5절)라고 자유를 허락했다. 즉 그리스도인 사이에 음식에 관한 일이나 날을 지키는 일에서 의견/견해 차이가 있다 해도 그것은 큰 문제가 되지 않는다는 것이었다. 왜냐하면 그것은 기독 신앙에 있어 결국 비본질적 사안이기 때문이다.

그러면 본질적 사안에 대한 바울의 태도는 어떠했는가?

⁶**그리스도의 은혜로 너희를 부르신 이를 이같이 속히 떠나 다른 복음을 따르는 것을** 내가 이상하게 여기노라. ⁷**다른 복음은 없나니** 다만 어떤 사람들이 너희를 교란하여 **그리스도의 복음을 변하게 하려** 함이라. ⁸그러나 우리나 혹은 하늘로부터 온 천사라도 **우리가 너희에게 전한 복음 외에 다른 복음을 전하면 저주를 받을지어다!** ⁹우리가 전에 말하였거니와 내가 지금 다시 말하노니 만일 누구든지 **너희가 받은 것 외에 다른 복음을 전하면 저주를 받을지어다!**
(갈 1:6-9)

바울은 여기에서 이론상 두 종류의 복음을 말하고 있다. 하나는 "그리스도의 복음"(7절)으로서 "우리가 너희에게 전한 복음"(8절)이다. 이 복음의 구체적 내용은 '오직 예수를 믿음으로써 의롭다 함을 받는다'(갈 2:16)는 것이다(참고 2:14 "복음의 진리"). 또 하나는 그리스도의 복음을 변질시키는(7절) "다른 복음"(6, 7, 8, 9절)으로서, 실상 이것은 복음이 아니다(7절). 그 내용은 '율법의 행위로써 의롭게 된다'(갈 2:16)는 주장이다. 갈라디아 교인들은 참된 복음을 듣고 믿었음에도 불구하고 얼마 후 율법주의자들이 강변하는 "다른 복음"에 솔깃했던 것이다.

이에 대한 바울의 조치는 무엇이었나? 로마서에서 권면했듯, 우리가 전한 그리스도의 복음이든 다른 복음이든 "각각 자기 마음으로 확정할지니라"라고 했을까? 물론 그렇지 않다. 만일 다른 복음을 받아들인다면 그것은 "그리스도에게서 끊어지고 은혜에서 떨어진"(갈 5:4) 일이기 때문에, 다른 복음을 전하는 것에 대해 저주를 기원하지 않을 수 없었던(갈 1:8, 9) 것이다!

이처럼 바울 역시 본질적 사안과 비본질적 사안을 구별하여 그에 따른 방안을 제시했다. 본질적 사안에서는 누구든 성경의 진리를 곧이곧대로 따라야 하지만(그렇게 하지 않을 경우 그리스도인이라는 신분을 포기하는 셈이 된다), 비본질적 사안에서는 그리스도인 각자에 따라 이럴 수도 있고 저럴 수도 있다는 자유방임적 여유를 허용했다.

예수 그리스도의 교훈과 바울의 조치로부터 도출한 '본질적 vs. 비본질적' 사안 구별은 사실 기독 교회가 오래전부터 비공식적으로 채택해 온 방침이다. 본질적 사안으로 거론되는 교리나 가르침으로서는 삼위일체, 그리스도의 신성과 인성, 성령의 내주하심, 그리스도의 십자가와 부활, 은혜로 말미암은 구원, 그리스도의 몸인 교회, 그리스도의 재림, 새 하늘과 새 땅 등이 있다. 이것은 그리스도인이면 누구나 반드시 동의해야 하는 본질적 사항들로서 만일 어느 하나라도 부인하면 그리스도인으로서의 정체성을 잃게 된다.

반면에 그리스도인끼리 서로 차이가 나는 비본질적 사안 또한 부지기수다. 이런 주제나 교리 혹은 사안과 관련해서는 그리스도인들 사이에 서로 다른 의견/견해가 있다 할지라도 그리스도인으로서의 정체성에 아무 영향을 끼치지 않는다. 대표적 예로서, 천년왕국에 대한 해석, 세례의 방식, 성찬의 의의, 속죄의 의미, 교회 정치, 여성의 위상, 인간의 구성, 창세기 1장의 '날'의 길이 등을 언급할 수 있다.

3) 극우적 신념: 전형적인 비본질적 사안

극우적 신념이 비본질적인 이유

극우적 사고의 옹호자가 견지한 신념은 어떠한가? 이러한 신념의 사항들은 본질적인가 비본질적인가? 이에 대한 답변은 두말할 필요 없이 '비본질적이다'가 될 것이다. 이 답변에는 두 가지 근거가 있다. 첫째, 극우적 신념의 어떤 항목도 성경에 본질적 사안으로 나타나 있지 않기 때문이다. 극우적 신념은 앞에서 누차 밝힌 것처럼 ①자유주의 경제 체제, ②적대적 대북관, ③친미적 태도, ④현 정부 비판, ⑤이승만·박정희 예찬 등으로 구성되어 있다. 그런데 이 항목 중 어느 것도 성경에서 신앙의 본질적 요소로 소개되어 있지 않다. 따라서 이런 신념의 조항들은 비본질적 사안으로 분류되어 마땅하다.

둘째, 보수적 신앙을 표방하는 한국의 그리스도인 가운데 꽤 많은 이들이 상기한 신념의 내용과 관련해 비극우적 입장을 취하고 있기 때문이다. 이들이 모두 무지몽매하거나 망상에 빠져 있는 것이 아닌 이상 이들의 반대 의견/견해에도 일리가 있음(또 심지어는 상당히 합리적임)을 인정하지 않을 수 없을 것이다. 이렇듯 같은 신념의 사항들을 두고 보수적 신앙인들 사이에 의견/견해의 차이가 존재한다는 것은 이미 그 신념의 사항들이 비본질적 사안에 속한다는 것을 방증하는 셈이라고 하겠다.

경제적·정치적 쟁점에 대한 영미 복음주의자들의 논의

이처럼 극우적 신념이 터를 잡고 있는 경제나 정치의 쟁점들은 비본질적 사안이기 때문에, 복음주의적 그리스도인들은 이와 관련해 그들 사이에 다양한 의견/견해를 나타낼 수 있다. 그런 예는 영미권의 복음주의자들에게서 어렵지 않게 발견된다. 먼저 경제적 쟁점에 관한 사례부터 거론하고자 한다. 1984년 미국 IVP가 발간한 어느 책자[56]는 그리스도인이 어떻게 가난한 자를 도울 수 있는가에 대해 다루었다. 그런데 이에 대한 해법과 관련해 네 가지 견해가 복수로 제시되어 있다.

- 개리 노스, **자유 시장 자본주의**
- 윌리엄 딜, **통제된 시장 체제**
- 아트 기쉬, **분권화된 경제**
- 존 글래드윈, **중앙집권적 경제**

이 네 명은 모두 복음주의적 그리스도인으로서 성경의 가르침, 역사의 교훈,

---

56 Robert G. Clouse, ed., *Wealth and Poverty: Four Christian Views of Economics* (Downers Grove, Illinois: InterVarsity Press, 1984).

현 사회의 문제점 등을 고려하는 가운데 자신의 입장을 내세운다. 그러면서 다른 이들의 입장을 비평하고 자신도 다른 이들의 비평을 듣는다. 경제 시스템 문제는 이처럼 비본질적 사안이기 때문에 각기 자신의 소신에 따라 서로 다른 이론을 수립하고 표명할 수 있는 것이다.

그러면 정치적 주제나 사안의 경우는 어떠한가? 이에 대해서는 영국의 복음주의자들이 그들 사이에 존재하는 서로 다른 견해를 공표했다. 이것은 1992년 영국 IVP가 펴낸 정당 정치와 관련된 기독교적 논평서[57]에 자세히 나타나 있다. 이 책의 서두에 주제와 연관된 열아홉 가지 강령을 제시하고 있는데, 이것을 세 범주로 나눌 수 있다.

강령 1-6: 정치·국가의 본질 및 목적에 관한 기독교적 원리.
강령 7-12: 경제생활 및 복지 분야에 대한 국가의 역할을 조명하는 성경의 윤리적 교훈.
강령 13-19: 앞의 여섯 가지 강령(7-12)이 경제생활 및 복지 분야에 대한 국가의 역할과 관련해 현재 영국의 실정에 어떤 의미를 던지는가 하는 것.

논의에 참여한 전문가들은 강령 1-6에 대해서는 공통된 견해를 가지고 있었다. 그러나 강령 7-12 및 강령 13-19와 관련해서는 서로 상당한 의견 차이를 나타냈다. 그런데 흥미로운 점은 이 논의를 주도하는 인사들이 각각 좌파, 중도파, 우파의 입장을 대변하고 있었다는 사실이다. 이들 역시 모두 복음주의자들이었지만 정치적 견해에 있어서는 입장을 서로 달리하고 있었던 것이다. 그렇다면 정치적 쟁점 역시 비본질적 사안이기 때문에 복음주의자들 사이에 이런 논의가 가능했다고 볼 수 있다.

---

57   Jonathan Chaplin, *Politics and the Parties* (Leicester, England: Inter-Varsity Press, 1992).

대북 정책에 대한 다양한 입장

이제 현재 한국의 실정으로 돌아와 보자. 오늘날 우리 복음주의자들은 대북 정책에 대해 어떤 입장을 취해야 하는가? 대북 정책은 흔히 생각하듯 간단하고 단순한 문제가 아니다. 제대로 된 대북 정책을 수립하려면 북핵 위기, 인권 문제, 민족의식, 통일에 관한 생각, 문화적 교류, 선교 전략 등 여러 요소를 함께 참작해야 하기 때문이다. 그러나 어쨌든 대북 정책이 어떠해야 하는가에 대한 문제는 역시 전형적인 비본질적 사항에 속한다. 성경에는 대북 정책에 관한 어떤 특정한 견해도 기독 신앙의 본질적 요소로 소개된 곳이 없기 때문이다. 그렇다면 이러한 비본질적 사항에 대해서는 복음주의적 신앙인들 사이에 서로 다른 의견/견해가 표명될 수 있다는 뜻이 된다. 즉 어느 한 가지 입장만이 절대적으로 옳은 것이며, 다른 입장들은 언급조차 될 수 없다는 독단적 태도는 합당하지 않다는 말이다.

그러나 극우적 사고의 옹호자들은 종종 자기들의 입장만 진리인 것처럼 이런저런 식의 주장을 내세워 왔다. 그것은 대북 정책과 같은 문제는 기독교 신앙의 견지에서 비본질적 사항이라는 점을 모르거나 아니면 무시했기 때문에 초래된 우행이다.

따라서 복음주의적 신앙을 가진 이들은 대북 정책과 관련해서도 서로 의견/견해 차이가 생길 수 있다는 점을 유념해야 한다. 또 서로 의견/견해의 차이가 있어도 함께 같은 그리스도인 식구라는 사실 또한 끊임없이 강조해야 한다. 이 점을 염두에 두고 대북 정책의 스펙트럼은 어떠한지 알아보자. 어떤 연구자는 한국의 신문 기자들이 북한에 대해 어떻게 인식하고 있는지 네 가지 유형을 찾아냈는데, 이것이 대북 정책에 대한 다양한 입장과도 상통한다. 다음은 그 네 가지 유형에 대한 설명이다.

분석 결과 '적대적 대결형' '우호적 공존형' '민족 중시적 협력형' '합리적 경쟁형' 등 모두 네 개의 유형이 도출되었다. 그중 **유형 1 '적대적 대결형'**은 북한을 대화의 상대가 아닌 적대적 관계로 파악하며, 북한의 태도에 강한 의구심이나 적대적 태도를 표출하였다. 동시에 북한 문제를 남한의 입장에서만 판단하고 강경한 대응을 주문하는 등 매우 강한 보수주의적 태도를 보였다. 다음으로 **유형 2 '우호적 공존형'**은 북한에 대한 경계심을 강조하고 북한의 태도에 의구심과 불신을 표출하면서 한편으로 남북 간에 상호존중과 공존공영을 강조하는 중도 진보주의적 태도를 보였다. 그러나 '민족 중시적 협력형'에 비해 현재의 남북 분단 구조를 인정하고 현상 유지의 틀 안에서 북한 문제를 보려고 한다는 측면에서 보수적 성향을 갖고 있었다. **유형 3 '민족 중시적 협력형'**은 북한을 동반자 관계로 인식하면서 특히 같은 민족으로서 북한 주민의 인권에 강한 관심을 보이는 등 동포애와 민족의 공존공영을 중시하는 태도를 보이고 있었다. 아울러 북한의 문제를 북한의 입장에서도 이해해야 한다는 매우 강한 진보주의적 태도를 보였다. 마지막으로 **유형 4 '합리적 경쟁형'**은 북한을 적대적 관계이면서도 동시에 동반자적 관계로 보려고 하며, 전반적으로 남한의 입장을 중심으로 판단하나 사안에 따라 남북 협력의 필요성을 인정하기도 하는데, 이는 북한에 대한 남한 체제의 우월감을 표현하는 중도 보수주의적 태도를 보였다(강조는 인용자의 것).[58]

복음주의 신앙은 대북 정책 수립과 관련해 이 네 가지 유형 가운데 어느 쪽과도 조화를 이룰 수 있다고 생각한다. 왜냐하면 대북 정책은 비본질적인 사항이며, 어떤 유형을 선택하느냐는 개인에 따라 이럴 수도 있고 저럴 수도 있기 때문이다. 물론 이 네 가지 유형 가운데 어느 쪽이 좀더 합당한가 하는 질문이 생길 수 있지만, 그것은 그다음 단계의 논의 사항이다. 지금으로서는

---

58 김재선, "Q방법을 통한 한국 신문기자들의 북한에 대한 인식 유형 연구", 「언론과학연구」 제14권 4호 (2014년 12월): 5-6.

복음주의 신앙은 성경적 교훈의 견지에서 이 네 가지 유형 중 어느 하나도 배제하지 않는다는 것을 인정하는 것만으로 족하다.

4) 극우적 사고에 대한 복음주의적 처방

이제 비본질적 사항(및 이로 인한 의견 차이)과 관련해 그리스도인이 취해야 할 몇 가지 방침을 언급하고자 한다. 이 권유 사항은 모든 그리스도인과 연관되지만, 특히 극우적 사고 주창자들에게 적실하리라 생각한다.

첫째, 우리는 정치 사회적 쟁점 같은 비본질적 사항에 있어 자신과 의견이 다른 그리스도인에게도 "각기 자기 마음에 확정할" 자유가 있음을 인정해야 한다. 자신은 이런 자유를 향유하면서(즉 자신의 견해/의견을 마음껏 외치면서) 다른 이들은 다른 견해/의견을 말하지 못하도록 제동을 거는 것은 불공정하고 비합리적인 처사다. 특히 대화와 설득이 아닌 방법으로 다른 이들의 순응을 강요하는 폭군적 작태는 결코 그리스도인의 선택지가 아니다.

둘째, 우리는 자신의 견해/의견에도 약점이나 허점이 있을 수 있고 또 심지어 그릇될 수도 있다는 가능성을 항시 염두에 두어야 한다. 모든 인간은 죄인으로서 완벽하지 않을 뿐만 아니라 크고 작은 정도의 자기도취증(narcissism)과 과대망상증을 그림자처럼 달고 다닌다. 이것은 특히 어떤 주장을 하고 의견을 나타낼 때 은밀히 작용한다. 그렇다고 해서 비본질적 사항과 관련해 자기 나름대로 견해도 가지지 말고 겉으로 표현하지도 말라는 말이 아니다. 다만 우리 자신이 늘 그런 왜곡된 존재라는 것을 잊지 않는 가운데 조심스럽게 견해나 의견을 표명하라는 말이다. 그렇지 않으면 우리는 자기도 모르는 사이에 항시 나만 옳고 상대방은 모두 틀렸다는 독선적 멘탈리티의 희생물이 될 수 있다.

셋째, 우리는 자신과 다른 입장의 그리스도인이 왜(혹은 어떻게 해서) 그런 입장을 취하게 되었는지 공감하기 위해 힘써야 한다. 서로 상충하는 의견/견해에만 초점을 맞추고 신경을 쓰다 보면 사람이 보이지 않는다. 상대방은 그저 반대 의견/견해로 축소되고 만다. 그러므로 우리는 반대되는 의견이 어떤 특정 인물의 반대 의견이라는 점을 상기할 필요가 있다. 이때 그 사람이 어떻게 해서 그런 반대되는 견해를 형성하게 되었는지 그 사람의 처지에서 이해하고자 힘쓰면, 그 견해에 대해 새로운 시각을 갖게 된다. 물론 그렇다고 해서 내 주장을 줏대 없이 포기하거나 갑자기 상대방의 입장에 승복하거나 하지는 않는다. 그런데도 (놀랍게도!) 반대 견해의 논리와 일리성(一理性)을 수긍할 수 있게 된다. 이래야만 자신과 의견이 다른 이를 늘 적으로 간주하고 망가뜨리려는 호전적 자세로부터 탈피할 수 있다.

넷째, 우리는 비본질적 항목에서 자신과 견해가 다른 이들을 그리스도 안에서 형제자매로 용납하고 함께 교제해야 한다. 이것은 쉽지 않은 일이다. 그러나 기독교 공동체의 본질에 해당하는 이런 수고를 회피해서도 안 된다.

이것을 실행하는 것이 무척 어렵기 때문에 의견 차이가 있는 그리스도인과 관련해 평소 다음과 같은 사항을 상기해 보기를 권한다.

- 나와 의견이 다른 이들도 같은 하나님을 아버지로 모시고 있는 하나님의 아들딸이다.
- 그리스도께서는 나와 견해 차이가 있는 이들을 위해서도 십자가에서 피를 흘려 주셨다.
- 나와 견해를 달리하는 이들 안에도 성령께서 내주하시고 살아 계신다.
- 나와 의견/견해가 다른 이들도 결국 새 하늘과 새 땅에서 다시 만나 영원히 함께 지낼 하나님의 식구다.

이 네 가지 사항이 모든 것을 해결해 주는 기적의 약은 아니지만 어쨌든 비본질적 항목과 관련해 견해가 다른 그리스도인과 더불어서도 공동체의 삶을 꾸려 가도록 끊임없이 자극하는 은혜의 수단이 될 것이다.

왜 이토록 처방책에 부심하는가? 이유는 단순 명료하다. 우리(교회 및 신앙 공동체)가 세상과 다른 "특이한(peculiar) 백성"(벧전 2:9, 흠정역)이 된 것은 비본질적 사항에서 서로 의견 차이가 없어서가 아니고 **오히려 그러한 차이에도 불구하고 서로를 용납하고 함께 교제하는 저력을 보일 수 있기 때문이다.**

05
신학적 근본주의에서 정치적 극단주의로

배덕만 (기독연구원 느헤미야 전임연구원, 백향나무교회 담임목사)

서론

2019년 6월부터 한국기독교총연합회(한기총)는 회장 전광훈 목사의 주도하에 '문재인 대통령 하야 운동'을 시작했다. 그를 지지하는 극우 개신교인들이 광화문광장에 집결해 막말과 욕설이 난무하는 반정부 집회를 이어 갔다. 전광훈의 한기총, 청와대 광야교회, 사랑제일교회뿐만 아니라 지난해 광화문에서 열린 반정부 집회에 참석한 수만 명을 통해 한국 교회의 상당수가 어느새 심각한 수준의 정치적 극우주의자로 변모했음이 공개적으로 드러났다.

종교사회학자 이원규에 따르면, "전체적으로 보면 한국 교회는 근본주의 성향이 매우 강하다고 할 수 있다. 소위 자유주의나 중도주의로 분류되는 교파 사람들 가운데도 근본주의 신앙을 가진 교인들이나 성직자도 적지 않은 것으로 보인다."[1] 이런 설명은 전광훈과 광야교회로 상징되는 한국의 극우적 근본주의자들의 신학적·신앙적 특성을 이해하는 데 도움을 준다. 그렇다면 왜 한국에서 신학적 근본주의가 정치적 극단주의로 변모했을까? 과연 무엇이 한국에서 신학적 근본주의와 정치적 극단주의가 융합되도록 만들었을까?

이 글은 이런 질문들에 대한 답을 찾는 데 일차적인 목적이 있다. 이를 위해 미국과 한국의 근본주의 역사를 간략히 살펴보고, 한국의 근본주의자들이 신학적 보수주의를 넘어 정치적 극단주의로 변형된 과정과 이유를 검토할 것이다. 그리고 이런 부정적 현실을 극복하기 위해 몇 가지 제안도 시도하려 한다. 한국 교회가 과거와 현재를 보다 정직하게 이해하고 미래를 지혜롭게 대비하는 데 이 짧은 글이 작은 도움이라도 되길 바란다.

---

1 이원규, "종교사회학적 관점에서 본 한국 교회와 근본주의", 「종교연구」 제28집(2002년 9월): 52.

배경: 미국의 근본주의

남북전쟁(1861-1865)에서 북부가 승리한 후 미국은 산업화·도시화 시대에 진입했다. 미국 도시들은 산업자본주의 초기를 통과하며 다양한 사회문제에 직면했고, 미국 교회도 복잡하고 난해한 도전에 대응해야 했다. 즉 목회적 차원에서 빈곤과 범죄 같은 사회문제에 대처해야 했으며, 신학적 차원에선 성서비평학과 생물학적 진화론의 도전에 응전해야 했다. 이런 상황에서 벤저민 워필드(Benjamin B. Warfield, 1851-1921)로 대표되는 프린스턴 신학자들이 성서무오설을, 그리고 플리머스형제단의 존 다비(John N. Darby, 1800-1882)가 세대주의적 전천년설을 신학적 해법으로 제시했다. 이런 해법은 당대에 막강한 영향력을 행사하던 무디(Dwight L. Moody, 1837-1899)와 그의 동료들, 그리고 성서예언대회(1875-1897), 성서 학원들, 학생자원운동(1886-1930년대), 소책자 시리즈 『펀더멘틀즈』(Fundamentals, 1910-1915) 등을 통해 미국 전역으로 빠르게 확산되었다. 특히 미국 북장로교회가 1910년 총회에서 "성경의 영감과 무오성, 그리스도의 동정녀 탄생, 그리스도의 대속적 죽음과 육체적 부활, 기적"으로 요약되는 '5개조 교리'를 발표함으로써 장차 '근본주의'(fundamentalism)로 명명되는 새로운 현상이 이미 미국 교회 내에 널리 확산되었음을 보여 주었다.

근본주의 역사에서 1920년대는 매우 중요하다. 먼저 1920년 미국 침례교 기관지 「와치맨-이그제미너」(the Watchman-Examiner)의 편집자 커티스 리 로우스(Curtis Lee Laws)가 '근본적인 것들'을 위해 투쟁하는 이들을 '근본주의자'(fundamentalist)라고 명명해 마침내 '근본주의'란 용어가 역사 속에 등장했다. 이어서 저명한 설교자 해리 포스딕(Harry E. Fosdick, 1878-1969)이 1922년에 행한 "근본주의자들은 승리할까?"란 제목의 설교를 통해 소위 '근본주의 논쟁'이 본격화되었다. 또한 1923년 총회 직후 북장로교회 내부의 진보적 그

롭이 기존의 5개조에 반대하는 '어번선언'(the Auburn Affirmation)에 서명하여 논쟁이 격화되었고, 1925년에는 진화론과 창조론이 충돌하여 근본주의 진영에 치명상을 입힌 소위 '스코프스 재판'(혹은 원숭이 재판)이 세상의 이목을 집중시켰다. 이후 미국의 장로교회와 침례교회를 중심으로 근본주의자 대 진보주의자 간의 갈등이 폭발하면서 교단 분열이 도미노게임처럼 연쇄적으로 발생했다. 정통장로교회, 침례교성서연합, 근본주의침례교단 등이 그 분열의 결과로 탄생했다.

'스코프스 재판' 이후 한동안 자취를 감추었던 근본주의자들이 1960년대부터 다시 모습을 드러내기 시작했다. 한국전쟁과 함께 미국 사회를 집어삼킨 '매카시 광풍' 속에서 일부 근본주의자들이 반공주의의 우산 아래 대중의 관심을 끌었다. 이후 흑인 인권 운동, 히피 문화와 성 혁명, 베트남전쟁, 낙태 허용 등으로 1970년대까지 미국 사회가 급진적 변화를 겪을 때, 그동안 성속 이원론과 비관적 역사관에 사로잡혀 사회와 일정한 거리를 유지해 온 근본주의자들이 '기독교 미국'(Christian America)을 수호한다는 명분 아래 현실정치에 뛰어들기 시작했다. 그들은 당대의 변화를 치명적 위협으로 간주하면서, 그 원인을 '세속적 인본주의'(secular humanism)에서 찾았다. 그들이 비판하는 세속적 인본주의의 특징은 다음과 같다.

> 그것은 하나님의 신성, 성경의 영감, 그리고 그리스도의 신성을 부인하고, 영혼, 내세, 구원과 천국, 정죄와 지옥을 부인하며, 창조에 대한 성경적 가르침을 부인한다. 대신 도덕적 가치는 스스로 결정되고 상황적이므로 절대적인 옳고 그름은 존재하지 않는다고 믿는다. 또한 남성과 여성의 독특한 역할의 제거를 믿으며, 나이와 상관없이 동의하는 개인들 간의 성적 자유(혼전 성관계, 동성애, 레즈비언주의, 근친상간 포함)를 믿으며, 낙태, 안락사, 자살의 권리를 믿고, 빈곤을 줄이고 평등을 이루기 위해 미국의 부에 대한 평등한 분배를 믿으며, 환경에 대

한 통제, 에너지에 대한 통제, 그리고 그것의 한계를 믿는다. 미국의 애국주의와 자유 기업 체제의 제거, 군비 축소, 그리고 단일한 세계 사회주의 정부의 건설을 믿는다.[2]

근본주의 내의 이런 움직임은 1970년대에 '기독교 우파'(Christian Right)의 탄생으로 이어졌다. 근본주의 설교자 제리 폴웰(Jerry Falwell, 1933-2007)은 1979년 '도덕적 다수'(Moral Majority)를 조직해 공화당 대선 후보 로널드 레이건(Ronald Reagan, 1911-2004)을 지지했고, 1972년부터 본격적으로 시작된 '남녀평등헌법수정안'(Equal Rights Amendment) 비준 운동을 저지하는 일에 적극적으로 참여했다. 이 운동에는 개신교 근본주의자들과 함께 보수적 가톨릭 신자들과 유대인들도 상당수 참여했다.

1980년대 후반, 유명한 오순절파 TV 설교자들인 짐 베이커(Jim Bakker, 1940-)와 지미 스와가트(Jimmy Swarggart, 1935-)의 성 추문이 연속해 터지면서 근본주의 진영이 치명상을 입었다. 하지만 근본주의 목사이자 방송인 팻 로버트슨(Pat Robertson, 1930-)이 1986년 대선에 출마하고 '기독교연합'(Christian Coalition, 1989)을 조직하면서 근본주의자들이 기력을 회복하기 시작했다. 이들은 가족의 가치(pro-family)를 중심으로 동성애와 낙태, 포르노에 강력히 반대했으며, 학교와 공공장소에서 기독교 신앙의 실천을 보장받기 위해 분투했다. 또한 그들은 아들 부시(George W. Bush, 1946-)의 대통령 당선을 위해 헌신했으며, 그가 당선된 후에는 네오콘(Neo Conservatives)과 함께 부시 정권의 막강한 지지 세력으로 기능했다. 비록 오바마 정부의 탄생과 함께 위세가 한풀 꺾였지만 여전히 근본주의는 미국 기독교의 중요한 부분으로 살아 있다.

---

2   Karen Armstrong, *The Battle for God: History of Fundamentalism* (New York: Ballantine Books, 2001), p. 271.

역사: 한국 교회의 근본주의화 과정과 특징

19세기 후반 이후 꾸준히 입국한 미국의 보수적 장로교 선교사들을 통해 한국에도 근본주의적 성경론과 종말론이 일찍부터 유행했다. 성경무오설과 축자영감설, 문자적 성서 해석으로 상징되는 근본주의적 성경론, 그리고 이런 성경론과 비관적 역사관에 근거해 그리스도의 전천년설적 재림과 성도의 휴거를 주장하는 세대주의적 종말론이 교파를 초월해 한국 교회 전체로 꾸준히 확산된 것이다. 기본적으로 이런 신학적 근본주의는 평양장로회신학교와 경성성서학원 등을 통해 목회자들에게, 그리고 사경회와 부흥회, 주일 예배 등을 통해 일반 성도들에게 전달되고 내재화되었다.

특별히 1930년대에 캐나다 장로교 선교사들과 미국 감리교 선교사들, 그리고 일본과 미국에서 유학한 신학자들의 영향으로 한국에 진보적인 성경 해석이 도입되기 시작했으나, 이미 장로교회 내에서 주도권을 장악한 보수적 선교사와 목사, 신학자의 영향 아래 그런 진보적 흐름이 철저히 차단되고 말았다. 즉 장로교 총회가 미국 감리교 출판사 아빙돈(Abingdon Press)의 성경 주석 한국어 번역을 방해하고, 모세오경의 모세 저작설이나 바울서신의 여성 차별적 구절의 문자적 해석을 거부했던 김영주·김춘배 목사를 징계함으로써 근본주의가 한국 교회의 지배적 신학으로 뿌리내리게 되었다. 동시에 다수를 차지한 장로교회뿐 아니라 성결교회, 침례교회, 오순절교회, 심지어 진보적인 감리교회와 기독교장로회 내에서도 다수의 목회자와 교인 들이 근본주의적 신앙을 따르게 되었다. 한국 교회와 근본주의의 상관관계는 '한국 교회의 근본주의화'에 결정적 역할을 한 장로교 신학자 박형룡이 1960년 「신학지남」에 발표한 글에서 확인할 수 있다.

근본주의는 별다른 것이 아니라 정통주의요, 정통파 기독교다. 한걸음 더 나아가 근본주의는 기독교의 역사적·정통적 신앙을 그대로 믿고 지키는 것, 즉 정통 신앙과 동일한 것이니만큼, 이것은 곧 기독교 자체라고 단언하는 것이 정당한 정의일 것이다. 근본주의는 기독교 자체다.[3]

이런 신학적 근본주의는 한국 근대사의 격랑을 통과하며 특정한 정치적·경제적 이념과 결합해 자신의 범주와 특성을 지속적으로 확장했다. 이 과정에서 가장 결정적인 것은 근본주의자들과 공산주의의 부정적 만남이다. 비록 조봉암, 허정숙, 여운형처럼 그리스도인 중에서 다수의 공산주의자·사회주의자가 배출되었지만, 대다수 그리스도인들은 민족주의 진영을 대표하며 공산주의자들과 갈등 관계를 형성했다. 그런 갈등은 해방 후 군정, 분단, 한국전쟁을 거치며 극단적으로 악화되었다. 특히 해방 전 한국 교회의 70퍼센트 이상이 있었던 평안도, 황해도, 북간도의 교인들이 공산주의자들과의 갈등 후 대거 월남함으로써 남한의 개신교인들은 철저한 반공주의자가 되었다. 공산주의자들의 억압과 박해를 피해 고향과 재산과 교회를 포기해야 했던 이들은 한편으론 개인적 원한과 상처 때문에, 다른 면에선 북한 출신으로서 남한에서 생존하기 위해 남들보다 더 강하게 반공을 외쳐야만 했다. 그들은 한국전쟁과 베트남전쟁을 적극적으로 지지·참여했고, 반공을 국시로 내건 우익 정권을 끝까지 지지했다. 이런 과정을 통해 남한의 개신교인들은 가장 전투적인 반공주의자로 성장했으며, 반공주의는 근본주의 신학과 함께 한국 교회의 핵심 도그마로 뿌리내렸다.

또한 분단과 냉전을 통과하면서 반공의 선봉에 선 한국 교회는 자연스럽게 남한의 대표적 친미 세력으로 부상했다. 어떤 의미에서 한국 교회와 미국의 관계는 운명적이다. 일차적으로 한국의 개신교회는 미국 선교사들의 절대

---

3   박형룡, "근본주의", 「신학지남」 25권 1호(1960): 16.

적인 영향 아래 형성되었다. 새문안교회와 정동교회뿐 아니라 배재학당과 이화학당 같은 근대 학교, 세브란스병원과 대구동산병원 같은 근대 병원이 모두 미국 선교사들과 미국 교회의 후원으로 설립되었기 때문이다. 태평양전쟁으로 잠시 관계가 단절되기도 했지만, 해방 이후 돌아온 선교사들이 군정 치하에서 교회, 학교, 병원, 심지어 정부를 재건하는 일에 깊이 관여했다. 이후 한국전쟁, 베트남전쟁, 경제 원조와 개발 시대를 통과하며 한국 교회는 한국과 미국을 연결하는 역할을 탁월하게 수행했다. 그뿐만 아니라 1970년대부터 시작된 한국 교회의 폭발적 성장 과정에서 미국 교회는 빌리 그레이엄(Billy Graham, 1918-2018)과 빌 브라이트(William R. 'Bill' Bright, 1921-2003) 같은 복음 전도자, CCC와 네비게이토 같은 학생 선교 단체, 웨스트민스터와 드루 같은 신학교, 남침례교회와 하나님의성회 같은 교단 들을 통해 지속적·결정적 영향을 끼쳤다. 그 결과 한국 교회는 미국과 미국 교회를 거의 맹목적으로 지지하게 되었다.

끝으로 북한에서 이주한 후 신학적 근본주의 위에 반공주의와 친미주의라는 두 기둥을 건축한 한국 교회는 남한에서 준국교적 지위와 특권을 향유했다. 한국 교회와 남한 정부 간의 밀월 관계는 미군정의 출범과 더불어 시작되었다. 선교사들의 추천으로 다수의 그리스도인이 군정의 고위직에 발탁되었고, 제헌의회와 제1공화국 정부에 참여했다. 성탄절의 공휴일 제정(1949년), 군종제도와 경목제도 도입(1954, 1951년) 등의 배타적 특혜를 누린 대가로 한국 교회는 1952년 제2대 대통령선거, 1954년 민의원선거, 1960년 정부통령선거에서 친정부적 선거운동을 노골적으로 전개했다. 이런 밀월 관계는 제3공화국에서도 지속되었다. 한국 교회의 보수적 목회자들이 박정희 대통령의 3선 개헌(1969년)을 공개적으로 지지했고, 유신 체제하에서 각종 조찬 기도회를 개최해 군사정권을 응원했다. 동시에 국가의 적극적 후원 속에 진행된 엑스플로 74, 77민족복음화성회, 전군신자화운동, 전국교도소신자화운동 등을 통해 한국 교회는 전대미문의 급성장을 이루었다. 이처럼 한국 교회는 해방 이후 한국 사회에서 우파 정부와 긴밀한 관계를 유지하며 다른 종교들과는 비교할 수 없는 특혜와 특권을 누렸다. 그 덕택에 한국 교회의 교세는 급등했고 정치적·경제적·문화적 측면에서 한국 사회의 중심부와 상층부로 빠르게 진입했다. 즉 한국 교회의 다수가 신학적 근본주의를 견지하면서 정치적으로 자유민주주의를, 경제적으로 신자유주의적 자본주의를 지지하는 우익 세력의 핵심 구성원으로 입지를 확고히 한 것이다.

현실과 원인: 신학적 근본주의자에서 정치적 극단주의로

21세기와 함께 한국 교회 안에서 근본주의에 대한 관심이 급증했고, 최근에는 전광훈 현상으로 근본주의자들의 정치적 우경화에 대한 우려의 목소리가 고조되고 있다. 왜 신학적·신앙적 보수주의자들이 정치적으로 극우적·수구적 세력을 대표하게 되었을까? 왜 한국의 근본주의자들은 정치적으로 비상식적, 심지어 극단적 태도를 거리낌 없이 표출하게 되었을까? 이제 그 원인을 몇 가지로 정리해 보자.

불안과 공포

근본주의의 출현에 대한 대표적 설명은 근본주의가 근대주의의 위협에 대한 신학적 반작용이라는 것이다. 이런 설명은 단지 미국 개신교 내의 현상을 넘어서 이슬람, 유대교, 힌두교, 불교 등 다른 종교의 근본주의에도 공통으로 적용할 수 있다. 예를 들어 무슬림의 경우, 19세기부터 오스만제국이 쇠락하며 서유럽의 정치적·경제적·문화적 영향력이 급증하자 보수적 이맘들과 신학자들을 중심으로 민족주의에 근거한 이슬람 근본주의가 이집트, 이란, 터키에서 출현했다. 당시에 이들의 사고와 행동을 지배했던 정서는 '두려움'이었다.

군대와 자본으로 상징되는 서구 문명의 침략으로 이슬람의 전통 신앙과 문화가 치명적으로 훼손될 것이라고 확신했기 때문이다. 미국의 경우에는, 성서비평학과 생물학적 진화론의 출현으로 전통적인 성경관, 즉 성경은 일점일획도 오류가 없고 종교를 포함한 인간의 삶 전체에 시대와 지역을 초월하여 완전하고 절대적인 권위를 지닌다는 전통적 신앙이 흔들릴 수 있으며, 그것은 성경에 근거하여 형성된 기독교 신앙 전체, 그리고 그것과 운명적 관계를 맺고 있는 서구 문명 자체를 붕괴시킬 수 있다고 믿는 신자들이 적지 않았다.

유사한 고민과 정서가 현재 한국의 근본주의자들 안에도 팽배하다. 한국 교회는 1990년대부터 다양한 이유로 교세가 급감하기 시작했고, 교회를 향한 혹독한 비판과 공격에 직면했다. 게다가 진보 정권이 등장하면서 햇볕정책과 사학법 개정을 추진했다. 그 결과 남북 관계는 개선되었지만 정부와 교회의 관계는 악화되어 한국 교회의 존재론적 위기감이 한층 고조되었다. 북한 출신일수록 그 농도가 더 짙었다. 최근에는 보수적 그리스도인들이 열광적으로 지지하고 추종했던 이명박·박근혜 시대가 촛불혁명으로 붕괴되고, 두 전직 대통령이 구속되는 초유의 사태가 발생했다. 사랑의교회, 명성교회, 삼일교회 등에서 발생한 다양한 스캔들로 교회에 대한 사회적 평판이 극단적으로 악화되었다. 신천지 같은 이단의 발흥과 '가나안' 성도로 대표되는 탈교회 현상이 심화되면서 한국 교회의 미래는 매우 불투명해졌다. 결국 이런 현실적인 위기에서 발생한 불안과 공포 때문에 다수 교회들, 특히 근본주의자들의 선택과 반응이 점점 더 빈번하게 극단적 형태를 취하게 되었다.

기형적 신학

근본주의자들의 지배적 정서는 앞에서 언급했듯이 불안과 공포다. 이런 정서는 세상을 선과 악, 흑과 백, 아군과 적군으로 양분하고, 양자에 대해 극단적으로 상반된 반응과 대응을 하도록 유도한다. 특히 이런 이원론적 사고방식은 근본주의의 비관적 인간론과 묵시적 종말론으로 한층 심화·강화되었다. 기본적으로 근본주의자들은 원죄의 영향으로 인간 본성이 철저히 부패했기 때문에 타락한 죄인들이 만들어 가는 역사에는 어떠한 낙관적 전망도 존재할 수 없다고 믿는다. 동시에 선과 악의 대결에서 악의 영향력은 지속해서 고조될 것이며, 이런 비극적 상황은 오직 그리스도의 재림과 성도의 휴거, 천년왕국의 도래로만 해결될 수 있다고 주장한다. 따라서 그리스도의 재림이 임박했다고 믿는 종말론의 틀 안에서 근본주의자들은 일체의 신학적·사회적 쟁점에 대해 극단적·전투적 태도를 견지하는 경향이 강하다. 즉 이런 신학적 전제와 확신 속에서 성, 흡연, 음주, 복장 같은 문제에 대해 극단적으로 보수적인 태도를 견지했고, 성서무오설과 창조과학 같은 신학적 주제에 대해서는 다양한 진보적 해석을 획일적으로 자유주의로 규정하고 맹렬히 비난한다. 그뿐만 아니라 동성애와 낙태, 그리고 기독교 신앙의 다양한 공적 표현(기도, 성경 공부, 십계명의 공적 게시 등) 같은 정치적 쟁점들에 대해서도 극단적인 혐오와 배제의 언어로, 심지어 물리적 시위와 폭력까지 마다하지 않으며 자신들의 입장을 관철하려 한다.

이런 근본주의의 특징은 한국 교회에서도 동일한 방식으로 재현되어 왔다. 초기부터 한국 교회를 지배했던 장로교회의 영향 아래 대다수의 한국 교회는 원죄 교리와 묵시적 종말론을 기독교 신앙의 기본 틀로 수용했다. 이에 대한 일체의 반대나 새로운 해석은 펠라기우스주의자나 자유주의자란 비난을 피할 수 없었다. 이런 지배적 흐름 속에서 진보적 신학이나 새로운 신학적 경향은 한국 교회와 신학계에서 설 자리가 없었다. 사실 이런 흐름은 선교 초기부터 한국 교회가 직면했던 극단적 상황 때문에 강화될 수밖에 없었다. 즉 일제시대의 한국 교회는 신앙과 생존, 친일과 항일의 극단적 대립 속에서 정해진 선택을 강요받았다. 제3의 선택은 불가능했다. 해방 이후 냉전 시대와 군부독재를 통과하면서 한국 교회는 북한과 남한, 공산주의와 자본주의, 독재와 민주, 자본과 노동, 주한 미군과 "양키 고 홈" 사이에서 선택을 강요당했다. 그리고 그 선택을 성경과 신학으로 정당화해야 했다. 군부의 강철 군화 아래서 생존하기 위해 자신의 신학마저 상황에 따라 재구성하기도 했다.

결국 불안에 휩싸인 극단적 환경에서 근본주의자들의 신학은 극단적인 이원론에 근거한 기형적 형태로 퇴화했고, 그것은 다시 근본주의자들이 적대적 세상과 대상에 대해 극단적·폭력적 태도를 견지하도록 부추겼다. 현재 광화문에 모인 전광훈과 '태극기 부대'는 이런 기형적 신학과 긴밀한 관계가 있다.

지성의 상실

기독교는 18세기부터 본격화된 계몽주의, 과학혁명, 산업혁명이란 거대하고 강력한 도전에 직면해 근본적인 자기변화를 경험했다. 이신론, 광교회주의, 자유주의, 성서비평학 등은 이런 변화에 적극적으로 대응했던 교회와 신학의 역사적 산물이다. 반면 근본주의는 동일한 도전과 동료 그리스도인들의 개방적·진보적 대응을 모두 반기독적 혹은 비성경적인 것으로 정죄하고 거부했다. 물론 근본주의도 결코 이성과 과학, 경험의 가치와 중요성을 무조건 부정하지 않는다. 하지만 자신의 관점에서 어떤 것도 계시와 믿음, 성경의 권위를 대치할 수 없었다. 동시에 과학과 이성의 영향력이 사회의 전 영역으로, 그리고 전 세계로 빠르게 확장되면서 기독교를 포함한 종교 일반의 영향력이 쇠퇴하자 성경의 권위와 전통적 교리를 방어하고 기독교와 교회의 지위를 수호하려는 반작용도 한층 강화되었다. 이런 반작용을 주도한 것이 미국의 근본주의다.

특히 성경의 권위를 수호하려는 노력과 임박한 종말에 대한 절박한 신앙에서 시작된 근본주의는 생물학적 진화론과 오랜 싸움을 시작했으며, 통신 및 운송 수단의 발전을 종말의 징조로 규정하며 혹독히 비난했다. 천문학과 생물학, 의학 영역에서의 새로운 발견, 공학 분야에서의 지속적인 혁신과 발명에 대해서도 불안감을 감추지 못했다. 그뿐만 아니라 19세기 이후 빠르게 유행한 현대철학, 사회학, 심리학 등이 치밀한 논리와 경험적 연구를 토대로 기독교의 전통적 교리들을 공격하자, 근본주의자들은 성경과 교리에 대한 전통적 해석에 근거해 마녀사냥적 종교재판을 고집했다. 그 결과 근본주의와 현대의 학문 영역 사이에서 진지한 대화는 단절되고, 양자 사이의 간격도 꾸준히 벌어졌다.

한국 교회의 상황도 다르지 않다. 물론 선교 초기에는 교회가 한반도에서 가장 근대적인 기관이었다. 선교사들은 한국인들에게 근대 학문을 전수했다. 그들은 학교와 병원, 신문과 출판사를 통해 이 나라의 근대화를 견인했다. 하지만 신학적 보수주의자들이 교권을 장악하고, 사회와 교회가 반복해 극단적 상황에 처하면서, 그리고 교회의 기득권이 사방에서 위협을 받으면서, 근본주의자들은 본능적으로 지적·학문적 분리주의 혹은 배타주의를 고수·강화하는 경향을 보였다. 신학 분야에서 성서무오설을 고수하고 정통 칼뱅주의를 수호하는 것을 지상 과제로 설정하여 일체의 새로운 신학적 경향과 성경 해석을 거부했다. 이런 상황에서 자연과학과 인문·사회과학의 발전에 적절히 반응하는 것은 불가능했다. 특히 20세기는 과학기술 분야에서 전대미문의 발전을 이루었으며, 정치와 경제, 신학과 철학 분야에서도 괄목할 만한 성취가 있었다. 하지만 이런 발전과 변화를 근본주의자들이 진지하게 연구하고 대화한 경우는 거의 없다. 그들에게 이런 것들은 위험하고 불온한 경계의 대상일 뿐이며, 속히 제거하거나 극복해야 할 말세의 적이었다.

그 결과 교회 밖에서 과학적 사유가 시대정신이 되고, 민주주의가 삶의 양식으로 뿌리내리며, 이념에 근거한 냉전적 사고가 빠르게 약화된 시대에 근본주의에 물든 다수의 신자는 여전히 반지성주의적 태도를 고수하며 전근대적 세계에 머물러 있다. 그래서 더 이상 교회는 세상과 지적인 대화가 불가능하고, 신학자들이 자신의 궤도 밖 학문 세계에 정당한 회원으로 초대받지 못하며, 공적 영역에서도 주목할 만한 영향을 끼칠 수 없게 되었다. 결국 대다수 교회가 세상을 향해 발언하는 방식은 일방적 독백이나 맹목적인 독설 혹은 시대착오적 동어반복이다. 그리고 이런 언어와 발언이 세상에서 더 이상 기대한 반응을 초래하지 않거나 예상 밖의 비난과 반격을 야기할 때마다 독백과 독설, 동어반복의 농도와 빈도는 지속해 악화될 수밖에 없다. 교회의 반지성주의가 초래한 비극이다.

출구: 대안은 없는가?

합리적 방식으로 세상과 진리를 논하라

기독교는 지난 2000년 동안 시대와 환경의 변화에 탁월하게 적응·변모하며 역사를 형성했다. 그것이 가능했던 것은 기독교와 성경이 전하는 보편적 진리 때문이다. 동시에 팔레스타인에서 소아시아, 서유럽, 발칸반도, 북유럽, 아프리카, 아메리카, 동아시아로 선교 영역이 계속 확장되고, 이슬람, 조로아스터교, 불교, 힌두교, 유교, 무속과 만나면서, 심지어 계몽주의, 사회주의, 파시즘, 과학혁명, 산업혁명을 경험하면서 기독교는 시대적 도전과 요청에 창조적으로 대응하며 지금까지 생명을 이어 올 수 있었다. 보편적 진리로서 자신의 가치를 능동적으로 입증해 온 것이다.

이런 맥락에서 한국 교회는 자신이 처한 상황을 정확하게 판단하고 적절하게 행동해야 한다. 무엇보다 현재 우리의 삶을 구성하고 지배하는 학문과 지성의 가치를 존중하고, 그 속에서 자신의 존재 가치를 입증해야 한다. 물론 한국 교회는 어떤 상황에서도 신비, 초월, 영성, 계시, 믿음 같은 기독교의 고유한 개념과 핵심 교리를 포기할 수 없다. 성경의 권위와 가치를 부정할 수도 없다. 하지만 이런 것들이 과학과 철학, 이성과 경험, 인권과 민주, 자유와 평등, 정치와 경제, 개인과 공동체 등을 외면하거나 부정하는 방식으로 유지·정당화될 수는 없다. 이 땅에서 생육하고 번성하는 것이 창조명령이고, 땅끝까지 복음을 전해 제자를 삼는 것이 지상명령이라면, 그런 명령은 현실에 대한 수도원적 회피나 십자군식 공격이 아니라 진지한 대화, 성실한 연구, 공정한 경쟁을 통해서만 성취될 수 있다. 그러기 위해서는 한국 교회가 이 시대의 언어와 정신, 사유 및 생활 방식을 익혀야 한다. 그리고 세상과 거리낌 없이 대화하고 소통해야 한다. 그것이 우리의 구체적 삶에서 책임 있게 예수님의 성육신적 신앙을 실천하고 바울의 선교적 삶을 적용하는 길이다.

변화된 현실에서 자신의 자리를 인정하라

근본주의는 상황의 변화를 두려워하며 거부한다. 특히 자신이 오랫동안 향유했던 특권적 지위가 흔들릴 때, 자신을 위협하는 세력을 향해 본능적으로 전투적 공격성을 노출하며 자기방어에 총력을 기울인다. 하지만 세상은 변한다. 그래서 세상이다. 교회사는 이렇게 끊임없이 변하는 시공간에서 어떻게 교회가 적응하며 생존했는지에 대한 역사적 기록이다. 기독교는 끊임없이 새로운 지역으로 확장하고 그곳의 낯선 환경에 적합한 교회를 세웠다. 시리아어를 쓰는 지역에서, 그리스어와 라틴어, 후에는 슬라브어 지역으로 이동하며 그 문화와 복음이 결합된 새로운 '기독교들'이 탄생했다. 메소포타미아 문명과 그리스-로마 문명, 중국과 인도 문명을 만났을 때도 신자들은 그 안에서 성경과 교리를 재해석하며 자신만의 조직을 새로 구성하고 예배당을 신축했다. 그리스-로마 철학을 만났을 때, 이슬람과 바이킹, 몽고인이 침입했을 때, 아리스토텔레스, 르네상스, 계몽주의, 자유주의의 거친 파도 앞에서, 심지어 기독교 내의 부패와 타락에 직면했을 때에도 교회는 때로는 개방적·실험적 신학 연구로, 때로는 엄격하고 철저한 영적 수련으로, 때로는 용감하고 진취적인 개혁 운동으로 새로운 대안과 해법을 찾아냈다.

한국 교회의 역사도 마찬가지다. 서세동점(西勢東漸) 시대에 주자학과 무속 대신 기독교를 선택한 사람들이 한국 교회의 첫 세대다. 이후 일제강점기, 해방과 분단, 독재와 민주화 시대를 통과하면서 끊임없이 새로 선택하고 적응하며 지금까지 살아왔다. 비록 근본주의자들이 수구적 태도를 고집했지만 그것도 변화된 환경에서 생존을 위해 불가피했던 나름의 선택과 변화였다. 따라서 근본주의자를 포함한 한국 교회 전체는 급변하는 21세기 한국 사회에서 다시 한번 현실을 정직하게 인지하고 현명한 선택을 해야 한다. 이미 냉전과 이념의 시대가 막을 내렸다. 우익 정부와의 밀월 관계도 끝났다. 폭발적 교세 성장의 시대도 지나갔다. 성경이 모든 문제의 답을 제공하고 교회와 성직자가 사회에서 존경받던 시절도 옛이야기다. 한국 교회는 빠르게 축소되는 교세와 영향력을 솔직하게 인정하고, 변화된 현실에서 긍정적 기능을 수행하기 위해 최선의 방법을 찾아야 한다. 근본주의자들은 극단적으로 싫어하겠지만, '적자생존의 법칙'은 종교와 문화라고 예외일 수 없다. 자연법칙이기 때문이다. 한때 융성했으나 지금은 거의 존재감을 상실한 동학, 대종교, 전도관의 운명을 한국 교회는 반면교사로 삼아야 한다. 변화된 환경에 적절히 적응하지 않으면 멸종을 피할 수 없다.

자기를 부정하고 이웃을 사랑하라

세상은 수많은 이유로 다양하게 분화되어 대립과 갈등을 반복했다. 토머스 홉스(Thomas Hobbes, 1588-1679)의 유명한 표현처럼, 인류 역사는 "만인 대 만인의 투쟁"의 역사다. 인종과 민족의 차이에 따라 정복과 억압이 멈추지 않았으며, 계급과 이념, 지역, 세대, 성 등의 차이로 사회는 늘 분열과 갈등에 휩싸였다. 그뿐 아니라 이런 갈등과 분열을 치유하고 상생과 공존을 실현하기 위해 출현한 종교마저 또 다른 대립과 다툼의 원인 혹은 촉매로 기능했다. 안타까운 아이러니지만 엄연한 사실이다. 특히 다원화된 사회에서 종교는 사회를 구성하는 수많은 이익집단의 하나로 전락해 자신의 이익을 보존하거나 극대화하기 위해 다른 이익집단들과 경쟁하며 사회적 통합 대신 분열과 갈등의 요인으로 작동하고 있다.

기본적으로 한국 사회는 끊임없이 양자 선택의 극단적 환경에 놓여 있었다. 남과 북, 영남과 호남, 강남과 강북, 서울과 지방, 좌파와 우파, 여당과 야당, 부자와 빈자, 사장과 노동자, 진보와 보수. 이런 상황에서 한국 교회, 특히 근본주의자들은 자신에게 주어진 보편적 가치에 주목함으로써 이익과 권리를 추구하는 자리에서 화해와 섬김의 자리로 신속히 이동해야 한다. 더 이상 이런 편향적 선택과 당파적 지지를 반복해선 안 된다. 물론 쉬운 일이 아니다. 그럼에도 한국 교회는 '양자택일'의 장이 아니라 '상호 공존'의 장으로, 현실적 이유로 분열과 대립을 정당화하는 '값싼 종교'가 아니라 초월적 가치 때문에 화해와 상생을 실험하는 '참된 교회'로 성장해야 한다. '다름'을 '틀림'으로 규정하고 타자에 대한 배제와 혐오로 자기정당성을 추구하는 대신 '다름'에도 불구하고 겸손하게 타자를 존중하고 섬김으로써 더불어 사는 하나님 나라를 추구해야 한다. 겸손한 섬김이 제자도의 핵심이며 하나님 나라의 지름길이기 때문이다.

진정한 영성을 추구하라

세속화의 확산은 사회에서 종교의 자리와 가치를 지속해서 축소시켰다. 이런 현실은 종교의 가치를 부정하는 입장, 종교에 대한 맹목적 광신을 부추기는 입장, 혹은 그 사이에서 길을 잃은 정체불명의 다양한 입장을 양산했다. 이런 상황에서 종교의 본질과 기능에 대한 무수한 연구가 학계에서 쏟아졌으나 종교의 입지는 계속 축소되고, 종교로 인한 갈등도 해결의 기미가 보이지 않는다. 한편 종교의 사회적 책임에 과도하게 집착할 경우 개인의 실존적 한계에 대한 종교적 답변이 부실할 수밖에 없다. 동시에 종교가 개인의 실존적 문제를 내세의 보상과 신비 체험만으로 설명할 때, 종교는 구조적·총체적 관점을 상실한 채 무속의 수준을 넘어서지 못한다. 근본주의적 기독교도 이런 한계를 극복하지 못한 채 "표층적 종교"에 머물고 있다.[4]

박형룡은 근본주의가 곧 기독교라고 자신 있게 선언했으나 그것은 사실에 대한 지독한 왜곡이다. 성서무오설을 고수하면서 성서학의 최신 성과들을 부정하고, 기독교의 핵심 가르침을 몇 가지 보수적 교리로 환원하며, 특정한 이념을 맹목적으로 지지하고, 타자들에 대한 배제와 혐오를 신학적으로 정당화하는 근본주의가 어떻게 진정한 기독교일 수 있겠는가! 정말 근본주의자들이 "순전한 기독교"(mere christianity)로 발전하길 원한다면, 맹렬하게 참다운 기독교 영성을 추구해야 한다. 만약 영성을 '하나님의 뜻에 일치한 삶'이라고 정의할 수 있다면, 개신교 영성의 핵심이 현실에서 자기를 부인하고 십자가를 지고 예수를 따르는 제자도라면, 보다 구체적으로, 하나님에 대한 사랑과 이웃에 대한 사랑으로 정리되고, 디트리히 본회퍼(Dietrich Bonhoeffer, 1906-1945)의 표현처럼 "타자를 위한 존재"(being for others)가 되는 것이라면, 근본주의자들은 성경에 대한 존중과 종말적 신앙, 복음 전도와 성도의 돌봄, 신령한 예배와 기도, 그리고 찬양을 통해 하나님과의 영적 결합을 추구하되 반드시 타자와 이웃에 대한 겸손한 섬김과 진정한 봉사를 함께 시도해야 한다. 그렇게 함으로써 맹목적 교조주의와 독선적 자기주장을 넘어 진정한 예배와 섬김에 근거한 기독교 영성이 구현될 수 있을 것이다. 이런 영성을 통해서만 한국 교회가 '미운 오리새끼'에서 '아름다운 백조'로 변화될 것이라고 믿는다.

---

[4] 종교학자 오강남은 종교를 크게 '표층적 종교'와 '심층적 종교'로 구분했다. 표층적 종교는 문자주의와 모든 것을 자기중심으로 생각하는 특징이 있으며, 심층적 종교는 문자를 넘어선 더 깊은 뜻을 추구하고, 지금 나를 넘어선 참나, 큰나, 얼나로 부활하는 것을 이상으로 삼는다. 오강남·성해영, 『종교, 이제는 깨달음이다』(서울: 북성재, 2011), pp. 38-39.

결론

한국 교회에 광범위하고 깊게 뿌리내린 근본주의는 단지 성경에 대한 보수적 입장을 형성했을 뿐만 아니라 한국 사회의 격랑을 통과하면서 일관되게 반공주의, 자유민주주의, 친미주의, 자본주의를 지지하며 자신의 본질을 재구성하고 관심의 영역도 확장했다. 무엇보다 해방 이후 한국 교회의 주류를 형성하고 군사정권과 밀월 관계를 유지하면서 한국 사회에서 무시할 수 없는 지위와 영향력을 확보했다. 하지만 20세기가 저물고 21세기가 시작되면서 한국 사회와 한국 교회의 상황이 극적으로 변하기 시작했다. 소련을 포함한 동구 공산 국가들이 붕괴하면서 냉전이 종식되었고, 한국에선 김대중-노무현 정권이 등장했다. 남북관계는 호전되었지만 한미동맹에 대한 우려의 목소리는 커졌다. 정부가 사학법 개정을 추진하면서 교회와 정부의 관계도 악화되었다. 그리고 교회 세습으로 대표되는 내적 부패와 모순이 세상에 폭로되면서 한국 교회는 교세가 급감하고 내외적 저항과 비난에 시달리게 되었다.

바로 이 지점에서 한국 교회가 우파 정권과의 정치적·정서적 일치감을 공개적으로 표출하며 교인들을 동원해 광장에 집결하기 시작했다. 그 연장선상에서 이명박-박근혜 정부의 탄생에 기여했고, 이후 수구 정권의 극적이고 굴곡진 역사와 운명을 함께했다. 특히 세월호 참사와 최순실 국정농단으로 촛불혁명이 폭발하고 박근혜 정부가 몰락하자 이들을 옹호했던 극우 세력 일반과 한기총을 중심으로 한 보수적 그리스도인들이 함께 백척간두의 위기에 처했다. 결국 자신의 정치적 동맹 세력인 수구 정권이 몰락하고 교회 내부에서 신자들의 비판과 이탈이 급증하면서 근본주의 신학에 근거해 정치적·경제적 보수주의로 진화하던 한국 교회의 보수 세력은 전광훈 현상으로 대표되는 광적·폭력적 정치 세력으로 빠르게 돌변했다. 이것은 한국 교회 내부에 오랫동안 광범위하게 존재했던 근본주의의 수명이 다해 가고 있다는 일종의

'말기적 증상'으로 보인다. 한국 사회뿐만 아니라 한국 교회 내에서도 근본주의는 이제 시효를 다했다. 더 이상 시대적 적합성이나 존재 이유를 입증하기 어렵게 된 것이다.

따라서 한국 교회는 근본주의라는 시대 착오적 유물과 단호히 결별해야 한다. 물론 근본주의와의 결별이 보수주의의 종식을 의미하진 않는다. 보수와 진보는 사회와 역사를 견인하는 마차의 두 바퀴이기 때문이다. 사회와 교회를 바라보는 관점은 자신이 서 있는 사회적 지위와 자신이 지지하는 이념에 따라 진보와 보수로 구분될 수밖에 없다. 시간과 상황의 변화 속에 구성원은 계속 교체되겠지만 이 구조 자체는 변하지 않을 것이다. 그럼에도 한국 사회의 변화와 발전, 그리고 그 안에서 변화된 교회의 사회적 지위와 내부 구성원들의 지적 수준을 고려할 때, 근본주의는 더 이상 한국 교회가 고려할 선택사항이 아니며, 한국 사회를 위해서도 폐기해야 할 '유효기간이 지난 상품'에 불과하다.

더 이상 한국 교회는 '기독교=근본주의'라는 기만적 선전에 속지 말고, 근본주의자들의 시대 착오적 선동에도 흔들리지 말아야 한다. 대신 진정한 기독교, 온전한 교회로 성장·성숙하기 위해 끝까지 최선을 다해야 한다. 비본질적인 도그마와 현실적 욕망의 족쇄를 과감히 떨쳐내고 예수님의 정신과 삶으로 돌아가야 한다. 그것을 우리 안에서 창조적으로 재현하기 위해 최선을 다해 성경을 연구하고 시대의 변화와 발전에 능동적으로 반응하며 겸손한 섬김과 진실한 나눔을 실천해야 한다. 아직 우리에게 반전의 기회는 남아 있다. 더 이상 지체하거나 주저하지 말고 변화된 환경에서 순결하고 지혜롭게 본질을 회복해야 한다. *Ad fontes!*(원천으로 돌아가라!) 시대를 초월한 불변의 진리다.

06
광장의 교회, 당혹스럽고 익숙한

김지방(쿠키미디어 대표)

들어가는 말

교회와 정치의 관계가 달라지고 있다. 교회뿐만 아니라 사회 곳곳에서 극단적인 목소리가 드세지만, 지친 이들도 그만큼 많다. 교회는 보수적이기 때문에 더더욱 폭력적이고 극단적인 주장에 거부감이 크다. 이런 분위기를 교회의 지도자들이 읽지 못하고 극단적인 목소리에 끌려가서는 안 된다. 하루빨리 교회의 자리를 찾아야 한다. 시대의 요청이다. 한국교회탐구센터가 의뢰해 지앤컴리서치가 실시한 보수 개신교인의 정치의식 조사 결과를 살펴보면서 이런 희망 섞인 전망을 해 보았다.

2000년대 이후 한국 교회는 정치의, 정확히는 보수 정당의 호출에 응해 광장으로 나왔다. 교회가 보수 정치 세력의 전위대 또는 행동부대 역할을 맡은 지 20년 가까이 흘렀다. 이제 상황이 바뀌었다. 보수 정당은 교회를 부담스러워한다. 그런데도 정치에 중독돼 버린 일부 교회는 스스로 보수 정치 세력의 한자리를 차지하겠다는 미망에 여전히 사로잡혀 있다. 판돈을 잃은 도박꾼처럼 더욱 극단적인 목소리를 내고 있다. 교회가 이러면 안 된다는 걸 정치권도 사회도 심지어 교회 안의 성도들도 다 알고 있다. 이제 곧 교회와 보수 정치의 관계가 재정립될 것이다. 한밤중에 신랑이 찾아올 때 기름을 미리 준비한 신부만이 불을 밝혀 신랑을 맞이할 수 있다. 한국 교회도 곧 다가올 미래를 준비해야 한다. 그렇지 못하면 잔치 장소의 문은 닫히고 어둠 속에서 울며 이를 갈게 될지도 모른다.

정치 교회의 등장과 퇴장

교회는 (대체로) 보수다. 2000년의 전통과 교리를 고수하려는 경향을 가진다는 점에서 그렇다. 한국 교회는 이 보수 신앙에 보수 이념까지 장착하고 있다.

해방과 6·25전쟁, 그리고 남북 분단을 전후해 사회주의와 갈등을 겪은 한국 교회는 보수 신앙과 보수 이념이 구분되지 않는 멘털리티를 형성해 왔다.

정치권, 특히 보수 정치 세력은 이런 교회의 특성을 입맛에 맞게 활용했다. 김대중(1997년 대선 승리)-노무현(2002년 대선 승리)의 연속 집권으로 위기감을 느낀 보수 정치권은 자신들도 대중을 동원할 필요를 절감했다. 그때까지 보수 정치권은 대중과 직접 만나 함께 호흡해 본 경험이 부족했다. 그들이 찾은 답은 교회였다. 그들은 대중과 접속할 수 있는 창구로서 교회를 주목했다. 교회가 광장에 대중을 모아 자신들을 무대 위로 불러 주기를 요청했고, 교회는 그 호출에 재빠르게 응답했다. 이명박 서울시장 시절 시청 앞 광장에서 자주 열렸던 기도회와 정치 집회가 바로 그런 현상이었다.

그 대가로 대중 동원력을 가진 대형 교회와 정치 스피커를 자처한 극소수가 권력의 맛을 보았다. 이명박 정부의 집권은 그 절정이었다. 이 정권은 고소영(고려대-소망교회-영남) 정권이라는 별명을 얻었다. 지역 및 학벌과 함께 강남 초대형 교회 이름이 정권의 정체성으로 등장했다. 집권하기까지 물심양면 협력한 이들은 청와대에 초청돼 대접을 받고 몇 가지 법 제도에서 자신들의 입장이 관철되는 성취를 맛보았다. 크고 작은 이권을 챙긴 이들도 없지 않을 것이다.

이명박 정부의 탄생을 지켜본 보수 정치인들은 교회를 찾아가 고개를 숙였고, 동성애 문제나 사학법처럼 시민사회의 요구와 교회의 입장이 부딪치는 사안에서는 교회의 손을 들어 주었다.

박근혜 정부가 2016년 탄핵으로 하릴없이 무너지자 보수 정치 세력은 공황에 빠졌다. 마치 수험생이 에너지 드링크를 찾듯 이들은 광장의 함성을 흡입하기 위해 다시 교회를 찾았다. 황교안처럼 교회를 정치적 배경으로 한 이가 보수 정치의 구세주가 될 듯 떠올랐다. 그는 광화문에서 열린 광장 무대로 찾아갔다.

그 무대의 청중은 교회 내 '우파 행동주의', 속칭 태극기 부대라 불리는 이들이었다. 한국교회탐구센터가 이 지면을 통해 논의 대상으로 삼은 이들이 바로 이 그룹이다.

한국 교회가 이들을 보는 시선에는 당혹감과 우려가 섞여 있다. 앞에서 언급했듯 한국 교회는 보수적이다. 그래서 태극기 부대와 동일한 정치적 판단을 하는 이들이 교회 안에 적지 않다. 대부분의 그리스도인에게 태극기 집회에서 나오는 구호는 낯설지 않다. 분명한 사실이다. 그런데도 전광훈의 거친 언행과 광화문광장의 대규모 집회로 이런 정치 성향이 표출 내지 분출된 일은 뜻밖의 사태였다.

사실 전광훈은 한국 교회의 주류가 아니다. 막말로 군중을 선동하는 그의 언변은 교회 안에서 흔히 볼 수 있는 전형적인 부흥사 스타일이긴 하다. 그는 2008년 기독사랑실천당의 대표를 맡으며 정치에 전면으로 나섰지만 그 이전부터 기독교 정당과 관련이 있었다. 1997년 대통령선거에 출마했던 김한식 목사의 바른정치연합 계보를 이은 2004년 총선의 기독민주당 등이 기독사랑실천당의 전신이다. 이 기독교 정당들은 번번이 원내 진출에 실패했고 한국 교회 안에서도 별다른 지지를 얻지 못했다.

한국 교회가 정치에 참여할 때 주류는 보수 정당과 손을 잡는 쪽이었다. 전광훈처럼 독자적인 기독교 정당을 만들어 참여하는 방식은 공감대를 얻지 못했다. 한국 교회의 주류는 노골적인 정치적 행동에 여전히 익숙하지 않았다. 2000년대 초 교회가 광장에 나오면서 교회 안팎에서 큰 논란이 벌어졌다. 한국기독교총연합회(한기총) 해체 운동까지 벌어졌다. 결국 2010년대에 들어와 주요 교단들이 한기총을 탈퇴하거나 활동을 보류하면서 한기총은 유명무실한 지경으로 추락했다. 그렇게 이름만 남은 한기총을 전광훈은 무주공산 등기하듯 접수했다. 그가 한기총 대표회장이라는 직함을 가졌다고 해서 그가 한국 교회의 주류를 대표한다고 여긴 이들은 없었다.

2020년 총선을 앞두고 보수 정당의 대표이자 대선 주자급으로 올라선 황교안과 한기총 대표회장인 전광훈은 광화문 무대에 나란히 손을 잡고 서는 장면을 연출했다. 광화문에는 수십만, 수백만 명이 모였다고 보도됐다. 겉으로는 보수 그리스도인들이 또다시 정치적 행동에 적극 나선 듯 보였지만, 황교안도 전광훈도 착각하고 있었다. 황교안이 교회의 힘을 빌리려 했다면 대형 교회나 대형 교단을 찾아갔어야 했다. 광장에 모인 이들만 보고 전광훈의 손을 덥석 잡은 것은 오판이었다. 전광훈 역시 황교안의 손을 잡고 언론의 주목을 받으며 스스로 도취되었지만 교회 안이나 밖에서 지지를 넓히지는 못했다.

총선 결과를 보면 광화문의 태극기 부대는 대한민국이라는 시민사회에서 고립된 섬과 같았다. 황교안과 전광훈은 광화문에 모인 수십만 명의 인파와 그들이 흔든 태극기, 그들이 부른 찬송가를 믿었지만 결국 몰락했다. 태극기 부대의 확장성은 기대보다 훨씬 작았다. 전광훈의 언행을 제지할 힘이 한국 교회 안에 없었던 것이지 그가 광범위하게 지지를 얻고 있는 것은 아니었다.

2020년 총선 이후 보수 정당과 보수 시민에게 교회의 위상은 그 전과 같지 않다. 황교안은 퇴장했고, 전광훈과 태극기 부대는 코로나바이러스감염증-19의 집단 확산 발원지가 되면서 더 큰 지탄을 받고 있다. 이제 보수 정당에게 극우 기독교는 별 도움은 안 되면서 소리만 지르는 무능한 집단으로 비치고 있다.

카노사의 굴욕 이후 교황권이 오히려 추락했듯이, 황교안과 전광훈이 광화문 무대에서 손을 잡은 장면을 클라이맥스로 보수 정치 내에서 교회의 필요성은 급격히 사라지고 있다고 봐야 한다. 2003년 서울광장 기도회로 화려하게 등단한 정치 교회는 2020년 이후 보수 정치의 무대에서 퇴장당하리라는 점을 이번 조사가 강하게 암시하고 있다.

태극기 부대는 다르다

나는 2019년부터 2020년까지 광화문광장과 청와대 앞에서 벌어진 태극기 집회와 전광훈의 광야교회를 수차례 취재했다. 그곳에서 목격한 몇 가지 현상은 2000년대 초 서울광장의 그것과는 확연히 달랐다.

첫째, 태극기 집회에 참가한 이들 중 비그리스도인이 적지 않았다. 참석자들에게 어디서 왔느냐고 물어보면 교회 이름이 아니라 의정부, 대전, 부산 같은 지역 이름을 얘기했다. 그런데도 헌금 봉투가 돌 때면 기꺼이 지갑을 열어 기부했다. 그들은 정치 집회에 참가한 보수 시민이라는 정체성을 공유하고 있었지 광화문이라는 광야에서 열린 기도회에 온 그리스도인이라는 정체성을 가진 것은 아니었다.

2000년대 초 서울광장에서 열렸던 보수 집회는 그렇지 않았다. 당시의 집회는 기도회라는 이름을 먼저 내세웠고, 기도회가 끝나고 정치 집회가 본격적으로 시작될 때면 참석자들이 무더기로 빠져나갔다. 그때 광장에 나온 이들은 그리스도인이라는 정체성이 분명했다.

한국교회탐구센터의 이번 조사 결과를 보면, 광화문 집회에 참가한 그리스도인들조차도 자신의 신앙 때문이 아니라 정치적 입장 때문에 집회에 나갔다고 말했다. 태극기 집회 참가와 기독교 신앙이 무슨 관계냐는 질문에 '종교와 상관없이 국민의 한 사람으로 참가했다'는 응답이 59.9퍼센트였다. '그리스도인이 해야 할 일이라고 생각하여 참가했다'는 응답은 40.1퍼센트였다. 또 태극기 집회에 참가한 이유를 묻는 질문(복수 응답)에도 '나라가 좌경화되는 것을 막기 위해서'라는 응답이 43.9퍼센트로 가장 많았고, 그밖에 박근혜 탄핵과 정부의 반서민 정책 등 정치적인 이유가 중요했다. 정부가 기독교를 탄압해서 태극기 집회에 왔다는 응답은 4.3퍼센트에 불과했다. 물론 나라가 좌경화된다는 인식 자체가 보수적인 그리스도인들에게는 곧바로 신앙의 위기로 받아들여질 수 있지만, 내가 태극기 집회 현장에서 만난 이들도 신앙 이야기보다는 정치 구호에 더 열광했다.

두 번째 차이는 광장에 나오게 된 경로다. 2000년대 초 서울광장의 집회는 대형 교회라는 조직을 통해 군중을 동원했다. 무대에도 대형 교회 목회자들이 섰다. 한국 교회를 대표한다고 할 수 있을 정도의 무게감이 있었다. 광화문의 태극기 집회는 달랐다. 태극기 집회에 참가를 권유한 사람이 누구냐는 질문에 대해, 교회에서 만난 사람이라고 답한 비율(19.6퍼센트)과 친구나 친지 등 교회 바깥의 인물이라고 답한 비율(20.2퍼센트)이 비슷했고, 스스로 왔다는 응답이 44.1퍼센트로 가장 많았다.

광화문 집회를 취재하면서 만난 이들도 교회보다는 유튜브나 카카오톡 이야기를 더 많이 했다. 유튜브 채널도 전광훈보다 종교색이 전혀 없는 보수 정치 채널을 더 많이 언급했다. 설문 조사에서도 자신이 보수 성향을 가지는 데 영향을 미친 사람을 꼽으라는 질문에 교회 지인이나 목사, 전광훈을 꼽은 이들은 11.1퍼센트뿐이었고, 언론이나 유튜브의 영향이 가장 컸다는 응답이 25.2퍼센트였다.

태극기 집회가 과거의 서울광장 기도회와 다른 이 두 가지 특성은 큰 함의를 가진다. 이제 보수 정치 세력이 교회를 통하지 않고도 직접 대중을 불러 모을 수 있게 되었다. 유튜브와 카카오톡 같은 SNS가 교회를 대체했다. 굳이 기도회라는 이름을 붙일 필요가 없어졌다. 오히려 황교안-전광훈 연합으로 참패한 2020년 총선 결과를 보고 보수 정치 세력은 교회를 앞에 내세우거나 교회와 함께 무대에 오르는 연출이 득보다 실이 더 크다는 점을 알게 됐다. 보수 정당은 자신들의 외연을 넓히기 위해선 교회와 거리를 둬야 한다는 점을 깨달았다. 2000년대 초와 달리 지금 광화문광장에 나오는 보수 교회는 한국 교회의 광범위한 지지를 얻지도 못하고 오히려 지나친 종교색과 권력에 도취된 모습으로 인해 대중에게 반감을 불러일으켰다. 교회와 손잡는 것이 확장력도 신통치 않은 데다 반감까지 불러일으키고, 교회를 통하지 않고도 유튜브와 카카오톡으로 얼마든 대중을 호출할 수 있다는 자신감도 얻었는데 굳이 보수 정당이 전광훈 혹은 극우 교회를 끌어안을 이유가 있을까?

보수 시민들 역시 이제 교회를 통하지 않고도 기꺼이 광장으로 나오고 있다. 박근혜 탄핵을 불러온 촛불 집회를 지켜보며 광장의 힘을 절실히 깨달았다. 흩어져 있던 보수 시민들이 SNS를 통해 서로를 발견했고, 촛불 대신 태극기를 들고 광화문에 모이자는 의기투합을 이루어 냈다.

광화문 집회에서 만난 한 참석자는 경기도 의정부에서 혼자 왔다고 했다. 교회를 다니지 않지만 카카오톡과 뉴스를 통해 광화문 집회가 열린다는 걸 알았다고 했다. 그의 자녀를 포함한 가족은 문재인 정부를 지지하고 촛불 집회에 참가했으며 아버지가 광화문 집회에 가는 걸 적극 반대했다고 말했다. 그런데도 나라가 걱정돼 혼자서라도 나와야겠다고 결심했다고 했다. 문재인 대통령의 퇴진을 원하는 것은 아니지만 나라가 바로 설 때까지 힘이 닿는 한 광화문 집회에도 참석하고 보수 유튜버들도 후원할 생각이라고 했다. 분노로 가득 차 있지도 않았고 자기 말만 떠들어 대지도 않았다. 40대인 나의 이야기에도 귀를 기울이고 나름대로 자신의 경험을 들려주기도 했다. 애국심과 가족 사랑이 깊은, 지극히 평범한 대한민국의 노인이었다. 과거에는 이런 이들이 드러나지 않았다. 상대적으로 진보적인 정권의 국정 운영에 불만이 있어도 표출할 길이 없어 혼자 분을 삭이는 데 그쳤다. 보수 정당이나 보수 정치 세력도 이들에게 닿을 길이 없었다. 그러나 이제는 달라졌다. 자신과 같은 생각을 가진 보수 시민이 적지 않다는 사실을 알게 되었고, 태극기를 들고 광화문에 모인다는 정보도 쉽게 접할 수 있게 되었다. 보수 정당도 광장에서 이들을 맞이했다.

정교 분리와 꼬리 자르기

이번 조사 결과를 보면, 보수 정치의 대부인 양하는 스피커들에게 거부감을 느끼는 이들이 교회 안에도 적지 않다. 스스로 보수라고 답한 그리스도인을 조사 대상으로 국한했는데도 전광훈의 언행을 '적극 지지한다'는 응답은 6.9퍼센트, '일부 언행은 다소 지나치나 그의 주장들은 동의한다'는 응답은 23.7퍼센트였다. 그의 '주장에 대해 동의하지 않는다'(28.5퍼센트)거나 '실망했다'(34.6퍼센트)는 응답이 훨씬 많았다. 태극기 집회를 목사와 교회가 주최하는 것에도 '반대한다'는 의견이 62.3퍼센트로 '찬성한다'는 응답(23.1퍼센트)의 세 배 가까이 됐다. 설문 응답자 570명 중 태극기 집회에 한 차례 이상 참가했다는 응답자는 11.0퍼센트에 그쳤다. 참가하지 않은 사람 중 집회 참가 의향이 있다는 이들은 22.1퍼센트뿐이었다.

보수 그리스도인들도 대다수는 여전히 정치와 종교의 분리가 중요하다고 여긴다고 볼 수 있다. 과거 군사독재 정권 때의 정교분리 논리는 교회를 정치 현실에 눈감도록 했지만, 지금은 교회가 보수 정치의 자장에 끌려가는 상황이나 보수 신앙과 보수 이념을 혼동하는 상황에서 벗어나기 위해 정교분리를 긍정적으로 재평가할 필요가 있다. 이미 보수 그리스도인들은 정치 참여를 하더라도 보수 시민으로서 참여하지 보수 그리스도인으로서 참여하지는 않겠다는 의지가 뚜렷하지 않은가.

걱정스러운 점은 전광훈을 긍정적으로 평가하고 지지한다는 이들이 목회자와 장로들에서 상대적으로 높게 나타난 대목이다. 교회 직분이 목회자이거나 항존직이라고 밝힌 이들 중 전광훈의 언행을 '적극 지지'(9.8퍼센트)하거나 '다소 지나쳐도 주장에 동의'(29.5퍼센트)한다는 응답이 많았다. 같은 질문에 대해 '교회 직분이 없다'는 이들은 각각 5.4퍼센트와 18.7퍼센트만 전광훈의 언행에 적극적 혹은 소극적으로 동의했다. 교회에서 지도적인 위치에 있는 이들이 전광훈류의 극단적인 주장에 계속 동의한다면 교회 전체가 위태로워질 수 있다. 이미 교회 지도자들의 극단적인 정치적 발언 때문에 교회를 떠난 이들이 얼마나 많은가. 교회 밖의 시민들조차 교회를 향해 비난을 쏟아 내고 있다. 하루빨리 그 헛된 믿음을 버려야 한다.

그렇다고 보수 세력 내지 태극기 집회 참가자들을 교회에서 배척해야 한다고 주장하는 것은 절대 아니다. 오히려 보수 정치가 교회를 필요로 하지 않는다고 해서 교회마저 교회 안의 태극기 집회 참가자들과 거리를 두거나 꼬리 자르기를 하려 해서는 안 된다고 생각한다. 물론 전광훈 같은 이들이 한국 교회 안에서 지도적 위치를 차지하도록 내버려 두거나 그렇게 극단적인 목소리를 허용하라는 말도 아니다.

생각나는 예화가 있다. 2017년의 일이다. 부산에서 여중생들이 또래 여학생을 집단 폭행한 사건이 있었다. 잔혹한 장면을 찍은 영상이 SNS로 퍼졌다. 언론은 '구포 여중생 집단 폭행 사건'이라고 부르며 연일 대서특필했다. 신문사 사회부에 전화가 걸려 왔다. 수화기 너머에서 짙은 부산 사투리가 들렸다. 대략 이런 얘기였다.

이 사건을 구포 여중생 집단 폭행 사건이라고 하면 어떡하냐. 사건은 구포에서 벌어졌지만서도 걔들은 낙동강 건너 사하구에 살고, 학교도 거기서 다니던 아이들이라는 사실을 알고는 있는가. 그 아이들이 하필이면 강 건너와서 구포에서 일을 저질렀다. 이걸 구포 사건이라고 부르니 구포 여학생들이 다 못된 것처럼 욕을 먹고 이 동네가 나쁜 동네인 것처럼 얘기하니까 억울하다.

어차피 다 같은 부산인데 사하구냐 구포냐를 명확하게 구분하라는 독자의 호소에 헛웃음이 나왔다. 사실은 기자인 나나 다른 지역의 독자들도 크게 다르지 않다. 서울의 언론들은 서울 바깥에서 큰 사건이 벌어지면 그 도

시의 이름을 붙여 울산 사건이니 광주 사건이니 하는 식으로 이름을 붙이지만, 서울에서 사건이 터지면 무슨 무슨 동 사건이라고 이름 붙여 서울의 나머지 동네와는 무관한 일인 것처럼 구분한다.

그런 구분 짓기 내지 선 긋기는 코로나19 사태의 국면에서 붙이는 호칭에서도 여실히 드러났다. 대구 신천지 사건. 우리는 대구 사람들, 신천지 사람들의 문제라고 선을 그었다. 서울 사람들과 그리스도인은 코로나19를 피해 갈 수 있는 문명인인 듯 굴었다. 대구 신천지 사태 이후 10개월이 지난 지금은 어떤가. 교회에서, 콜 센터에서, 사우나에서 확진자가 나오면 머리기사로 뜨고 '이 시국에 왜 거길 가느냐'며 손가락질한다. 반면 백화점이나 학교, 언론사에서 감염이 벌어지면 입을 다문다. 나도 가고 우리 아이들도 가는 곳이니 선을 긋기 힘들어서가 아닐까?

보수 정치와 기독교의 문제가 뉴스에 등장할 때면, 나는 종종 이런 종류의 선 긋기가 이뤄지고 있는 듯한 의심이 든다. 극우는 교회 안에만 있고, 교회 안에서도 소수의 괴팍한 사람들만 광화문광장에 나가 태극기를 흔든다고 생각하는 선 긋기 말이다.

이번 보수 개신교인의 정치의식 조사에서 다행스럽게도 교회 안에서 극단적인 보수 성향을 표출하는 이들의 수가 많지 않다는 결과가 나왔다. 정재영 교수는 조사에 참여한 보수 그리스도인 중에서도 극우 성향을 보이는 이들은 20-40퍼센트였고, 이를 진보와 중도를 포함한 교회 전체로 보면 10퍼센트 안팎에 그칠 것이라고 추산했다. 교회가 이들의 목소리에 끌려가서도 안 되지만, 그렇다고 이들을 무시하거나 외면해선 안 된다. 태극기 집회에 참가했던 이들 역시 교회의 평범한 성도들이고, 또 그리스도인만이 아니라 일반 시민들도 태극기 집회에 참가한 이유가 무엇인지 교회는 깊이 살펴봐야 한다.

전광훈의 광화문 집회가 연일 뉴스의 머리기사를 장식할 때, 개인적으로 대형 교회 목회자들을 만난 자리에서 물어보았다. 왜 전광훈을 공개적으로 비판하지 않는가. 그가 한기총 대표회장이라는 직함을 가졌지만 한국 교회를 대표하는 것은 아니라고 왜 말하지 않는가. 목회자들은 난처한 표정으로 대답했다. '우리 교회 장로님 권사님 중에도 주일 예배를 마치면 광화문으로 가는 분들이 있다. 그분들이 내 설교를 듣고 있는데 어떻게 직설적으로 말할 수 있느냐.' 목회자에게 용기나 책임감이 부족하다고 탓할 수도 있겠지만, 이것이 한국 교회의 현실이고 한국 사회의 현실이다.

싸우는 시민, 복음을 잊은 교회

태극기 부대로 지칭되는 극우적 그리스도인들을 교회가 포용할 수 있는 길이 있을까? 결론을 대신해 지극히 주관적일 수 있는 이야기를 털어놓고 싶다.

나는 서울광장 기도회나 광화문광장 태극기 집회를 취재하며 이들을 광장에 모이게 만든 힘이 무엇일까 궁금했다. 대한민국은 경제 성장과 민주주의를 함께 성취했다는 자랑스러운 역사를 가졌고, 기성세대는 바로 그 역사의 주인공이다. 그런데 왜 여기 모인 이들은 여전히 대한민국이 망하기 직전이라고 목소리를 높이며 극단적인 이념의 깃발을 쫓아 자발적으로 광장에 나온 것일까?

공평하게 말하자면, 나라가 위기에 빠졌다며 광장에 나오는 이들이 태극기 부대만은 아니다. 정치적으로 정반대 쪽에 있는 이들 역시 촛불을 들고 광화문에 나왔고 검찰청과 법원 앞에서도 함성을 질렀다. 이들도 나라가 위기에 처했고 여전히 민주주의를 성취하기 위한 투쟁이 필요하다고 얘기한다.

우리는 흔히 제2차 세계대전 이후 독립한 신생국가 가운데 대한민국이 가장 성공한 나라라고 내세운다. 독립 직후의 혼란과 군사독재, 가난, 식민의 유산을 모두 극복했다. 원조를 받던 나라에서 원조를 주는 나라로 탈바꿈했다. 쿠데타와 부정선거가 난무하던 정치는 투표를 통한 정권 교체와 대통령 탄핵까지 평화롭게 이루어 내는 성숙한 민주 체제로 발전했다.

나는 광장에서 목격했다. 그 격동의 역사를 온몸으로 받아 낸 이들을. 그들이 역사의 트라우마를 지독한 멀미처럼 토해 내는 장면을. 서울광장 기도회의 한구석에는 해병대 전투복을 입은 예비역 노인들이 있었다. 전쟁과 군사독재를 겪은 세대다. 그들은 빨갱이, 사회주의, 진보라는 말에 극렬하게 반응했다. 한 마을에 사는 사람들끼리도 이념이 다르다는 이유로 죽고 죽였던 6·25전쟁의 악몽을 다시 겪는 듯한 모습이었다. 촛불 집회로 사상 초유의 대통령 탄핵 소추와 평화로운 조기 대선을 치러 낸 이들도 여전히 독재정권과 싸우는 민주화 투쟁을 하는 모습이다. 상대적으로 태극기 부대보다 더 젊은 세대인데도 오히려 시간을 더 거슬러 가 일제강점기의 독립 투쟁을 하는 듯 '토착 왜구 박멸'이니 '노 재팬'이니 하는 구호를 외치고 있다. 강렬한 역사가 남긴 트라우마 때문에 집단적 PTSD(외상후스트레스장애)를 겪고 있다는 생각이 들었다.

21세기 초 지구촌에서 여론의 양극화와 극단적 대립을 경험하고 있는 나라가 한국만은 아니지만, 우리는 목숨 걸고 싸웠던 역사적 경험으로 인해 더욱 격렬한 갈등을 겪고 있다. 한쪽은 6·25전쟁에 참전 중이고, 한쪽은 민주화 투쟁을 하고 있다.

양쪽이 서로를 이해하는 일은 불가능할까? 역사가 남긴 끔찍한 기억에서 벗어나지 못하는 우리를 서로 불쌍하게 여길 수는 없을까? 상대방을 꼭 끌어안고 '전쟁은 끝났다, 독재자는 물러났다' 하고 위로하는 일은 어떻게 가능할까? '더 이상 죽음과 죽임이 두려워 떨지 말라'고, '우리 모두 용서가 필요하고 사랑에 목마른 인간일 뿐'이라고 말해 줄 수 있는 사람은 없을까?

교회가 바로 그 역할을 해야 한다. 예수 그리스도가 십자가에서 돌아가시고 부활하신 이유가 바로 용서와 사랑이기 때문이다. 우리가 우리에게 죄지은 자를 용서해 준 것같이 우리 죄를 용서해 달라고 기도하는 이들이 그리스도인이기 때문이다. '두려워하지 말라'는 음성에 고개를 끄덕이고 '내가 지은 죄가 크다'라고 고백하며 눈물을 흘린 경험을 가진 이들이 모인 곳이 교회가 아닌가. 교회가 전해야 하는 이 복음을 지금 세상이 간절히 원하고 있다.

사람들이 교회를 비난하는 이유는 태극기 부대 때문이 아니다. 교회마저 분노를 부추기거나 정치적 이해를 따라 여기저기 쫓아다니고 있기 때문이다. 역사의 상처를 외면하고, 정치색으로 편을 가르고, 나와 다르다는 이유로 도마뱀이 꼬리 자르듯 사람들을 내쫓기 때문이다. 정치의 호출에 기꺼이 응한 대가로 주어진 작은 권력에 취해 교회가 마땅히 전해야 할 십자가의 복음, 용서와 사랑의 메시지를 어떻게 말해야 하는지 잊어버렸기 때문이다.

복음이 필요한 시대인데 교회는 복음을 잊었다. 한국교회탐구센터의 이번 조사 결과를 살펴보면, 심지어 교회 안에서도 교회가 교회다워지기를, 복음에 목마른 갈증을 채워 주기를 바라고 있다. 광화문에 태극기를 들고 모였던 이들이 교회에 진정으로 바라는 것은 정치 참여도, 정치 외면도 아니다. 역사의 상처를 감싸 주고 용서와 화해의 복음을 전해 주는 교회의 모습이다.

07
복음주의는 반지성주의적 영성을 가졌는가

호프스태터의 『미국의 반지성주의』와 한국 보수-극우 개신교의 공통된 세계관

김현준(사회학 연구자, 서교인문사회연구실 연구원)

들어가며

2021년 집단감염이 발생한 인터콥의 최바울(최한우) 씨는 "코로나19 바이러스가 마이크로소프트 창립자 빌 게이츠(Bill Gates) 등의 음모에 의한 것"이라고 했는데,[1] 이는 미국의 백인우월주의 극우 음모론 단체 퀴아논(QAnon)의 것과 유사한 주장이었다. 역시 올해 집단감염이 발생한 IM선교회의 마이클 조(조재영) 씨는 코로나로부터 "하나님이 과학적으로 지켜 주신다"고 믿었다.[2]

"기독교를 믿는 사람은 다른 나라에도 많지만, 진화론을 정면으로 부정하는 식의 논의가 사회적 책임 있는 지위에 있는 사람들의 입에서 태연하게 나오는 곳은 미국뿐이다."[3]

아니다. 2017년 대한민국의 중소벤처기업부 장관 후보자 박성진 씨는 포항공대 기계공학과 교수지만 창조과학의 '젊은 지구론'(지구 나이 6천 년)을 "신앙적으로 믿는다"고 말했다.[4]

한국은 미국과 유사한 점도 있고 다른 점도 있는 나라다. 종교인의 비율이 약 44퍼센트이고 무종교인은 56퍼센트로서 종교인의 비율이 절반에 못 미친다. 미국과 달리 종교인 비율에서 개신교인은 45퍼센트로, 전체 인구에서는 고작 19.7퍼센트를 차지한다.[5] 그런데도 개신교는 다른 종교에 비해 상대적으

---

1 조현, "코로나 확산지 지목된 '인터콥 선교회'의 최바울은 누구?", 「한겨레」(2021년 1월 13일). http://www.hani.co.kr/arti/society/religious/978581.html#csidx83acb1e71b9da58818b59e87cebbce9.
2 조현, "의학적 상식마저 거부한 맹신…아이엠선교회 집단감염 불렀다", 「한겨레」(2021년 1월 27일). http://www.hani.co.kr/arti/society/religious/980599.html#csidx6e28f695f4b1cb69633f27430269636.
3 모리모토 안리, 『반지성주의: 미국이 낳은 열병의 정체』, 강혜정 역(세종서적, 2016), 전자책 p. 9.
4 최승현, "박성진 '창조과학, 비과학·유사과학이라 생각하지 않아'"(전문), 「뉴스앤조이」(2017년 9월 11일). http://www.newsnjoy.or.kr/news/articleView.html?idxno=213040.
5 2019년 퓨리서치센터 조사에 따르면, 미국의 개신교인은 인구의 43퍼센트, 가톨릭교도 20퍼센트, 무관심자와 불가지론자, 무신론자를 합해 26퍼센트다. https://www.pewforum.org/2019/10/17/in-u-s-decline-of-christianity-continues-at-rapid-pace. 한국 통계는 문화체육관광부, 「2018년 한국의 종교 현황」을 참고했다.

로 많은 정치 권력을 가졌다. 주지하다시피 '정교 야합'의 역사가 이를 잘 증명해 준다. 개신교인(장로) 대통령이 여럿 나왔고, 공적 영역에서 정치인의 신앙고백을 쉽게 들을 수 있으며, 보수 개신교의 반동성애 교리가 정치의 이름으로 공론장에 오를 뿐 아니라 매년 국가조찬기도회까지 열린다. 성탄절은 석가탄신일과 더불어 공휴일이다. 대한민국은 (미국과 마찬가지로) 국교를 인정하지 않는 세속 공화국임에도 불구하고 신정국가처럼 느껴질 때가 있다. 오죽하면 개신교 우파 세력은 인구의 절반 이상이 비종교인이고 개신교가 압도적 다수가 아님에도 불구하고 대한민국이 미국처럼 '기독교 국가'로 건국되었다는 '기독교 입국론'을 주장할까. 이들은 기독교 국가를 만들기 위해 공산주의와 좌파를 성소수자와 페미니즘과 엮으며 선동을 일삼고 있다. 한국 보수 개신교에서 보이는 이러한 반지성주의적 혐오 담론은 사실상 세련된 형태의 반공주의가 아닐까 싶다. 이 글에서 다룰 호프스태터(Richard Hofstadter)의 미국 반지성주의 논의 역시 당대의 반공주의(매카시즘)가 개신교(복음주의)적 기원을 갖는 반지성주의 현상인 것임을 보여 준 것이었다.

현시점에서 우리가 한국 개신교와 반지성주의의 관계를 다시 심각하게 고민하는 이유는 주지하다시피 공공성을 위협하는 극우 성향 개신교 집단의 출현 때문이다. 오늘날 우리는 전 지구적인 반지성주의 현상을 목도하고 있으며, 미국의 '트럼프 현상'(Trumpism)과 극우 포퓰리즘도 미국적인 반지성주의 현상으로 이해되고 있다.[6] 한국 사회에도 공산주의 음모론, 백신 음모론, 코로나바이러스감염증-19에 대한 근거 없는 면역 자신감, 가짜 뉴스와 인포데믹(infodemic) 등 반지성주의적 현상들이 보수 개신교와 관련해 계속 발생하고 있다. 극우주의자들이나 극우 개신교가 반지성적이라는 비난은 쉬운 일이지만 어떤 상황과 조건 아래 그러한 특질들이 교차하며 전개되었는지를 탐구

---

6 수전 제이코비, 『반지성주의 시대: 거짓 문화에 빠진 미국, 건국기에서 트럼프까지』, 박광호 역(오월의봄, 2020).

하는 것은 어려운 일이다. 가령 전광훈 목사, 최바울 선교사, 박성진 교수, 트럼프(Donald Trump) 미국 전 대통령의 공통점을 본다면, 반지성주의는 그 자체로서 이해될 수 있는 것이라기보다는 종교적 믿음, 교리, 감정, 음모론, 극우 포퓰리즘, 심지어 어떤 지성적 특성 등과 같은 여러 요소와 함께 분석되고 논의되어야 함을 짐작할 수 있다. 이 글은 이러한 작업의 시론이다.

당신은 전광훈, 최바울, 트럼프처럼 그리스도인이자 반지성주의자인가? 누구나 반지성주의라는 비난은 피하고 싶을 것이다. 기독 지성들은 신앙과 지성이 충돌하지 않는다고 주장해 왔고, 반지성주의를 비판하며 회복을 역설해 왔다. 하지만 이때의 지성이란 실질적으로 변증신학적인 것이었다. 개신교는 언제나 현대성과 동시대적 상황에 직면하여 위기의식을 심화시켜 왔기 때문에 지성 활동이 변증적 작업에 집중되어 있었다.

신앙과 지성의 관계는 생각보다 복잡하다. 역사 속에서 이 둘은 서로의 경계와 범주를 침투하고 변형시키며 현재에 이르렀다. 신앙의 어떤 특성이나 흐름이 역사적 과정에서 의도치 않게 지성이나 반지성을 만들기도 하고, 반대로 지성이나 반지성이 신앙을 특정한 방향으로 이끌어 가기도 한다. 그래서 우리는 특정한 지성적 기획이 모종의 신앙적 기제를 통해 반지성주의를 낳거나 그것에 포획될 수도 있고, 반대로 반신앙적 탐구가 지성적 과정을 거쳐 신앙을 낳는 역설을 목격하기도 한다.

그렇다면 반지성주의란 무엇이고 이것이 현실의 개신교 신앙과 갖는 관계는 무엇일까? 우리는 흔히 반지성주의를 '무지'와 동일시한다. 하지만 반지성주의는 지성(지식이나 지적 능력 자체)의 유무나 정도라기보다는 신앙의 확신, 성찰 불능, 적대적 표현으로 특징 지을 수 있는[7] 어떤 지적·정서적 반응의 복합체다. 반지성주의를 극우 개신교만의 문제로 보는 편견도 주의해야 한다.

---

7   강준만, "왜 대중은 반지성주의에 매료되는가?: 설득 커뮤니케이션의 관점에서 본 반지성주의",「정보정치연구」22(1)(2019): 27-62.

이 글은 다음과 같은 질문에서 출발한다. 전광훈 목사를 비롯한 여러 극우 선동가들의 담론과 복음주의 지식인들의 학술 담론이 유사한 것은 과연 우연일까? 교회 연합체와 대형 교회 목회자와 신학자부터 평신도/청년 운동가까지 '네오마르크시즘' '좌파 포스트모더니즘' '젠더주의' '성 정치' '문화 전쟁' 운운하는 현상은 무엇을 의미하는 것일까?

미국과 한국 반지성주의의 복음주의적 기원과 그 특징

미국 역사학자 리처드 호프스태터의 『미국의 반지성주의』(Anti-Intellectualism in American Life, 교유서가)는 미국 사회 전반의 독특하고 뿌리 깊은 반지성주의를 미국의 건국 초기 역사와 종교사 속에서 추적하는 역작이다. 여기에서 반지성주의란 개념은 기본적으로 1960년대 '매카시즘'이라는 광풍이 휩쓸고 있는 미국 사회와 대중의 정서를 포착하고 고발하기 위한 것이다. 그에 따르면 미국의 반지성주의는 미국 개신교의 유산이며, 복음주의, 원시주의, 실용주의, 평등주의에 그 뿌리를 두고 있다.[8] 복음주의와 원시주의가 미국인의 의식의 뿌리에 반지성주의를 심어 놓은 데 일조했고, 여기에 기업 사회(사실상 자본주의 또는 상업화)가 이를 유지시켜 주었다는 것이다. 여기에서 원시주의란 인위적으로 계발한 합리성보다는 타고나거나 신이 부여한 것으로 여겨지는 직관에 기초한 지혜를 선호하는 성향을 말한다.[9]

또한 창조과학의 영향력에서 보듯 미국 교육계에서 반지성주의가 막강한 세력이 된 원인 중 하나는 평등주의 때문인데, 이 평등주의는 복음주의에 그

---

[8] 호프스태터로부터 논의를 전개하는 우치다 다쓰루는 일본의 반지성주의가 유사종교(국가신토)-정치 체제인 천황제에 뿌리를 두고 있다고 주장한다. 이런 점에서 종교적인 것이 반지성주의와 역사적 또는 '선택적 친화성'이 있는 것으로 보인다. 우치다 다쓰루 외, 『반지성주의를 말하다』, 김경원 역(이마, 2016).
[9] 리처드 호프스태터, 『미국의 반지성주의』, 유강은 역(교유서가, 2017), pp. 82-84.

토대를 두고 있다. 미국 민주주의는 평등주의적 열정과 공명해 왔다.[10] 평등주의에 대한 믿음은 상호 침해할 수 없는 개인의 자유와 권리에 대한 주인의식(주권)을 넘어 지성에 대한 평등주의와 반엘리트주의로 나타났다. 모두가 평등하기에 특별히 우월한 지성(인)도 없다. 따라서 지식(인)의 특권으로 개인의 자유와 사상에 간섭하거나 교정할 권리는 없다. 이러한 반지성주의는 민주주의의 주요 가치인 의견의 다양성과 관용, 또 '가치의 다원주의'를 비판적이고 전문적인 지성의 활용과 개입을 통해서가 아니라 지식(인)을 무시하거나 왜곡하는 방식을 통해서, 그래서 무지의 평등주의[11]를 정당화함으로써 민주주의의 본질적 측면 또는 구성적 요소인 포퓰리즘에 잠재되어 있는 극우적 성향과 음모론을 강화한다. 이 지성의 왜곡 과정에서 독특한 개신교(복음주의) 정신과 물질적 제도가 영향을 미친다.

종교의 반지성주의는 세속 사회에서도 지성의 역할을 위축시켰다.[12] 예컨대 호프스태터는 진화론 논쟁과 스코프스 재판으로 미국 사회에서 반지성주의가 급격히 고양되었다고 서술했다. 이때 미국 사회에서 영향력이 큰 지도자들이 지식인과 전문가를 적으로 지목했는데, 이것은 단지 선동가들만의 문제가 아니라 대중의 감정을 반영하는 현상이었다는 것이다.[13] 한국의 창조과학도 미국의 경우와 마찬가지로 반지성주의의 좋은 사례다. 창조과학과 지적설계론 역시 복음주의 지성 운동의 일환으로서 기독 지식인들의 '지성적' 또는 '지적' 기획이었지만 역설적이게도 결과적으로는 반지성주의였다.[14]

---

10 반지성주의의 평등주의적 성격의 긍정적 측면에 대해서는 모리모토 안리를 보라. 모리모토 안리, 같은 책. 이 글에서는 논의의 초점을 분명히하기 위해 긍정적 측면에 대해서는 다루지 않았다.
11 이라영은 반지성주의를 "알기를 적극적으로 거부하는 상태"로 정의한다. 이라영, 『타락한 저항: 지배하는 '피해자'들, 우리 안의 반지성주의』(고유서가, 2019). 분명히 그러한 태도가 없는 것은 아니다. 하지만 이하에서 밝히겠지만 이 글에서 나는 지성적 반지성주의 혹은 반지성주의의 지성적 측면이 발생시키는 효과와 문제를 강조한다. 내가 문제 삼는 현상은 적극적으로 알고자 하는데 왜 모르게 되는지에 대한 것이다.
12 호프스태터, 같은 책, p. 89.
13 같은 책, pp. 188-189.
14 지적 능력을 반지성주의적으로 활용하는 창조과학자들 및 교회(목회자)의 방식과 창조과학 확산

호프스태터의 저서에는 극우 정치와 근본주의 개신교가 만나는 한국의 현실을 떠올리게 하는 흥미로운 장면이 서술되어 있다.

> 수적으로 여전히 상당했던 근본주의자들은 이러한 감정에서 뉴딜에 반대하는 광신적 우익에 가담하게 되었다. 십자가의 근본주의에 국기(國旗)의 근본주의가 가세한 것이다. 근본주의는 1930년대 이후로 일관되게 미국 정치에서 극우파의 중요한 구성 요소였는데, 극우파는 대개 강한 근본주의적 사상 경향을 드러냈다. 그리고 정치적 근본주의의 이런 흐름을 대표하는 사람들은 진화론 논쟁에서 나타난 서민적 반지성주의를 견지해 왔다. 양측 지도자들(급진적 우파와 근본주의자들 — 필자 주) 사이에는 어느 정도의 연속성이 보인다. 우익 집단의 지도자들은 대부분 전도자나 전도자 출신, 혹은 엄격한 종교 교육을 받고 자란 목사 아들이었다. 일부는 나중에 우익 선동가나 준파시스트 선동가로 변신하기도 했다.[15]

이러한 묘사는 마치 한국의 '태극기 애국' 세력과 극우 개신교 목사에 대한 것처럼 보인다. 이렇게 극우 정치 세력과 보수 종교인의 밀접한 관계는 한국과 미국의 현실을 이해하는 공통분모가 될 수 있다. 이런 점에서 개신교(복음주의)의 반지성주의는 종교 문제를 넘어 사회 전반의 문제점과 상호작용한다. 당연히 반지성주의 같은 문제점들은 단순히 종교의 탓만은 아니다. 역사적 관계는 단순한 기계적 인과론으로 포착할 수 없이 복잡하다. 사실상 종교와 정치는 상호 강화하고 있다고 볼 수 있을 텐데, 현대 한국의 정치도 개신교 자체의 성향과 기제만큼이나 차별과 혐오 정동을 고양시킴으로써 극우

기제에 대해서는, 김현준, "한국 개신교는 왜/어떻게 창조과학에 빠졌는가?"(과신대 발표문, 2020, https://www.scitheo.org/489)를 참고하라.

15 호프스태터, 같은 책, pp. 190-191.

종교와 반지성주의를 양육하는 데 크게 기여했다. 결과적으로 반지성주의는 종교나 정치 양쪽 모두에서 포퓰리즘에 유용하게(?) 이용할 수 있는 수단인 것이다.

호프스태터에 따르면, 반지성주의란 "정신적 삶과 그것을 대표한다고 여겨지는 사람들에 대한 분노와 의심이며, 또한 그러한 삶의 가치를 언제나 얕보려는 경향이다."[16] 하지만 호프스태터가 말했다시피, 반지성주의는 "단일한 명제 내용이 아니라 관련된 여러 명제가 중첩된 상태"이며, "양면적인 모습으로 나타난다." 따라서 "지성이나 지식인에 대한 순수한 혐오는 보기 드물다." 호프스태터는 반지성주의가 "끊어지지 않고 이어진 한 가닥의 실이 아니라 때에 따라 변하는 다양한 원인에서 힘을 끌어내는 하나의 세력"이라고 주장한다.[17]

이런 관점에서 이 글은 한국 보수 개신교의 반지성주의를 "아무것도 섞이지 않은 순수한 상태"[18]가 아니라, 다른 "많은 접점을 가진 다양한 태도와 관념의 역사적 관계의 복합체"[19]로서 살펴보려 한다. "중요한 것은 특정한 태도와 운동과 이념의 역사적 경향을 파악하는 일이다."[20] 따라서 이 글은 호프스태터의 주장을 논의의 출발점으로 삼기는 하지만, 그의 역사적 주장을 보편법칙으로 삼기보다는 한국과 미국 양자 간의 일차적인 비교[21] 읽기를 통해 상황화하고자 한다. 다시 말해 이 글은 미국 복음주의 및 반지성주의에 대한 호프스태터의 논의와 한국 보수-극우 개신교의 겹쳐 읽기를 시도한다.[22] 당

---

16 같은 책, p. 25.
17 같은 책, pp. 24-25.
18 같은 책, p. 44.
19 같은 책, p. 25.
20 같은 책, p. 46.
21 마크 놀(Mark A. Noll)은 한국과 미국 복음주의의 공통점을 비교하면서 그중 하나로 빌리 그레이엄(Billy Graham) 같은 부흥사와 부흥회를 통한 기독교의 부흥회적 성격 강화를 지적했다. 아울러 복음주의 개신교는 미국 문화에 상황화한 기독교라고 주장했다. 마크 놀, "미국 복음주의 역사를 통해 한국 교회가 얻을 수 있는 교훈들", 『기독교사상』 48(12)(2004): 244-259.
22 한국 개신교와 미국 개신교의 근본주의적 유사성은 주로 한국 개신교의 '미국화'(Americanization)로 표현된다. 한국 개신교에 대한 미국 개신교 우파의 정치적 영향력(친미주의)에 대해서는 강성호, "제6강: 미국은 한국 개신교에게 무엇이었는가", 『한국 현대사와 개신교』(동연, 2020), pp. 196-

연히 모든 구체적 역사와 통찰이 정확히 포개지는 법이 없겠지만, 이러한 시도로부터 종교와 지성의 문제를 보다 섬세하게 이해하고 성찰하기를 기대한다. 서로 일치하거나 일관되지 않는 부분들은 이후의 연구과제로 남을 것이다.

한국 개신교의 폭발적 '부흥'은 경제적·압축적 근대화와 그로 인한 열광주의의 산물이기도 하다. 급격한 산업화 및 도시화 과정에서 나타난 소외와 고통은 위로와 새로운 가치, 주체의 자기 통제감 향상(empowerment)을 통한 해소가 필요했다. 새로운 사회질서 및 경제체제에 부합하는 새로운 정신과 윤리가 필요했던 것이다. 개신교회는 위로와 에너지, 새로운 정신과 감정, 그리고 가치 체계를 제공하며 새로운 자본주의적-개신교적 주체를 생산했다. 이것은 종교적 열광주의가 확산될 수 있는 조건으로 작용했고, 열광주의는 또한 종교 의례를 매개로 해 감정은 물론 정신과 지식, 가치를 운반하는 경로로 작용했다. 종교적 열정과 열광만큼 위로와 힘의 카타르시스를 제공해 주는 것은 많지 않다. 개신교인들은 열정적 예배를 통해 지식을 학습하고 열정적 전도와 선교를 통해 세상에 개입한다. 한국 개신교에는 수많은 교파가 있지만 그 종교성에 있어 사실상 차이보다는 동질성이 더 큰 편이다. 예컨대 정치체제는 장로제가 다수이고 실천적 측면에서는 근본주의적 복음주의의 교리적 에토스와 오순절성령운동(pentecostalism) 또는 은사주의(charismatic)의 파토스를 공유한다. 특히 이 근본주의적 복음주의와 신비주의적 신앙 습속은 열광주의의 실천적 내용을 구성했다.[23]

212를 보라. 김진호는 한국 개신교가 미국 개신교에 철저히 예속된 '친미적 식민주의'라고 주장한다. 김진호, "웰빙-우파와 대형 교회", 「제3시대」 91 (2016): 14-17. 또 김진호는 한국 개신교의 미국주의의 핵심이 타자를 배제하는 "무례함의 제도화"와 "힘 신앙 숭배"라고 주장한다. 김진호, "한국 개신교의 미국주의, 그 식민지적 무의식에 대하여", 「역사비평」 2 (2005): 64-81.

23 대개 반지성주의를 비롯한 한국 보수 개신교의 문제점 일체를 근본주의나 샤머니즘 자체의 탓으로만 돌리는데, 이것은 근본주의뿐만 아니라 개신교와 무속, 나아가 종교성에 대해 피상적으로 이해하기 때문이다. 근본주의는 매우 중요한 요인 중 하나인 것은 분명하지만 이러한 종교성은 열광주의 등 다른 특성들과 복합적인 관계를 맺고 있기에 보다 분석적 구별이 필요하다. 근본주의와 복음주의, 또 근본주의적 복음주의(신복음주의)와 사회참여적 복음주의의 관계, 그리고 이들과 오순절 성령운동과의 관계에 대해서는 복잡한 논의가 필요하다. 이에 관한 논의는 지면 관계상 생략한다.

한국에 파송된 대부분의 선교사가 미국의 대각성 운동과 보수적인 복음(주의) 또는 '복음적 기독교'[24]에 큰 영향을 받았다는 사실은 잘 알려져 있다.[25]

관련 논의로는 배덕만, 『한국 개신교 근본주의』(대장간, 2010)를 보라.

24 류대영, 『미국 종교사』(청년사, 2007).

25 대개 연구자들[강인철(2003), 이만열(1991), 차성환(1991), 김진호(2005) 등]은 초기 미국인 선교사 대부분이 근본주의적 보수주의 신앙/신학을 가졌고 이것이 한국 개신교에 큰 영향을 끼쳤다고 본다. 강인철, 『한국 기독교회와 국가 시민사회: 1945-1960』(한국기독교역사연구소, 2003), p. 90. 한국 개신교의 근본주의 성격 규명은, 배덕만, "한국 교회의 허와 실, 근본주의", 「기독교사상」 (2011): 50-60. 하지만 이 문제는 연구자들 간에 다소 이견이 있어 심층적 토론이 필요해 보인다. 관련된 문제 제기로는 강성호, 같은 책, pp. 196-212를 보라. 반면에 옥성득은 기존 입장들을 반박하며 1880년대부터 1910년대에 활동한 초기 선교사들이 미국 주류 개신교의 온건하고 총체적인 복음주의를 유산으로 전수받은 이들이었으며, 1920년대에 세대주의적 이원론을 통해 전투성을 띠게 되는 근본주의자들과는 다르다고 주장하면서 한국 개신교의 초기 복음화 경로의 다원적 기원과 신학적 다양성을 강조했다. 옥성득, 『한국 기독교 형성사: 한국 종교와 개신교의 만남 1876-1910』(새물결플러스, 2020). 이는 류대영(2001)과 유사한 입장이다.

이런 문제는 '복음적'(evangelical)과 '복음주의'(evangelicalism)의 용법의 혼란과도 관련된다. 이 개념들은 전 지구적 차원의 복잡한 역사적 흐름을 반영한 것이기에, 몇몇 신학자들[데이비드 베빙턴(David W. Bebbington) 등]의 정의에도 불구하고 많은 오해와 불일치가 발생했다. 류대영에 따르면, 대체로 미국에서 'evangelical'은 18-19세기 부흥 운동과 동일시되었다. 류대영은 현대적 의미의 (신)복음주의는 1940년대 현대성(modernism)과 신학적 자유주의의 대결 구도 아래 나타났기에 초기 미국인 선교사들의 신학을 복음주의(evangelicalism)와 구별하여 복음적(evangelical)이라고 이해한다. 류대영, 『초기 미국 선교사 연구』(한국기독교역사연구소, 2001), p. 18. 또한 류대영은 김성건(1991), 강인철(2003)과 마찬가지로 초기 미국인 선교사들의 생활양식이 신앙 양식이 당시 전형적인 미국 중산층의 것이라고 주장한다. 하지만 허명섭은 부흥 운동의 산물로서 학생 자발 운동 같은 초교파적 선교 운동은 비주류적인 것이며 그들의 신앙 양식은 대중적인(grass-rooted) 것이라고 반박한다. 허명섭, "초기 미국 선교사 연구 서평", 「성결교회와 신학」 6(2001): 300를 보라. 류대영이 이해하는 미국의 'evangelical'은 현대주의의 도전 이전의 보수주의로서, 호프스태터가 말한 미국 대각성 부흥 운동의 복음주의에 해당하는데, 나중에 나타난 신복음주의와 구별하는 것이다. 이런 관점에서 류대영은 초기 한국 개신교의 복음적(evangelical) 종교성이 현대성 대결 이전 19세기 광의의 주류 개신교 전통 그 자체를 의미하는 것이라고 주장한다. 류대영, "초기 한국 교회에서 'evangelical'의 의미와 현대적 해석의 문제", 「한국 기독교와 역사」 15 (2000): 117-144. 물론 'evangelical'의 매우 포괄적인 영국 용법에 대해서는 류대영의 입장에 동의한다. 하지만 나는 한국 교회 반지성주의와 열광주의 흐름에서 볼 때, 초기 복음주의(evangelical)와 신복음주의(neo-evangelicalism)가 연속성이 있다고 본다. 심지어 영국 복음주의조차 한국 보수 개신교계에서는 '보수적인' 기독 지성 운동으로 해석/적용되었다. 호프스태터는 근대주의와 대립적으로 형성된 복음주의의 기원을 1870년대 무대에서부터 발견한다(호프스태터, p. 177). 반면 류대영은 (호프스태터는 언급하지 않지만) 초기 복음-(주의)과 신복음주의를 구별한다는 점에서 이러한 입장을 너무 과도한 것으로 보는 듯하다. 즉 양자는 호프스태터의 발견처럼 반지성주의, 원시주의, 열광주의, 체험신앙, 전도와 선교신앙(evangelism)을 공유한다. 특히 신복음주의자들은 현대성 및 세속 지성과의 지속적인 대결을 결국엔 포기하고 컬트적 '근본주의자'들이 되어 버렸던 전투적이고 '복음적'인 부모 세대와 달리, 이것들과의 정면 대결을 통해 학계의 종교 엘리트(변증가)를 양산하는 데 성공하면서도(그들의 근본주의자 부모 세대보다는 대학 진학률을 현격히 높이며) 역설적으로 세련된 반지성주의를 지성 사회, 신학교, 지역 교회에 전파하는 새로운 복음주의자로서 스스로를 정체화했다. 류대영은 이 신복음주의를 "전투적 근본주의의 한계를 극복하고 과거의 '복음적' 개신교 전통을 계승하려는 현대화된 전통주의 운동"이라고 설명한다. 류대영, "초기 한국 교회에서 특히 선교사들의 신앙은 평양 부흥에도 영향력을 미쳤는데, 이를 통해 한국적 기독교가 토착화되고 복음주의 영성이 형성되었으며 한국 교회가 급성장하는 계기가 되었다.[26]

여기에 드와이트 무디(Dwight L. Moody)와 19세기 복음주의 2차 대각성 운동의 영향을 언급하지 않을 수 없다. 한국 교회의 초기 성장은 무디의 부흥 운동의 영향 아래 형성된 '학생자원운동'으로 파송된 선교사들의 영향이 컸다. 호프스태터에 따르면, 무디는 노예제에 대해 [찰스 피니(Charles G. Finney)가 급진적이었던 반면] 일관되게 보수적이었으며, 그의 정치관은 그를 지지하는 친공화당 사업가들과 유사했다. 무디에게 있어 "진정한 과제는 이 세상이라는 침몰해 가는 배에서 최대한 많은 영혼을 구하는 일이었다." 이러한 무디의 복음주의(영혼 구원) 신앙과 비관적 사회관은 자본가들과의 영합이라기보다는 전천년설 신앙이 반영된 결과였다. 하지만 그의 신앙은 의도치 않게 복음주의 정신과 사업가 정신을 결합시킴으로써 이후 부흥 운동가의 일반적 특징이 되어 버렸다.[27]

현재 한국 교회의 대중적 종교 시장에서 성공하고 신학적 주도권을 획득한 복음주의란 빌리 그레이엄으로 대표되는 미국의 근본주의 2세대 신복음주의의 영향을 또한 이어받았다고 할 수 있다.[28] 신복음주의는 반공주의, 한국 사회 발전주의, 성장주의, 자본주의 성공 신화와 공명하며 '엑스플로 74 대회'와 한국대학생선교회(김준곤 목사)의 영향을 시작으로 (후발) 대형 교회의 주류 종교성으로 안착할 수 있었고, 빌리 그레이엄은 로잔세계복음화대회에

'evangelical'의 의미와 현대적 해석의 문제", 「한국 기독교와 역사」 15 (2000): 131. 예컨대 창조과학과 창조과학 2.0이라 할 수 있는 지적설계론은 보다 지적인 신복음주의의 산물이라 할 수 있다. 복음주의의 다양한 정의를 정리/종합한 연구로는 배덕만, "복음주의를 말한다", 「피어선 신학 논단」 1(1)(2012): 69-92를 보라.

26 옥성득, "1907년 평양 대부흥 운동 다시 읽기", 「기독교사상」 725 (2019): 165.
27 호프스태터, 같은 책, pp. 162-163.
28 배덕만은 빌리 그레이엄이 미국 복음주의의 충실한 계승자라고 주장한다. 배덕만, "빌리 그레이엄과 미국 복음주의", 「역사신학논총」 33 (2018): 187-219.

도 참여해 이후 한국 '복음주의협의회' 창립과 '사회참여적 복음주의'에도 영향을 주게 된다.[29] 비교적 초기 한국 개신교부터 신앙적·신학적 주도권을 획득한 '복음주의'는 단지 신학자들이 자신들의 교파 신학 또는 신앙의 정통성을 정당화하기 위한 명칭인 것만은 아니다.[30] 류대영은 다음과 같이 말한다.

> 복음주의라는 용어는 '복음'이라는 말이 그리스도인들에게 발휘하는 강력한 매력 때문에 많은 사람들에 의해 애용되고 있다. 그리스도인들이라면 종파에 관계 없이 누구나 자신의 신앙이 그리스도의 복음과 직결되어 있다고 바라는 경향이 있다. 많은 그리스도인들에게 있어서 스스로를 복음주의자라고 정의하는 것은 자기 확신을 위한 선언적 의미가 있는 것이다.[31]

복음주의는 단순히 명시적이고 명제적인 신학 이론으로 존재하는 것이 아니라, 일상적 신앙생활과 신학(교파) 영역 속에서 '진정한' 기독교, '진정한' 복음, '진정한' 신앙, 선교적 열정, 심지어 '진정한' 지성이라는 가치나 인정을 획득하기 위해 열광적으로 경쟁한다는 점에서 의미를 갖는 실천적·정동적 개념이다. 다시 말해 복음주의란 진정성을 가지고 특정한 종교적 가치에 몰입

---

29 빌리 그레이엄의 신복음주의의 한국 영향력에 대해서는, 김명혁, "복음주의 운동과 한국교회", 「선교와 신학」 5 (2000): 87-142.
30 류대영은 한국 교회와 학자들이 "자기가 속한 교회의 역사적 정통성을 부각시키기 위해서" "한국 교회의 모든 보수적이고 전통주의적 특징들을 '복음주의'라는 용어로 환원시키려" 노력하는 것이라고 설명한다. 류대영은 이런 의미에서 한국 교회에서 혼란스럽게 쓰이는 복음주의의 주관적 용법은 역사적으로 무의미한 '편리한 도구'에 불과하다고 비판한다. 류대영, "초기 한국 교회에서 'evangelical'의 의미와 현대적 해석의 문제", 「한국 기독교와 역사」 15 (2000): 118, 121. 신학자 김경재 역시 신학적 특권 용어라고 비판했다. 김경재, 2002, "한국 신학의 태동과 흐름", 「기독교사상」 2월호(2002): 130. 그럼에도 불구하고 교파와 무관하게 다수의 보수 개신교인들이 '복음주의(자)'를 자처하는 현상은 이 용어가 불러일으키는 (역사적으로나 신학적으로 근거 있는) 상상과 정동이 보수 개신교 내에서 신앙적 주도권을 가지게 되었으며 또한 종교 시장과 목회 현장에서 실제 효용이 있기 때문에 한국 보수 개신교의 어떤 공통적 습속이나 성향을 시사한다. 이하에서 인용하겠지만, 류대영 역시 복음주의 용법을 통해 (그가 의도한 것은 아니었지만) 한국 교회의 공통성인 복음주의적 에토스를 읽어 내고 있다.
31 류대영, "초기 한국 교회에서 'evangelical'의 의미와 현대적 해석의 문제", 「한국 기독교와 역사」 15 (2000): 121.

하고 헌신하는 신자들이나 교파가 자신의 신앙/신학을 정당하고 진정성 있는 것으로 인정받기 위해 '선언'하거나 '표방'하기 위해 동원되는, 하지만 정확하게 명제화하기 어려운 일련의 신앙적 습속, 관행, 성향을 의미하는 것이다.[32] 복음주의의 이러한 특성은 목회자와 신학자들에게는 복음에 대한 헌신과 신앙적 질문(신학)에 대한 비판적·지성적 작업을 회피할 길을 열어 주는 한편, 신학을 공부하지 않은 평신도들에게는 나름 정합적인 유사신학/신앙언어를 제공한다. 즉 복음주의는 신앙적 '방언'으로 구성된 종교 언어 체계이자 일종의 평신도 신학인 셈이다. 여기에서 목회자 및 신학자와 평신도 간에 반지성주의 공모가 발생한다. 복음주의(를 표방하는 신자, 신학자, 신학교, 교회, 선교 단체)는 기독교의 진리와 믿음을 복잡한 신학이나 교리로 설명하는 대신, 손쉽게 즉각적인 체험적 신앙과 복음적 열정, 그리고 복음 전도라는 행동주의적 과업으로 대체했다. 이로써 종교 엘리트는 지성의 의무로부터 해방되는 동시에 평신도들의 동의를 얻어 낼 수 있게 된다. 평신도 입장에서는 나름대로 신성, 소위 '은혜'를 체험하고 교회 구성원의 의무를 실천하는 것만으로도 신학적 지식을 아는 것 이상의 신앙 또는 신학적 권위 못지않은 정당성이나 정통성을 주장할 수 있게 된다. 즉 신자들은 신앙 행위의 복음주의적 용법을 통해 지성과 무관한 신앙을 가질 수 있다. 이렇게 복음 그 자체(체험)와 복음 전도에 헌신하는 것이 지성보다 더 중요하다는 인식이 바로 반지성주의를 내포한 실천적 신앙 습속으로서 복음주의다.

호프스태터는 "복음주의의 충격—사람들의 마음을 움직이고 영혼을 구한다는 새로운 스타일의 종교를 추구하는 움직임—에 의해 장로교와 회중

32　복음주의란 보수 개신교인들의 체화된 종교성의 수행적 양상을 말하는 실천적 용어다. 나는 복음주의를 사회학자 부르디외(Pierre Bourdieu)에 따라, 보수 개신교와 진보 개신교의 경쟁적 장에서 '진정한 복음적' 신앙의 인정투쟁을 체화한 집단적 성향 체계, 실천 감각(practical sense), 아비투스(habitus)로 이해한다. 김현준, "한국 개신교에 대한 사회학적 이해: 피에르 부르디외 사회 이론의 종교사회학적 함의", 서강대 사회학과 석사 학위 논문(2002).

교회의 강한 지적·교육적 전통이 약해져 버렸다."³³고 서술한다. 이와 비슷하게 한국 (보수) 개신교도 복음주의와 오순절성령운동이 확산되어 주류를 형성하면서 교파의 신학적 차별성은 희석되고 애초 근본주의 토대 위에 반지성주의가 강화되었다. 종교사회학자 피터 버거(Peter L. Berger)는 이러한 현상을 표준화(standardization)라고 말했다. 자본주의의 상품화된 다종교 시장 상황에서 수요 창출, 경쟁 압력, 성공 전략의 모방으로 인해 상이한 종교나 교파들의 종교성이 서로 닮아 유사해진다는 것이다. 기독교 역사학자 류대영은 미국에서 "회심의 경험을 강조하는 부흥회적 종파가 종교 소비자를 사로잡"았다고 서술했다.³⁴ 쉽게 말해 한국 개신교에서도 열광주의적 종교성(복음주의와 오순절주의)이 다수의 종교 수요자에게 매력적인 종교 상품이었던 셈이다.

한국의 이런 점은 초창기 미국에서 복음주의 부흥 운동(대각성 운동)과 이 운동의 카리스마적 지도자(예언자)들이 탄생한 역사와 유사한 정황을 보여 준다. 복음주의는 소외 계층에게 호응을 얻음으로써 반지성주의적 예언자들(거리 전도자나 대중 설교가)에게 카리스마적 권위를 선사했다. 대중 선동가라고 말할 수도 있는 이 카리스마적 설교자들은 신과 직접적으로 소통한다는 권위와 열정적 신앙심, 영성(이 자체가 또한 권위의 근거)을 내세웠다.³⁵ 원시주의, 즉 "열광의 주된 추진력은 개인이 직접 하나님과 만난다는 감정이었다." "그들은 무엇보다 하나님과 교섭한다는 내적 확신을 추구했기 때문에 전례 표현이나 종교적 확신을 위해 지적 토대의 필요성을 거의 느끼지 않았다."³⁶ 그리고 "많은 부흥 운동가들이 구원에 필요한 것은 학식이 아니라 성령이라고 설교했다."³⁷

---

33   호프스태터, 같은 책, p. 141.
34   류대영, "세속화 이론과 미국 종교사", 「종교와 문화」 8 (2002): 29.
35   청교도 '영성' 훈련원을 세운 전광훈 목사의 "하나님 까불지 마! 까불면 나한테 죽어!"라는 발언은 오늘날 한국 사회의 극우 선동가로서 카리스마적이고 원시주의적인 성직자의 특성을 잘 드러내는 사례다.
36   호프스태터, 같은 책, p. 91.
37   같은 책, p. 107.

호프스태터가 인용한 찰스 천시(Charles Chauncy) 목사는 이렇게 말했다.

공부도 하지 않은 채!, 이것이야말로 대각성 운동의 핵심 문제 중 하나에 다가선다고 천시는 단언한다. 그의 주장에 따르면 '앞선 시대'의 오류, 즉 '성경 이외의 책은 필요 없다'고 말한 이단들이나 초보 전도자들의 오류가 반복되고 있었던 것이다. '그들은 설교에는 학식이 필요 없다면서, 자기들은 학식으로 설교하는 목사보다도 성령의 힘으로 설교를 더 잘할 수 있다'고 항변했다. 마치 성령과 학식이 대립된다고 보는 듯이.[38]

호프스태터는 열광적인 복음주의 또는 각성 운동의 본질이 무엇이었든 간에 "각성 운동 동안에는 그저 소수의 특징이었던 '인문학'에 대한 불신이 나중에는 프로테스탄트 다수의 전형적 특징이 되었다"고 말한다.[39] 결과적으로 "각성 운동은 보통 사람들에게 받아들여지기 쉬운 종교적 스타일을 만들어 내고, 상류 계급에 의해 (그리고 대체로 상류 계급을 위해) 운영되는 교회를 대신할 만한 것을 보통 사람에게 제시함으로써 미국에서의 민주주의 정신의 고양을 자극했다."[40] 여기서 나는 종교(개신교)가 단순히 감정적인 것이고 이것의 대립항은 지성적이라는 이분법적 도식을 주장하려는 것이 아니다. 호프스태터에 따르면,

정신과 마음, 감정과 지성 사이의 일정한 긴장은 그리스도교 신도가 일상적으로 경험하는 것이기 때문에, 종교적 반지성주의를 특별히 미국에만 국한되는 것으로 본다면 오산일 것이다. 아메리카가 '발견'되기 훨씬 전부터 기독교 사회

---

38   같은 책, pp. 108-109.
39   같은 책, p. 114.
40   같은 책.

는 두 그룹으로 분열되어 있었다. 지성이 종교 안에서 극히 중요한 자리를 차지해야 한다고 믿는 사람들과, 지성을 감정보다 아래에 두거나 감정의 명령에 따라 사실상 무시해 버려야 한다고 믿는 사람들로 말이다. 요컨대 내가 말하고 싶은 것은 아메리카라는 신세계에서 새로운, 더 악랄한 반지성주의가 발견되었다는 것이 아니다. 오히려 미국적 상황에서 전통적인 권위와, 부흥주의 운동이나 열광주의 운동 사이의 균형이 후자 쪽으로 크게 기울어지고 말았다는 것이다. 그 결과 학식 있는 직업적 성직자들이 자리를 잃었고, 그들이 선호하는 이성적인 스타일의 종교도 설 자리를 빼앗겼다.…그리하여 열광주의와 부흥주의 세력이 가장 인상적인 승리를 거두었다. 미국의 반지성주의의 강한 힘과 침투력은 대부분 미국 종교 생활의 몇몇 특이성에서 유래했다. 특히 지식인을 받아들이는 확고한 제도의 결여, 복음주의 교파들의 경쟁적 분파주의가 큰 영향을 끼쳤다.[41]

호프스태터는 또 (신)복음주의 전통에서의 반지성주의 사례로 빌리 그레이엄의 발언을 인용했다.[42]

우리는 (성경 대신에) 이성, 합리주의, 지적 문화, 과학 숭배, 정부의 운영 능력, 프로이트주의, 자연주의, 인문주의, 행동주의, 실증주의, 유물론, 이상주의 등을 도입했습니다. 이른바 지식인들이 한 일이지요. 이 수많은 '지식인'들은 도덕이 상대적인 것이라고 공공연하게 말합니다. 규범이나 절대적인 기준 같은 건 존재하지 않는다고요.[43]

---

41   같은 책, pp. 89-90.
42   배덕만은 빌리 그레이엄이 근본주의의 반지성주의와 자유주의의 세속주의를 동시에 극복하기 위해 신복음주의 지성 운동을 적극적으로 주도하고 지원했다고 설명한다. 배덕만(2018): 206.
43   호프스태터, 같은 책, p. 36.

그레이엄은 또 공산주의에 대해 이런 말도 했다. "악마가 그들의 신입니다. 마르크스가 그들의 예언자입니다. 레닌이 그들의 성자입니다." 또 그레이엄은 사회주의와 공산주의의 차이도 전혀 인정하지 않았다.[44] 이러한 견해와 주장은 한국 교회의 기독 지성 담론 안에서도 쉽게 접할 수 있는 내용이다. 호프스태터는 이렇게 지적했다. "반지성주의는 온건하고 점잖은 형태로 널리 퍼져 있는 반면에 가장 악의적인 형태는 주로 시끄러운 소수 집단에서 발견된다."[45]

기독 지성 운동의 반지성주의

반지성주의는 단순히 무지나 지식을 싫어하는 태도가 아니다. 반지성을 추구하는 적극적 의지나 신조의 산물도 아니다.

> 반지성주의는 사상에 대해 무조건 적의를 품는 사람들이 만들어 낸 게 아니다. 오히려 정반대이다. 제대로 배운 사람의 가장 유력한 적은 어설프게 배운 사람인 것처럼, 으뜸가는 반지성주의자는 대개 사상에 깊이 몰두하는 이들이며, 종종 케케묵거나 배척당한 이런저런 사상에 강박적으로 빠져드는 이들이다. 반지성주의에 빠질 위험이 없는 지식인은 거의 없고, 일편단심으로 지적 열정에 사로잡힌 적 없는 반지식인도 거의 없다.[46]

이런 점에서 개신교 내의 지성 운동도 반지성주의의 함정에 빠질 수 있다. 더 정확히 말하자면 지금까지 '기독교 세계관' 지성 운동은 역설적이게도 반지성주의적 토양을 만들어 왔다. 창조과학은 이 마니교적 반공주의 기독교

---

44 수전 제이코비, 같은 책, pp. 169-170.
45 호프스태터, 같은 책, p. 42.
46 같은 책, p. 44.

세계관의 토양에서 잘 자란 '사이비 과학신학'이며 극우 세력의 '네오마르크시즘'이나 '좌파 포스트모더니즘' 음모론은 보다 대중적인 열매라고 할 수 있다.[47]

지성에 대한 폄하나 적대시는 한국 보수 개신교에 광범위하게 깔린 태도라고 할 수 있지만, 특별한 맥락 속에서 잘 작동한다. "지성은 위험하다. 방치해 두면 지성이 음미하고 분석하고 의문을 던지지 않을 것은 아무것도 없다."[48] 이런 의미에서 지성은 신앙에 치명적이다. 특히 보수 개신교는 이러한 지성의 작용을 너그럽게(?) 허용할 능력을 갖추고 있지 못하다. 왜냐하면 개신교는 세속주의 및 일반 지성과의 대립 속에서 불안을 내면화하고 있기 때문이다. 언제나 신앙은 그 적의 실체를 통해 구체화된다. "반지성의 입장은 완전히 추상적인 가공의 적의에 바탕을 둔다. 지성은 감정과 대립된다. 지성은 따뜻한 감정과는 어쩐지 안 어울린다는 이유로 말이다. 지성은 인격과 대립된다. 지성은 단순한 영리함이라서 교활함이나 악독함으로 간단히 바뀐다고 널리 믿어지기 때문이다."[49] 그래서 보수 개신교인들은 비판적 지성(인)에서 신앙의 위협을 느낀다. 뒤에서 밝히겠지만 소위 '(복음주의) 지성의 스캔들'은 일선 지역 교회나 평신도만의 문제가 아니기 때문이다. 지성의 최전선에 있다고 여겨지는 개신교 지식인들도 반지성주의에서 자유롭지 않다.

그런데 동시에 한국 개신교에는 지적 능력이나 지식인을 숭배하는 듯한 현상도 존재한다. 이를 반지성주의라고 할 수 있을까? 그렇다면 개신교에 반지성주의는 존재하지 않는 것이 아닐까? 대형 교회에서 담임목사를 초빙할 때 신학박사, 심지어 해외 유명 대학 출신을 선호하는 현상은 잘 알려져 있다. 이러한 사례를 보면 개신교와 반지성주의가 무관한 것처럼 보인다. 하지

---

47 창조과학은 "기독교 세계관에 바탕을 두고 이루어져야 한다"(이경직, 2006, "기독교 세계관과 창조과학", 「신앙과 학문」 11: 2, 108). 아울러 창조과학자들의 반진화론 비판에도 '공산주의/유물론/무신론 음모론'이 핵심 논리로 등장한다. 김현준, 2020, "한국 개신교는 왜/어떻게 창조과학에 빠졌는가?", https://www.scitheo.org/489.
48 호프스태터, 같은 책, p. 78.
49 같은 책, pp. 79-80.

만 이것은 한국 사회에 뿌리 깊은 학력주의, 성공지상주의와 결부되어 있는 것이다. 호프스태터도 미국 교육의 주요 목표가 지성의 계발이라기보다는 지적 능력의 선별과 계발에 있다고 지적한 바 있는데,[50] 이 점에서는 한국 사회도 크게 다르지 않다는 데 이견이 없을 것이다. 즉 사회적 성공이나 지위 향상을 보장하는 자본으로서 학력에 대한 관심은 실제 지성을 추구하는 관심이나 지성 그 자체에 대한 가치 부여와는 다른 것이다.

호프스태터는 지성(intellect)을 지적 능력(intelligence)과 구분했다. 후자가 두뇌의 우수함이라면 전자는 "비판적이고 창조적이며 사색적인 측면"이다. "지성은 음미하고 숙고하고 의문시하고 이론화하고 비판하고 상상한다."[51]

또 개신교 내에서 지식인에 대한 숭배는 이 지식인들이 자신들과 동일한 신조를 공유하고 '신실함'을 가졌다는 전제하에 작동한다. 기독교 지식인이자 동시에 성직자인 종교 엘리트[52]는 표면적으로는 반지성주의의 예외적 존재로 보이지만, 개신교에서 종교 엘리트에게 부여하는 권위는 지성 자체라기보다는 학력과 카리스마의 결합에 가깝다. 종교 엘리트의 지적 역할도 종교적 진리를 '의문시'하고 '비판'하는 '지성'이라기보다는 교파의 교리(소위 교단신학)를 수호하기 위한 '지적 능력'을 발휘하는 것으로 생각되는 경우가 많기 때문이다.

개신교의 반지성주의는 특히 일반 세속 지성에 대한 '콤플렉스'의 요소를 가지며, 또 그 형태로 나타난다.[53] 이는 사회적 위신 하락과 문화(또는 지성) 지체에 따른 '인정 욕망'의 왜곡된 형태다. 한기총 같은 교회 연합 기구나 교권

---

50   같은 책, p. 50.
51   같은 책, p. 49.
52   미국의 경우 "전문적인 성직자들", 대개 청교도 목사들은 엘리트 지식인으로서 반지성주의의 공격을 받았다. 이것은 건국 초기 미국의 성직자와 지식인이 크게 분화되지 않은 상황에서 당시 청교도 목사들은 흔치 않은 고학력자 엘리트였고 (신)학자였으며 "미국 사회의 지적인 지배계급"에 가까운, 즉 "지배 권력과 가장 밀접하게 연결되어 있는 지식인 계급"이었기 때문이다. 호프스태터, pp. 81, 94를 보라.
53   우파의 경우 개신교인과 비개신교인 모두에게서 '힙하고 세련된' 좌파 지성과 문화에 대한 '콤플렉스'가 존재한다. 예컨대 '힙스터 좌파'나 '댄디 우파'와 같은 우파의 신조어가 우파가 처한 문화 지체의 현실과 정치적 위기의식을 드러낸다.

세력 내부 또는 대형 교회의 종교 엘리트들 사이에서 지성의 위계는 학력의 위계와 동일시될 뿐만 아니라 신앙심이나 영성의 위계, 그리고 나아가 교권의 위계와 동일시된다. 하지만 이 영역의 바깥에서 성립하는 지성은 단지 세속적이고 비기독교적인 것이 아니라 반신앙적인 것, 심지어 반기독교(적그리스도)적인 것으로 악마화된다. 종종 신학교 교수나 '신실한' 지식인조차 자신이 지식을 획득한 과정과 권위의 근간이 되는 학문의 논리를 부정하고, 지식과 지성적 활동을 기각할 수 있는 비판적 특권을 '순수한 신앙심' ─ 사실상 특정 교리에 대한 맹목적 열정 ─ 에 부여한다.

심지어 기독 지성이나 기독교 세계관 담론에는 세계가 절대선과 절대악이 충돌한다는 마니교적 세계관이 드러난다. "현실 세계의 문제들은 정신의 최종 전쟁이라는 '궁극의 현실'로 변질되고 만다."[54] 전 세계가 전 우주적 대립 속에 갇혀 있다고 인식하고, 적을 '사탄화'한다.[55] 인본주의 대 신본주의 도식이 대표적이다. 이 이원론적 도식은 여전히 복음주의 지식인에서부터 지역 교회 목회자들까지, 그리고 보수-극우 개신교 전반을 지배하고 있는 지적 담론이다. 이것이 보수와 극우 개신교 모두를 아우르는 공통적인 반지성주의적 세계관이다. 이 도식의 원조격이 이른바 "복음주의 우파의 공식 지식인"이라 불리는 프란시스 쉐퍼(Francis A. Schaeffer)라고 할 수 있다. 쉐퍼 사상에서 문제가 되는 핵심은 완전히 상반되는 두 개의 세계관의 충돌이다.[56] 쉐퍼의 이항 대립적 사상은 한국의 복음주의 지성 운동과 보수 교회의 세계관 형성에도 지대한 영향을 끼쳤다.[57] 모리모토 안리는 이러한 이분법이 미국 정신의 전

---

54 호프스태터, 같은 책, p. 195.
55 Mark Juergensmeyer, *The New Cold War?: Religious Nationalism Confronts the Secular State* (Berkeley: University of California Press, 1993).
56 류대영, "한국 기독교 뉴라이트의 이념과 세계관", 「종교문화비평」 15 (2009): 48.
57 류대영(2009): 51. 예컨대 기윤실 문화전략위원회가 엮고 강영안, 신국원 등 대표적인 신칼뱅주의적 복음주의 지성들이 공저자로 참여한 『대중문화, 더 이상 침묵할 수 없다』에서 쉐퍼식의 신본주의 대 휴머니즘이라는 이항대립적 분류 체계가 복음주의 지성의 상식으로 정립되었음을 확인할 수 있다.

제라고 주장한다. "명료하게 선악을 나누는 도덕주의" "생경하고 거만한 사명의식" "실험과 체험을 으뜸으로 하는 행동주의" "성공과 번영의 자화자찬" "20세기 미국의 산물인 개신교 내부의 근본주의, 진화론을 거부하는 창조주의, 종말론에서 말하는 의로운 전쟁을 현실 세계에서 실현하려는 미국의 군사 외교 정책 모두" 이분법적 미국 정신의 "산물이라고 말해도 무방하다"는 것이다.[58]

이러한 사상은 역설적이게도 근본주의는 물론이고 신복음주의(소위 복음주의 우파)와 어느 정도 차별화를 시도한 보다 개혁적인 복음주의(소위 복음주의 좌파) 그룹에서 전개되었다. 존 스토트(John Stott) 신부로 대표되는 영국 성공회(저교회) 복음주의와 로잔언약(1974년)의 기조는 1987년 전후, 1990년대에 한국 개신교에 알려져 영향을 미쳤다. 보다 지적인 기독 지성 운동(기독교 세계관)과 사회참여의 방식(예컨대 기윤실)으로 전개된 이른바 '사회참여 복음주의'[59] 또는 '참여형 복음주의'[60]로 알려진 이 흐름은 복음을 현대 상황에 적용/적응시키려는 노력이었지만 이 과정에서 현대성(세속 학문)과 대결하며 반지성주의적 측면이 새로운 방식으로 나타나게 되었다. 1990-2000년대 기독 지성 운동에는 비교적 다양한 지적 자원이 공존했던 것으로 보인다.[61] 여기에서 모두 거론할 수는 없지만 대표적으로 프란시스 쉐퍼는 반지성주의가 얼마든지 지성의 형식을 띨 수 있음을 증명하는 사례다.[62]

기독 지성 운동은 근본주의의 반지성주의를 비판하며 차별화를 시도했음에도 불구하고 모든 세계를 기독교 대 비기독교 간의 '영적 전쟁'으로 환원하면서 기독교 이외의 세계와 존재를 타자화하는 크리스텐덤(Christendom)의 욕

---

58 모리모토 안리, 같은 책, p. 17.
59 김민아, "사회참여적 복음주의 운동이 한국 시민운동의 형성에 끼친 영향", 서울대 종교학과 석사학위 논문(2013).
60 이강일, "한국 복음주의 개신교 운동 연구", 한국학중앙연구원 박사학위 논문(2015).
61 기독교 세계관 운동에서 신칼뱅주의의 영향력은 압도적이다. 기독교 지성 운동의 진행 과정에 대해서는 다음을 보라. 한국기독교역사학회 편, "제16장 3. 보수 신학의 전개", 『한국 기독교의 역사 III』(한국기독교역사연구소, 2009).
62 이에 관해서는 류대영(2009)을 보라.

망을 드러냈다. 지성을 추구하는 현대 복음주의 운동도 여전히 근본주의의 반지성주의를 은폐하고 있는 것이다.[63] 노골적인 극우 개신교 선동가들과 생태적으로 온건한 복음주의 지식인들은 열광과 혐오의 강도가 겉으로는 달라 보일지언정 모든 학술적 지식을 영적 전쟁의 관점에서 파악하고 재단하는 반지성주의적 태도를 공유하고 있는 것이다. 이렇게 보수 개신교의 광범위한 복음주의적·반지성주의적 저변은 기독 지성의 매개를 거쳐 극우 정치 세력의 탄생과 확산에 영향을 미쳤다.

호프스태터에 따르면, 마니교적 사상을 지닌 이들은 "타협을 수치로 여기고 (누가 사탄과 타협을 하겠는가?) 모호한 것을 절대 참지 못한다." 이들 눈에는 사회주의도 "무신론이 명백한 공산주의의 변종에 지나지 않는다." 멀게는 19세기 초, 가깝게는 1950-1960년대 미국의 정치/종교적 풍경을 그려 낸 호프스태터의 묘사는 오늘날 한국 사회의 현상과 많이 닮았다. 미국 우파들의 '문화 전쟁'(culture war) 담론과 음모론은 한국에서 보수-극우 개신교 운동가와 단체를 통해 재생산되고 있다. 주로 반동성애 혐오 선동에 주력하는 한국의 극우 개신교 세력은 네오마르크시즘 음모론을 출판, SNS, 유튜브를 통해 적극적으로 생산·유포하고 있다. 이들의 주장에 따르면, 교세 감소와 사회적 위상 하락은 '좌파 포스트모더니즘'과 '젠더주의'(퀴어/페미니즘 이론 및 운동)를 추종하는 동성애-공산주의자들 때문이다. 노동, 인권, 성소수자 운동을 비롯한 모든 좌파 사상 및 운동은 교회와 사회를 '세속화'(탈기독교화)하고 '성 혁명'을 해서 세계를 전복시키려는 '네오마르크스주의자' 또는 '공산주의자'들의 기만 전술이나 음모라고 주장한다.[64]

---

63 복음주의 기독 지성 운동 및 기독교 세계관의 마니교적이고 반지성주의적인 경향에 대한 보다 상세한 분석과 비판은 나의 글을 참고하라. 김현준, "복음주의(지성)는 근본주의의 인큐베이터?: 보수 개신교 지식 담론의 생산과 문화 구조", 『당신들의 신국』(동연, 2017), pp. 191-229.
64 이에 관한 상세한 내용은 나의 글을 참고하라. 김현준, "개신교 우익 청년 대중 운동의 형성: 우익 정치에서 개신교의 효용과 문화 구조", 「문화/과학」 91호(2017).

복음주의 지성 운동, 기독교 세계관 운동의 종착지는 또 어떠한가. 기독교 세계관학술동역회의 학술지 「신앙과 학문」에는 동성애 혐오 논문이 실리고, (최근 분리되었다고는 하지만) 「월드뷰」에는 극우 선동가들의 공산주의 음모론이 실린다. 이렇게 생산된 지식은 혐오의 대상을 구성하고 사회와 정치 영역에서 혐오 감정을 정당화하는 이론적 근거가 된다.

반지성주의는 지성을 추구하는 과정에서 좌절함으로써 나타나기도 한다. 교회나 신학교에서 배운 지식으로는 개신교 외부의 어떤 지식 정보와 현실을 해석하고 이해하기 어려울 수 있다. 나름의 노력에도 불구하고 세속 지성에 거부감을 많이 느끼는 보수적 신앙을 가질수록 피해의식과 좌절감을 느끼기 쉬우며, 나아가 외부의 비판을 모욕으로 받아들이기 쉽게 된다. 이때 교회에서 세속 지성은 교만이나 '세상' 유행 따위로 폄하되는 반면, 반지성적 태도는 겸손한 신앙으로 인정받는다. 반지성주의는 신실한 믿음, 신앙적 가치, 영성의 형태로 재생산·강화되는 것이다. 즉 보수적 개신교 신앙에서 반지성주의는 태도와 영성을 중시하는 태도와 결합하며 사회적 일탈과 공격성을 키울 정서적 기제를 가진 셈이다. 열광적 신앙은 열광적 혐오가 되고 말았다. 이것이 바로 반지성주의와 열광주의, 음모론, 공포와 혐오의 정동 등이 결합한 극우 개신교의 탄생 이야기다.

반지성주의는 지성의 비판 능력과 자격을 존중하기보다는 오로지 지성을 비판할 자격을 신앙(적 열정)에 부여한다. 지성의 기능은 평가절하되고 신앙의 기능만이 상찬된다. 교회나 선교 단체에서 기독 지성 훈련 프로그램은 비판적 '지성'을 훈련하는 것이라기보다는 '기독' 신앙의 고취와 신앙 공동체의 통합에 기능하는 종교 의례로서 의미를 가질 뿐이다. 신자들은 공부 모임이나 학술 강연에서 성찰적 개인이 되기보다는 반지성적 공통 감각을 상호 확인하고 '집합 열광'을 경험하며 '은혜를 받는다.'[65] 기독 지성 훈련에서 항상 강조되는 것은 지성 자체를 목적으로 추구해서는 안 된다는 경고다. 바울의 말처럼 '세상 지식'은 기본적으로 '초등 학문' '배설물'이다. '인간적 지식이나 이성의 사용을 항상 주의해야 한다.' 이 과정에서 신자들이 몸으로 배우는 것은 지성 담론을 둘러싼, 지성을 폄훼하는 '경건한' 영성이다. 따라서 지성 훈련은 오히려 지성을 성실하게 밀어붙일 수 있는 태도나 사람이 체계적으로 걸러지는 과정이 된다(질문이 많으면 교회를 떠날 수밖에 없다). 그리고 잠재적으로 신앙을 훼손할지 모르는 지성에 대한 '면역력'(또는 배타성)을 키우는 셈이 된다. 즉 이러한 분위기 속에서 지식의 커리큘럼과 프로그램은 특정 종교성을 재생산하는 '기능적 매개물'일 뿐이다.

결국 기독 지성인들에게 어떤 '신실한 신앙'이란 지성적(비판적·성찰적)이어야 할 결정적 순간에 신앙의 이름으로 지성을 기각할 수 있는 의지와 결단을 의미한다. 신자들 역시 이러한 체화된 판단 기준 내에서 지식에 신성함을 부여하고, 지식인에게 종교적 지도자로서 신뢰를 보내게 된다. 지성의 의미, 가치, 효용을 무시하는 태도는 그것으로 끝나는 것이 아니라, 대신에 지성의 대립항으로서 특수한 신앙(사실상 교리와 의례적 관습)의 무한한 효용을 신앙하는 것이다. 지성에 오염되지 않는 순수한 신앙이라는 신화적 환상의 주위를 배회하면서 믿음에 대한 비판적 성찰보다는 믿음에 대한 믿음만이 긍정된다. 즉 개신교에서 반지성주의는 개신교 체제를 유지시키는 한에서 지적 능력을 사용하고 신앙에 전능함을 부여하는 신앙적 기능주의인 셈이다. 지성 운동의 반지성주의는 이렇게 역설적인 방식으로 생산된다.

이러한 종교 지식인들의 태도가 문제가 되는 까닭은 신앙과 열정의 언어에 특권을 부여하면서도 자기 발화 권력의 기반인 '세속적' 학문 권력은 포기하지 않고 이용하는 수행 모순에 빠져 있다는 데 있다. 그리고 이렇게 "지식인

---

65 교회 내 과학 교육이나 창조과학자들의 강연 역시 지식 자체의 전달보다는 종교적 집합 흥분을 통해 보수 신앙의 유대를 강화시키는 '의례'로서 그 기능이 예배와 본질적으로 다르지 않다. 김현준 (2020).

이 모종의 제한된 선입견이나 완전히 외적인 목적에만 봉사하게 되면, 광신이 지성을 삼켜 버린다. 정신적 삶에서 지식에 자립적으로 헌신하지 않는 것 이상으로 위험한 것은 특수하고 제한된 지식에 지나치게 몰입하는 일이다. 그 영향을 신학만큼 정치에서도 관찰할 수 있다."[66]

반지성주의 종교와 우익 포퓰리즘의 정치적 조건

한편으로 전 세계적 차원에서 극우주의 또는 우익 포퓰리즘의 발흥은 대의 민주주의 정체와 자유시장 경제체제의 필연적 부산물로 여겨지고 있다. 달리 말해 포퓰리즘은 대의 민주주의 그 자체를 조건으로 한다고 할 수 있다.[67] 현대 의회 민주주의는 대표성의 문제, 즉 민의를 정확하게 반영하지 못하는 구조적 한계로 인해 특정 집단의 목소리를 체계적으로 무시하거나 왜곡할 수 있다. 특히 오늘날 자본주의 시장경제 시스템과 자유지상주의가 체계적으로 결합된 소위 '신자유주의'와 '자유민주주의'에서 역설적이게도 체계적으로 배제되고 소외된 집단이 극우 선동가를 통해 극우 의제에 접속할 가능성이 커졌다. 소외된 집단은 다양성을 상실하고 양극화된 정치 시장(또는 이데올로기 언어 시장)에서 과잉 공급된 정치 상품으로서 극우 의제의 극단적이고 자극적인 특성에 더 주목하게 된다. 극우 의제와 집단의 빈번한 노출은 미디어를 통해 과잉 대표되기 쉽다. 이로써 사람들은 극우 의제가 자신을 대변한다고 믿게 된다. 이에 따라 극우 선동가는 대의제 민주주의 바깥에서 대리의 권력을 획득한다. 극우 선동가(포퓰리스트)는 이 집단에게 고통과 소외의 원인에 대한 논리적 설명을 제공해 주고 정체성을 호명해 준다. 극우 의제는 세상의 부조

---

66 호프스태터, 같은 책, pp. 56-57.
67 Nadia Urbinati, *Me the People: How Populism Transforms Democracy* (Harvard University Press, 2019)을 참고하라.

리를 설명하는 일종의 신정론이자 동시에 구원과 해방의 서사인 셈이다. 이 것을 누구보다 잘하는 사람들이 바로 종교인일 것이다. 미국의 종교 시장에 서 근본주의가 '합리적' 종교를 이기고 대다수 미국인의 마음을 사로잡은 이 유를 생각해 보는 것은 우리 한국 사회와 정치에서도 시사점을 줄 수 있다.

> 일상의 환경이 고될수록 근본주의적 복음주의의 핵심을 이루는 분투, 죄, 회 개, 용서, 구원이라는 단순하고 보편적인 정서적 주제가 더 강력한 힘을 발휘 한다는 것이다. 정서적 위안의 필요는 근본주의가 변경 정착민들뿐 아니라 남 부의 흑인 노예들에게도 발휘한 호소력을 잘 설명해 준다.[68]

결과적으로 우익 포퓰리스트는 반지성주의를 수단으로 특정한 집단에게 위로와 구원을 선사하고, 대신 이 집단으로부터 대중적 지지(권력)를 구매하 는 것이다. 반대로 소비자 입장에서 종교인들은 지도자에게 권력을 위임하는 대신 열정적 신앙과 삶의 에너지를 구매한다. 여기에서 반지성주의는 종교 상 품과 정치 권력 거래의 '코인'으로 작용한다. 종교인이든 정치인이든 지성은 수단이나 자본에 불과하고, 반지성주의는 지성을 언제든 폐기할 수 있는 좋 은 논리가 된다. 이런 의미에서 극우주의자들에게 반지성주의는 단순히 지성 (인)을 부정하고 멸시한다기보다는 대중적 지지와 권력을 획득하기 위한 수단 으로 이용된다.

나가며

평등주의적 열망과 반지성주의를 극우 포퓰리즘으로 이끄는 데에는 극우 선

---

[68] 수전 제이코비, 같은 책, p. 98.

동가의 역할이 매우 중요하게 작용한다. 그런데 카리스마적 리더십과 열광주의적 신앙을 선호하는 개신교는 더더욱 반지성주의와 극우주의로 빠지기 쉽다. 특히 개교회주의와 담임 목사의 자율성이 극대화된 체제를 가진 개신교는 더욱 그러하다. 아울러 지역 교회는 사회적 관계망의 거점이자 일종의 평생교육 기관의 기능을 수행한다. 문제는 교회에 열심히 다니는 신자들에게는 교회가 이러한 사회적 자본과 문화자본(지식 정보)을 거의 독점적으로 공급하고 인증해 주는 유일한 기관일 가능성이 높다는 점이다. 신자 대중이 비판적 지식을 직접 접하고 지성을 단지 신앙의 수단이 아니라 그 자체로 연습할 기회가 많지 않은 것이다.

그 결과 한국 공교육 및 사회 교육의 문제점과 결합해 반지성주의는 강화된다. 사회적 경험(구조의 힘)을 주체적으로 해석하는 틀을 갖추지 못한 채 — 보수적 이념을 자연화한 채 — 체감되는 사회적 힘들은 개인적 고통을 더욱 심화시킨다(이유를 설명할 수 없고 언어화할 수 없는 고통은 더욱 고통스러울 수 있다). 이 고통의 원인, 가해자는 누구인가. 사람들의 의문은 정당하지만 그에 대한 답은 반지성주의적 신앙/지식 체계에서 제공해 준다. 이때 종북좌파, 마르크스주의, 포스트모더니즘, 동성애, 무슬림 등은 자기 고통의 이유를 설명하고 그 책임을 전가하기에 더없이 좋은 익명적 타자들이다.

은총과 구원이란 본래 거래될 수 없고 그래서도 안 되는 것이겠지만, 교회와 종교 지도자는 구원과 감동을 대가로 이것과 필연적으로 연동된 다양한 수단들(구원재 또는 종교 자본[69])을 거의 독점적으로 제공하며, 그럼으로써 신자

---

[69] 일반적인 개신교 교리(구원론)상 구원은 오로지 하나님만이 (예수의 대속을 통해서) 줄 수 있는 무조건적 은혜임에도 불구하고, 현실의 교회에서 구원의 은혜를 누리고 하나님을 섬기며 신앙을 유지하는 데에는 다양하고 체계적인 의례와 실천들이 복잡한 인간관계망 속에서 요구되고 또 의무화된다. 이런 점에서 베버(Max Weber)는 종교적 구원이 그 수단들과 함께 거래될 수 있는 구원재라고 말했다. 즉 구원재는 종교적 구원에 필요하고 동원되는 모든 거래 수단을 포함한다.
야네꼬네(Laurence R. Iannaccone)에 따르면, 종교자본(religious capital)은 종교적 지식, 교회 의례와 교리에 정통함, 동료 예배자들과의 친교 맺기를 포함하는 종교에 대한 특수한 기술과 경험의 총체다. 관련된 논의는 다음을 참고하라. Iannaccone, 1990, "Religious Practice: A HumanCapital

들과의 거래에서 유리한 고지를 점한다. 이에 따라 신자들은 구원재를 반지성주의와 같은 비싼 대가를 치르고 구매할 수밖에 없게 된다. '신앙의 교사'와 '장로'들은 교회에서 예배와 설교, 또 각종 교육 훈련 프로그램을 통해 '순수한' 복음이나 영혼 구원, 또는 교리만 전달하는 것이 아니라, 반지성적 태도나 가짜 뉴스가 구원에 필수적이라는 믿음을 때론 명시적으로 때론 암묵적으로 함께 전달한다.

이런 점에서 교회 구조와 지식 생산 체제가 생산하는 메시지에 (기독교적인 여부를 떠나) 공적 가치를 포함할 필요성이 새삼 강조된다. 아울러 지성의 훈련과 그 가치는 언제나 장려되어야 할 것이며, 지역 교회와 기독 지성은 언제든 반지성주의와 극우적 포퓰리즘의 토양이 될 수 있음을 경계해야 할 것이다.

Approach", *Journal for the Scientific Study of Religion* 29: 297-314.

부록

1. 보수 개신교인 집단 면접 조사 질문지
2. 설문 조사 문항

1. 보수 개신교인 집단 면접 조사 질문지

I. 서론 및 박탈감

☞ 현실에 대한 불만, 과거 시절에 대한 회귀 심리가 보수 개신교인 정치의식 형성의 배경으로 작용하는 것에 대한 검증.

1. 〔관심사〕 요즘 관심사는 무엇입니까?

2. 〔행복감-1〕 귀하께서는 생활이 즐거우세요? 왜 그렇게 느끼세요?

3. 〔행복감-2〕 가장 화나는 일은 무엇인가요?

4. 〔박탈감〕 예전 젊으셨을 때가 그립지 않으세요? 언제 예전이 그리워지나요?

II. 박정희 시절에 대한 향수

☞ 보수 개신교인 및 극우파에게는 박정희와 박정희 시대가 모태가 되었다는 점에 대한 검증.

5. 〔이상적 시절〕 해방 이후 우리나라가 가장 좋았던 시절은 언제라고 생각하세요?

6. 〔박정희에 대한 태도〕 존경하는 대통령은 누구인가요?

7. 〔박정희 존경〕 왜 그분을 존경하세요?

8. 〔박정희 재현〕 앞으로도 대통령은 박정희 대통령과 같은 분이 필요합니까?

9. 〔박근혜 동정심〕 박근혜 대통령 탄핵에 대해 어떻게 생각하세요?

III. 정치 사회적 관심

☞ 정치적 관심도가 현실에 대한 불만, 과거에 대한 보상이 보수 개신교인 및 극우파 형성의 배경으로 작용하는 것에 대한 검증.

10. 〔정치적 관심 1〕 귀하께서는 지난 4월 21대 국회의원 선거에 투표하셨습니까? 국회의원 선거, 대통령선거, 지방선거에 몇 번이나 투표하셨습니까?
    ☞ 정치적 관심 수준 파악
    - 21대 총선 : 2020년 4월, 20대 총선 : 2016년 4월, 19대 총선 : 2012년 4월.
    - 19대 대선 : 2017년 5월, 18대 대선 : 2012년 12월, 17대 대선 : 2007년 12월.
    - 지방선거 : 2018년 6월, 2014년 6월, 2010년 6월, 2006년 6월.

11. 〔관심 이슈〕 요즘 우리 사회의 움직임에 대해 어떻게 생각하십니까? 우리 사회가 올바른 방향으로 가고 있다고 생각하십니까? 잘못된 방향으로 가고 있다면 어떤 것이 있습니까?
    동성애, 공산화 등.

12. 〔이슈 원인/책임〕 ***의 잘못된 방향으로 가는 원인은 무엇이라고 보십니까? 누구의 책임이라고 보십니까?

13. 〔해결책〕 이 문제를 해결하려면 어떻게 해야 한다고 생각하세요?

IV. 정치 사회적 이념 형성 과정

☞ 보수 및 극우파 이념의 형성 과정(특히 개신교인과 교회의 영향) 파악.

14. 〔보수 및 극우적 관심 정보/뉴스 입수 경로〕 귀하께서는 그런 정치 사회적 이슈에 대한 정보나 뉴스를 어디서 얻습니까?

TV, 신문, 유튜브, 카톡, 지인 등.
- TV : 방송사명? 무슨 프로?
- 신문 : 신문명?
- 인터넷 언론/포털 : 이름
- 유튜브 : 몇 개 채널? 채널명, 왜 그 채널인지?
- 카톡 : 누가? 관계?
- 지인 : 관계?

15. (정치 정보/뉴스 확산 정도와 경로) 귀하께서는 정치 사회적 문제에 대해서 주위 사람들과 정보나 의견을 주고받으십니까? 얼마나 자주 주고받으십니까? 어떤 수단으로 정보/뉴스를 주고받으십니까?
카톡/유튜브를 중심으로 질문.

16. (정치 정보/뉴스 확산 정도) 본인이 그런 정보/뉴스를 받으시면 그냥 본인만 아십니까, 아니면 주위 사람들에게도 알려 줍니까?

17. (가짜 뉴스에 대한 생각)(경로별로) 그렇게 입수하신 정보/뉴스 가운데 가짜 뉴스가 있을 것이라는 생각은 안 해 보셨습니까?
(의심 안 해 봤다면) 그렇게 확신하신 계기나 이유가 있을까요?
(의심해 봤다면) 의심이 드셨는데 가짜 뉴스인지 아닌지 확인은 해 보셨나요? 어떻게 확인하셨나요?

18. (정치 정보 소통 영향) 그렇게 정치 사회 정보/뉴스를 주고받다 보면 귀하의 생각이 영향을 받습니까?

V. 태극기 집회

☞ 보수 개신교인 및 극우파가 가장 관심을 갖는 정치 사회적 문제 파악.
☞ 동성애라는 종교적 이슈가 정치적 이슈와 연계되는 것에 대한 파악.

19. (태극기 집회 참가) 태극기 집회는 몇 번이나 나가셨습니까?

20. (태극기 집회 공감 주장) 태극기 집회에서 가장 공감하는 주장은 무엇입니까?
동성애, 공산화 등.

21. 〔태극기 집회의 주장에 대한 문재인 정부의 정책〕 태극기 집회의 그 주장에 문재인 정부는 어떤 정책을 갖고 있다고 생각하세요?

22. 〔동성애의 정치 이슈화〕 동성애 문제는 신앙의 문제인데 왜 그 문제로 태극기 집회에 참가하셨습니까?

23. 〔태극기 집회 참가 동기/계기〕 태극기 집회 주장에 공감하고 찬성하는 데 그치지 않고 집회에 참가하신 것은 무슨 이유입니까? 계기가 있었습니까?
    교회 내에서의 참가 계기 확인.

24. 〔태극기 집회 참가 권유자〕 태극기 집회 참가를 권유하신 분이 있습니까? 누구입니까?
    교회 내에서의 참가 권유 파악.

25. 〔태극기 집회 참가 결심 과정 변화〕 태극기 집회 참가를 권유받았을 때 어떤 생각/감정이었습니까? 혹시 망설임은 없었나요? 어떻게 망설임을 이기셨나요?

26. 〔태극기 집회 참가에 대한 주위 반응〕 주위 친구/가족에게 태극기 집회에 참가한다고 이야기했습니까? 누구에게 이야기했습니까? 그분의 반응은 어땠습니까? 말리지는 않았나요?
    교회 내에서의 영향자, 권유자 파악.

27. 〔태극기 집회 동반자〕 태극기 집회에 처음 나가셨을 때 혼자 나가셨습니까? 누구와 함께 나가셨습니까?
    교회 내의 동반자.

28. 〔태극기 집회 공감〕 혹시 귀하께서 권유해서 태극기 집회에 나간 분은 없었나요? 누구인가요? 교회에서 다른 교인에게 권유하신 분은 없나요?
    교회 내에서의 동조자 파악.

29. 〔태극기 집회와 기독교〕 태극기 집회는 전광훈 목사와 기독교에서 주도했습니다. 이런 사회 문제를 기독교에서 주도하는 것에 대해 어떻게 생각하세요?

VI. 교회 내의 정치적 활동

☞ 보수 개신교인 및 극우파의 교회 내 이념 갈등

30. 〔신앙과 문재인 정부에 대한 평가〕 문재인 정부를 하나님 뜻에 비추어 보았을 때 어떻게 평가하시겠습니까? 가장 큰 문제는 무엇이라고 보십니까?

31. 〔정치적 기도〕 교회에서 예배 기도 가운데 현 정부에 대한 비판적 기도를 하는 경우가 있나요? 어느 정도인가요?

32. 〔정치적 이야기〕 교회의 모임에서 현 정부에 대한 비판적 이야기를 나누는 경우가 있나요? 어떤 모임인가요? 그런 이야기를 비교적 자유롭게 이야기하는 분위기인가요?

33. 〔태극기 집회에 대한 교회 내의 분위기〕 교회에서 태극기 집회를 지지하거나 참가를 권유하는 이야기를 여러 사람이 있는 데서 해도 괜찮은 분위기인가요, 아니면 친한 사람이나 같은 생각을 가진 사람들 사이에서만 이야기하는 분위기인가요?

34. 〔정치적 반대파〕 교회에서 귀하의 생각과 다른 정치적 발언을 하는 사람들은 없나요?

35. 〔정치적 갈등〕 그런 사람들과 갈등은 없나요? 어떤 문제로 갈등이 있었습니까?

36. 〔정치적 이념 표현〕 교회에서 자신의 정치적 이념을 드러내는 것에 대해 어떻게 생각하세요?

VII. 기타

37. 추가 질문 및 종료.

2. 설문 조사 문항

정치의식에 관한 설문조사

> 안녕하십니까? 사회 여론조사 전문 회사인 지앤컴리서치는 〈한국인의 정치의식에 관한 설문조사〉를 실시합니다. 본 설문 조사는 오늘날 한국인들이 어떤 정치적 견해를 갖고 있는지를 살펴보기 위한 자료로 연구 목적 이외에는 사용되지 않을 것입니다. 특별히 정답이 있는 것이 아니므로 평소 생각하시는 대로 응답해 주시면 됩니다. 설문지와 관련한 문의사항이 있으신 분은 아래의 담당자에게 연락 주시기 바랍니다.
> 지앤컴리서치 (Tel. 02-322-0720)

SQ1. 귀하의 성별은 어떻게 됩니까?
  1) 남자   2) 여자

SQ2. 귀하의 나이는 만으로 몇 세입니까? 만 _____ 세 → 만 19세 이상-연령 제한 없음
  1) 19세-29세   2) 30세-39세   3) 40세-49세
  4) 50세-59세   5) 60세 이상

SQ3. 귀하의 거주지는 어디입니까? (하나만)
  1) 서울 2) 부산 3) 대구 4) 인천 5) 광주 6) 대전 7) 울산 8) 경기 9) 강원
  10) 충북 11) 충남(세종) 12) 전북 13) 전남 14) 경북 15) 경남 16) 제주

SQ4. 귀하의 종교는 무엇입니까? (단수) → 보기 2번 기독교(개신교/성공회 포함)만 조사 대상임.

  1) 불교   2) 기독교(개신교/성공회 포함)   3) 천주교
  4) 기타 종교   5) 종교 없음

SQ5. 귀하의 정치적 또는 이념적 성향은 무엇이라 생각하십니까? 아래 표를 보시고 귀하의 정치적 성향을 0점부터 10점 사이에서 선택해 주세요. 중도인 5점에서 왼쪽으로 갈수록 진보 성향이 강한 것이고, 오른쪽으로 갈수록 보수 성향이 강한 것입니다. (단수) → 보기 7점 이상만 조사 대상임.

진보	←				중도				→	보수
0	1	2	3	4	5	6	7	8	9	10

I. 정치에 대한 관심 및 의식

문 1) 귀하께서는 현재의 정치적 성향이 보수 쪽이라고 하셨는데 처음부터 계속 보수였습니까? 아니면 정치적 성향이 바뀌었습니까? (단수)

  1) 처음부터 계속 보수였다.
  2) 전에는 보수가 아니었는데 바뀌어서 보수가 되었다.

문 2) (문 1에서 1번 응답자에게) 그러면 보수 성향 정도의 변화가 있었습니까? (단수)

  1) 처음보다 더 보수적이 되었다.
  2) 처음보다 덜 보수적이 되었다.
  3) 처음과 변화 없다.

문 3) (문 1에서 2번 응답자에게) 현재의 보수적 정치 성향을 갖기 바로 전에는 어떤 성향이었습니까? (단수)

  1) 진보적 성향   2) 중도적 성향

문 4) 현재의 보수적 성향을 갖게 된 계기는 무엇입니까? (단수)

  1) 문재인 대통령 집권   2) 박근혜 대통령 탄핵   3) 노무현 대통령 집권 및 탄핵
  4) 박정희 대통령 업적   5) 이승만 대통령 업적   6) 기타 _____

문 5) 현재의 보수적 성향을 갖게 된 데는 누구의 영향이 있었습니까? 해당하는 것에 모두 응답해 주세요. (복수 가능)

1) 누구로부터도 영향받지 않았다.

2) 부모님의 영향

3) 친구의 영향

4) 교회 지인/목사님 영향

5) 언론의 영향

6) 전광훈 목사 영향

7) 보수 성향의 유튜브 영향

8) 기타 _____

문 6) 귀하께서는 정치에 관한 소식/뉴스/정보를 주로 어디서 얻으십니까? 다음 중에서 가장 중요한 한 것 하나만 말씀해 주십시오. (단수)

1) 신문(인터넷 신문 포함)

2) 인터넷 포털/SNS(블로그, 페이스북, 인스타그램 등)

3) 방송 뉴스

4) 유튜브

5) 주위 사람/카카오톡

6) 기타 _____

문 7-1) (문 6에서 1번 응답자) 귀하가 정치 관련 소식/뉴스/정보를 신문에서 얻는다고 하셨는데요, 그러면 정치 관련 소식/정보에 관해 가장 신뢰하는 신문(인터넷 신문 포함)은 무엇입니까? (단수)

1) 조선일보	2) 동아일보	3) 중앙일보	4) 한겨레신문
5) 경향신문	6) 한국일보	7) 국민일보	8) 문화일보
9) 매일경제	10) 한국경제	11) 기타 _____	

문 7-2) (문 6에서 3번 응답자) 귀하가 정치 관련 소식/뉴스/정보를 방송에서 얻는다고 하셨는데요, 그러면 정치 관련해 얻는 소식/정보에 관해 가장 신뢰하는 방송은 무엇입니까? (단수)

1) KBS	2) MBC	3) SBS
4) JTBC	5) TV조선	6) 채널A
7) YTN	8) 연합뉴스 TV	9) 기타 _____

문 7-3) (문 6에서 4번 응답자) 귀하가 정치 관련 소식/뉴스/정보를 방송 유튜브에서 얻는다고 하셨는데요, 그러면 정치 관련해 얻는 소식/정보에 관해 가장 신뢰하는 유튜브 채널은 무엇입니까? 신뢰하는 순서로 2개만 응답해 주세요.

(2개 순위 필수 응답) 1위 _____ 2위 _____

1) 신의한수 2) 정귀재TV 3) 가로세로연구소
4) 조갑제TV 5) 진성호방송 6) 펜앤드마이크
7) 황장수의 뉴스브리핑 8) 뻑가 9) 공병우TV
10) 고성국TV 11) 김태우TV 12) 배승희변호사
13) 성제준TV 14) 기타 _____

문 7-4) (문 6에서 5번 응답자) 귀하는 정치 관련 소식/뉴스/정보를 주위 사람 혹은 주위 사람이 보내 주는 카카오톡에서 얻는다고 하셨는데요, 그러면 정치에 관한 소식/뉴스/정보를 가장 많이 주고받는 분은 누구입니까? (단수)

1) 사회/직장/동네 친구, 동료 및 선후배와 지인
2) 같은 교회 교인
3) 학교 동창/선후배
4) 가족/친척
5) 기타 _____

문 8) 귀하의 이익과 귀하가 속한 집단의 이익이 상충되었을 때 귀하께서는 어떻게 하시겠습니까? (단수)

1) 집단에 다소 손해가 있더라도 나의 이익을 추구한다.
2) 집단에 손해가 가지 않는 범위 안에서 나의 이익을 추구한다.
3) 나에게 손해가 가지 않는 범위 안에서 집단의 이익을 추구한다.
4) 나에게 다소 손해가 있더라도 집단의 이익을 추구한다.
5) 잘 모르겠다.

문 9) 귀하께서는 우리 사회에서 개인이 자기의 양심과 생각을 자유롭게 추구할 수 있도록 개인의 자유를 보장해 줘야 한다고 생각하십니까 아니면 국가가 공익을 이유로 개인의 자유를 제한할 수 있다고 보십니까? 아래 표에서 중간을 중심으로 왼쪽으로 갈수록 개인의 자유를 더 보장해 주어야 한다는 것이고 오른쪽으로 갈수록 국가가 개인의 자유를 제한해야 한다는 것을 의미합니다. (단수)

	매우	어느 정도	약간	중간	약간	어느 정도	매우	
개인의 자유를 보장해야 한다.	1	2	3	4	5	6	7	국가가 개인의 자유를 제한할 수 있다.

문 10) 이번에는 기업이 시장에서 기업 이윤을 추구하기 위하여 자유로운 활동을 보장해 줘야 한다고 생각하십니까 아니면 국가가 국민의 이익을 이유로 기업/시장의 자유를 제한할 수 있다고 보십니까? 아래 표에서 중간을 중심으로 왼쪽으로 갈수록 기업/시장의 자유를 더 보장해 주어야 한다는 것이고 오른쪽으로 갈수록 국가가 기업/시장의 자유를 제한해야 한다는 것을 의미합니다. (단수)

	매우	어느 정도	약간	중간	약간	어느 정도	매우	
기업/시장의 자유를 보장해야 한다.	1	2	3	4	5	6	7	국가가 기업/시장의 자유를 제한해야 한다.

II. 현 상황 인식

문 11) 현재 우리 사회의 흐름에 대해 어떻게 생각하십니까? (단수)
1) 아주 바람직한 방향으로 가고 있다.
2) 바람직한 방향으로 가고 있는 편이다.
3) 잘못된 방향으로 가고 있는 편이다.
4) 매우 잘못된 방향으로 가고 있다.
5) 잘 모르겠다.

문 12) 현재 우리 나라에 대해 다음과 같은 주장이 있습니다. 귀하께서는 어떻게 생각하십니까? (단수)

	전혀 동의 하지 않는다	대체로 동의 하지 않는다	약간 동의 하지 않는 편이다	약간 동의 하는 편이다	대체로 동의 하는 편이다	전적으로 동의한다	잘 모르겠다
1) 우리나라는 사회주의가 되고 있다.	1	2	3	4	5	6	7
2) 현 정부는 친북좌파가 주도하고 있다.	1	2	3	4	5	6	7
3) 북한 정권은 무너뜨려야 한다.	1	2	3	4	5	6	7
4) 우리나라는 자유민주주의가 무너지고 있다.	1	2	3	4	5	6	7

문 13) 귀하께서는 아래 정책에 대해 얼마나 찬성 혹은 반대하십니까? (단수)

	전적으로 반대한다	대체로 반대한다	약간 반대하는 편이다	약간 찬성하는 편이다	대체로 찬성하는 편이다	전적으로 찬성한다	잘 모르겠다
1) 대북평화교류 정책	1	2	3	4	5	6	7
2) 한미동맹 우선정책	1	2	3	4	5	6	7
3) 중국관계 우선정책	1	2	3	4	5	6	7
4) 동성애 차별을 금지하는 차별금지법	1	2	3	4	5	6	7
5) 여성의 권리를 향상시키는 양성평등정책	1	2	3	4	5	6	7

6) 국가가 전 국민에게 일정 금액을 지급하는 국민기본소득	1	2	3	4	5	6	7
7) 종합부동산세 등 부자에게 세금을 많이 부과하는 정책	1	2	3	4	5	6	7
8) 법인세 등 기업에게 세금을 많이 부과하는 정책	1	2	3	4	5	6	7

문 14) 귀하께서는 다음 대통령에 대해 어떻게 생각하십니까? 각각의 대통령을 좋아하는 마음을 1점부터 100점까지 점수로 응답해 주세요. 점수가 낮을수록 좋아하지 않는 것이고 점수가 높을수록 좋아하는 것입니다.

1) 이승만 대통령 (　　)점

2) 박정희 대통령 (　　)점

3) 전두환 대통령 (　　)점

4) 김대중 대통령 (　　)점

5) 노무현 대통령 (　　)점

6) 이명박 대통령 (　　)점

7) 박근혜 대통령 (　　)점

문 15) 박근혜 전 대통령 탄핵에 대해 어떻게 생각하십니까? (단수)

1) 탄핵은 정당하다.

2) 탄핵은 부당하다.

3) 잘 모르겠다.

문 16) (문 15에서 2번 응답자) 왜 탄핵이 부당하다고 생각하십니까? (단수)

1) 일부 잘못은 했지만 탄핵될 정도는 아니다.

2) 잘못이 없었으므로 탄핵은 부당하다.

III. 태극기 집회

문 17)   귀하께서는 그동안 한 번이라도 태극기 집회에 참가하신 적이 있습니까? (단수)

　　　　1) 있다　　　　　　　　　　　2) 없다

문 18)   (문 17에서 1번 응답자) 귀하께서 태극기 집회에 참가하신 가장 중요한 이유는 무엇입니까? (단수)

　　　　1) 나라가 좌경화되는 것을 막기 위해서

　　　　2) 현 정부가 서민을 어렵게 하는 정책을 펴서

　　　　3) 현 정부가 부정부패를 저질러서

　　　　4) 현 정부가 기독교를 탄압해서

　　　　5) 박근혜 전 대통령 탄핵이 부당해서

　　　　6) 기타 _____

문 19)   (문 17에서 2번 응답자) 귀하께서는 태극기 집회에 참가하고 싶다는 생각을 하신 적이 있습니까? (단수)

　　　　1) 있다　　　　　　　　　　　2) 없다

문 20)   (문 19에서 1번 응답자) 태극기 집회에 참가하고 싶은 마음이 있었는데 왜 참가하지 않으셨습니까? (단수)

　　　　1) 교통편이 불편해서/내가 사는 지역에 태극기 집회가 없어서

　　　　2) 몸이 불편해서

　　　　3) 혼자 가기 쑥스러워서

　　　　4) 무서워서

　　　　5) 너무 언행이 과격해서

　　　　6) 시간이 없어서

　　　　7) 주변 눈치가 보여서

　　　　8) 가족/주변에서 반대해서

　　　　9) 기타 _____

문 21)   (문 19에서 2번 응답자) 태극기 집회에 참가할 마음이 없다고 하셨는데 그 이유는 무엇입니까? (단수)

　　　　1) 태극기 집회의 주장이 마음에 안 들어서

2) 그리스도인은 정치에 관여하면 안 돼서

3) 원래 정치적 집회는 멀리하므로

4) 태극기 집회 주최/주도 세력이 마음에 안 들어서

5) 기타 _____

문 22)   (문 17에서 1번 응답자) 귀하께서는 태극기 집회에 참가하신 적이 있다고 하셨습니다. 그러면 태극기 집회에 몇 번이나 참가하셨습니까? _____ 번 → 태극기 집회 참가한 적 없으면 문 28)로 가시오

문 23)   (문 22에서 1회 이상 참가자) 태극기 집회는 주최 측이 여러 곳입니다. 귀하께서는 전광훈 목사가 주최하는 태극기 집회에 몇 번이나 참가하셨습니까? _____ 번

문 24)   (문 23에서 1회 이상 참가자) 귀하께서 전광훈 목사가 주도하는 태극기 집회에 참가하신 가장 중요한 이유는 무엇입니까? (단수)

1) 목사가 주최해서

2) 지리적으로 접근하기 좋아서

3) 전광훈 목사의 주장이 가장 타당해서

4) 아는 사람이 가자고 해서

5) 가장 많이 알려져서

6) 그리스도인이 많이 참석해서

7) 기타 _____

문 25)   (문 22에서 1회 이상 참석자) 귀하의 정치적 신념이 태극기 집회에 참가하면서 어떤 영향을 받았습니까 아니면 영향을 받지 않았습니까? (단수)

1) 나의 보수적 성향이 더 강화되었다.

2) 나의 보수적 성향에 변화가 없었다.

3) 나의 보수적 성향이 더 약화되었다.

문 26)   (문 22에서 1회 이상 참석자) 귀하께서 태극기 집회에 참가하신 것은 누구의 권유가 있었습니까? 권유하신 분을 모두 응답해 주세요. (복수 가능)

1) 가족/친척   2) 학교 동창/선후배

3) 사회/모임/동네 친구/선후배와 지인   4) 같은 교회 교인/목사님

5) 다른 교회 교인/목사님   6) 직장 동료

7) 기타 _____   8) 내게 권유한 사람은 없고 스스로 갔다

문 27)   (문 22에서 1회 이상 참가자) 귀하께서는 태극기 집회에 가자는 것을 누구에게 권유하셨습니까? 귀하께서 권유하신 분을 모두 응답해 주세요. (복수 가능)

1) 가족/친척
2) 학교 동창/선후배
3) 사회/모임/동네 친구/선후배와 지인
4) 같은 교회 교인/목사님
5) 다른 교회 교인/목사님
6) 직장 동료
7) 기타 _____
8) 내가 권유한 사람 없다.

문 28)   (전체에게) 귀하께서는 태극기 집회에 대해 어떻게 평가하시겠습니까? (단수)

1) 사회를 어지럽히므로 필요 없다.
2) 사회를 위해 필요하기는 하지만 과격한 언동은 삼가야 한다.
3) 다소의 과격한 언동이 있어도 꼭 필요하다.
4) 태극기 집회에서 타당한 주장만 하므로 꼭 필요하다.

문 29)   귀하께서는 앞으로 코로나19가 종식된 후에 태극기 집회가 열린다면 어떻게 하시겠습니까? (단수)

1) 전혀 참가할 마음이 없다.
2) 별로 참가할 마음이 없다.
3) 약간 참가할 마음이 있다.
4) 꼭 참석할 마음이 있다.
5) 잘 모르겠다.

문 30)   귀하는 태극기 집회에서 전광훈 목사의 언행에 대해 어떻게 생각하십니까? (단수)

1) 한국 사회가 좌경화되는 것을 저지하는 것이기에 적극 지지한다.
2) 일부 언행은 다소 지나치나 그의 주장들은 동의한다.
3) 극단적 언행을 하고 있어서 실망했다.
4) 주장에 대해 동의하지 않는다.
5) 잘 모르겠다.

문 31)   태극기 집회를 목사와 기독교에서 주최하는 것에 대해 어떻게 생각하십니까? (단수)

1) 공산주의는 기독교와 공존할 수 없으므로 목사와 기독교가 주도하는 것은 찬성하다.
2) 정치 중립을 지켜야 할 목사와 기독교가 정치 집회를 주도하는 것은 반대한다.
3) 무어라 말할 수 없다.

문 32) (문 22에서 1회 이상 참가자)
귀하께서 태극기 집회에 참가하신 것과 그리스도인인 것은 무슨 관계가 있습니까? (단수)
1) 그리스도인이 해야 할 일이라고 생각하여 참가했다.
2) 나의 종교와 상관없이 국민의 한 사람으로 참가했다.

문 33) 귀하께서는 전반적인 것을 고려했을 때 태극기 집회에 대해 어떻게 생각하십니까?

전혀 만족스럽지 않다	대체로 만족스럽지 않다	약간 만족스럽지 않은 편이다	약간 만족스러운 편이다	대체로 만족스러운 편이다	전적으로 만족스럽다	잘 모르겠다
1	2	3	4	5	6	7

문 34) 태극기 집회에서 만족스럽지 않은 점이 있다면 어떤 것입니까? 가장 만족스럽지 않은 것부터 순서대로 두 가지를 응답해 주세요. (2순위 필수 응답) 1위 _____ 2위 _____
1) 태극기 집회의 주장에 동의하지 않는다.
2) 대중적인 집회 자체가 싫다.
3) 연사들의 발언이 가짜 뉴스가 많다.
4) 전광훈 목사의 발언이 하나님께 불경스럽다.
5) 전광훈 목사 등 연사의 발언이 너무 과격하다.
6) 일부 참가자들의 언행이 마음에 안 든다.
7) 지나가는 행인 등에게 무례하다.
8) 기타 _____

문 35) (전체에게) 태극기 집회에 긍정적인 부분이 있다면 어떤 것입니까? 가장 긍정적인 것부터 순서대로 두 가지를 응답해 주세요. (2순위 필수 응답) 1위 _____ 2위 _____
1) 현 정부에 경고할 수 있다.
2) 나와 같은 애국 시민들을 만날 수 있어서 힘이 난다.
3) 내 힘으로 좌파로부터 나라를 구하는 운동에 참여한다는 자부심이 있다.
4) 언론은 진실은 말하지 않는데 태극기 집회에 나가면 진실을 알 수 있다.
5) 야당도 정부 비판을 잘 못하는데 태극기 집회에서 비판을 마음껏 해서 속이 시원하다.
6) 기타 _____

문 36) 지난 8월 15일 태극기 집회가 광화문에서 열렸습니다. 귀하께서는 8월 15일 태극기 집회가 꼭 필요했다고 생각하십니까? (단수)
1) 정부의 잘못을 지적하기 위해 필요했다.
2) 코로나19 감염 위험을 감안하여 자제했어야 했다.
3) 잘 모르겠다.

문 37) 지난 8월 15일 태극기 집회 이후 전국적으로 코로나19 확진자가 많이 발생했습니다. 이에 대해 어떻게 생각하십니까? (단수)
1) 집회 주최 측이 코로나19 감염을 고려하지 않아 확진자가 많이 발생했다.
2) 정부가 보수 인사만 집중적으로 코로나19 검사를 해서 확진자가 많이 부풀려졌다.
3) 정부가 통계를 조작했다.
4) 정부의 방역 실패로 확진자가 발생한 것이지 코로나19와 태극기 집회는 상관없다.

IV. 신앙관

문 38) 귀하께서는 성경에 대한 아래 설명에 대해 어떻게 생각하십니까?

	전혀 그렇지 않다	그렇지 않은 편이다	그런 편이다	매우 그렇다	잘 모르겠다
나는 성경을 기록된 문자대로 믿는다	1	2	3	4	5

문 39) 귀하께서는 종교에 대한 아래 설명에 대해 어떻게 생각하십니까?

	전혀 그렇지 않다	그렇지 않은 편이다	그런 편이다	매우 그렇다	잘 모르겠다
기독교 외의 다른 종교나 가르침에도 구원이 있다	1	2	3	4	5

V. 극우파 인식

문 40) 정치적 이념으로 보수 가운데 극우파가 있습니다. 귀하께서는 극우파는 어떤 사람이라고 생각하십니까? 아래 보기에서 극우파의 자격으로 가장 중요한 것부터 두 가지를 응답해 주세요. (2순위 필수 응답) 1위 _____ 2위 _____

1) 극우파는 언행이 과격한 사람이다.
2) 극우파는 말이 안 통하는 사람이다.
3) 극우파는 북한과는 협상이나 타협은 안 된다고 생각하는 사람이다.
4) 극우파는 친북좌파는 몰아내야 한다고 생각하는 사람이다.
5) 극우파는 자유민주주의를 지키기 위해 언제든 행동하는 사람이다.
6) 극우파는 산업화 세력을 옹호하는 사람이다.
7) 극우파는 한미동맹을 우선적으로 생각하는 사람이다.
8) 극우파는 노조를 배격하는 사람이다.

문 41) 귀하께서는 극우파에 대해 어떻게 생각하십니까? (단수)

1) 극우파야말로 나라를 진정으로 사랑하는 사람이다.
2) 극우파는 일부 과격한 점이 있지만 나라를 위해 필요하다.
3) 극우파는 극단적이라 우리 사회에서 배척해야 한다.
4) 극우파는 일부이므로 그냥 상대하지 말고 놔두면 된다.

문 42) 귀하께서는 스스로를 어떻게 생각하십니까? (단수)

1) 나는 극우파와 생각이 거의 비슷하므로 극우파라고 생각한다.
2) 나는 극우파와 생각이 다른 부분도 있지만 극우파라고 할 수 있다.
3) 나는 극우파와 생각이 일부 같지만 극우파라고 하기는 어렵다.
4) 나는 극우파와 생각이 전혀 다르므로 극우파가 아니다.

이제 통계 분석을 위한 질문을 드리겠습니다

DQ 1) 귀하는 결혼(사실혼 포함)을 하셨습니까? (단수)

1) 예   2) 아니오   3) 기타(이혼,사별 등)

DQ 2) 귀하의 직업은 무엇입니까? (단수)

1) 농업/임업/어업
2) 자영업(종업원 9인 이하의 소규모 장사 및 가족 종사자, 목공소 주인, 개인택시 운전사 등)
3) 판매/서비스직(상점 점원, 세일즈맨 등)
4) 기능/숙련공(운전사, 선반, 목공 등 숙련공)
5) 일반 작업직(토목 관계의 현장 작업, 청소, 수위 등)
6) 사무/기술직(일반 회사 사무직, 기술직, 초·중 교사, 항해사 등)
7) 경영/관리직(5급 이상의 고급공무원, 기업체 부장 이상의 위치, 교장)
8) 전문/자유직(대학교수, 의사, 변호사, 예술가, 종교인 등)
9) 전업주부(주로 가사에만 종사하는 자)
10) 학생
11) 무직
12) 기타 _____

DQ 3) 귀하의 학력은 어떻게 되십니까? (단수)

1) 중학교 졸업 이하   2) 고등학교 졸업   3) 대학교 재학/졸업 이상

DQ 4) 실례지만 귀댁의 경제 수준은 어느 정도라고 생각하십니까? (단수)

1) 하   2) 중하   3) 중   4) 중상   5) 상

DQ 5) 귀하의 출생지는 어디입니까? (단수)

1) 서울	2) 부산	3) 대구
4) 인천	5) 광주	6) 대전
7) 울산	8) 경기	9) 강원
10) 충북	11) 충남(세종)	12) 전북
13) 전남	14) 경북	15) 경남
16) 제주	17) 해외	

DQ 6-1) 귀하의 아버지의 출생지는 어디입니까? (단수)

1) 서울	2) 부산	3) 대구
4) 인천	5) 광주	6) 대전

7) 울산	8) 경기	9) 강원
10) 충북	11) 충남(세종)	12) 전북
13) 전남	14) 경북	15) 경남
16) 제주	17) 해외	

DQ 6-2) 귀하의 어머니의 출생지는 어디입니까? (단수)

1) 서울	2) 부산	3) 대구
4) 인천	5) 광주	6) 대전
7) 울산	8) 경기	9) 강원
10) 충북	11) 충남(세종)	12) 전북
13) 전남	14) 경북	15) 경남
16) 제주	17) 해외	

DQ 7-1) 귀하의 아버지의 이념 성향은 무엇입니까? (단수)

1) 매우 진보적이다.
2) 진보적인 편이다.
3) 보수도 진보도 아니다.
4) 보수적인 편이다.
5) 매우 보수적이다.
6) 모르겠다.

DQ 7-2) 귀하의 어머니의 이념 성향은 무엇입니까? (단수)

1) 매우 진보적이다.
2) 진보적인 편이다.
3) 보수도 진보도 아니다.
4) 보수적인 편이다.
5) 매우 보수적이다.
6) 모르겠다.

DQ 8) 신앙생활을 하신 지 얼마나 되셨습니까? _____ 년
P) 본인의 연령과 같거나 작은 숫자만 가능

DQ 9) 귀하께서는 주일 예배를 얼마나 자주 드리십니까? (현장 예배, 온라인 예배, 가정 예배 모두 포함) (단수)

1) 매주 예배드린다.
2) 한 달에 2-3회 드린다.
3) 한 달에 1회 드린다.
4) 한 달에 1회 미만 드린다.
5) 교회 안 나감.

DQ 10) 귀하께서는 교회 내에서 어떤 직분을 가지고 계신지요? (단수)

1) 목사   2) 전도사/강도사   3) 장로   4) 여자 권사
5) 안수집사/남자 권사   6) 서리 집사/권찰   7) 직분 없음

DQ 11) 현재 출석하고 계신 교회의 성도 수는 대략 몇 명이나 되나요? (단수)

1) 30명 미만   2) 30-49명   3) 50-99명   4) 100-299명
5) 300-499명   6) 500-999명   7) 1,000-2,999명   8) 3,000명 이상

DQ 12) 다음 항목은 신앙의 정도를 나타내는 단계의 설명입니다. 귀하의 신앙은 다음 단계 중 어디에 속한다고 생각하십니까? 솔직하게 응답해 주십시오. (단수)

	1단계	2단계	3단계	4단계
	나는 하나님을 믿지만, 그리스도에 대해서는 잘 모르겠다. 내 종교는 아직까지 삶에서 큰 비중을 차지하지 않는다.	나는 예수님을 믿으며, 그분을 알기 위해 여러 가지 일을 하고 있다.	나는 그리스도와 가까이 있으며, 매일 그분의 인도하심에 의지한다.	하나님은 내 삶의 전부이며, 나는 그분으로 충분하다. 나의 모든 일은 그리스도를 드러낸다.
신앙 정도	1	2	3	4

설문에 참여하여 주셔서 대단히 감사드립니다.

한국교회탐구센터

한국 교회, 특히 개신교는 지난 120년 동안 초기의 민족적 수난과 열악한 상황 속에서 민족과 함께 고난받으며 괄목할 성장을 거듭했습니다. 그러나 오늘날 한국 교회는 사회에 희망을 주지 못한 채 오히려 비난을 받으며 쇠락의 모습을 보이고 있습니다. 그동안 한국 교회의 변화와 갱신, 개혁을 위한 제안들이 많았습니다. 그러나 단순히 아름다운 과거로 돌아가거나 새로운 프로그램을 도입하는 것으로는 해결되지 않는 보다 근본적인 대수술이 필요합니다. 이를 위해서는 무엇보다 한국 교회가 자신을 객관적으로 살피고 성찰함으로써 밑바닥에서부터 일어나는 뼈저린 회심과 새로운 비전이 중요합니다.

한국교회탐구센터(The Research Center for the Korean Churches)는 이러한 노력의 일환으로 시작된 작은 몸짓으로서, '하나님나라를 위한 교회, 한국 교회를 위한 탐구'를 모토로 2011년에 설립되었습니다. 우리가 습관적으로 답습해 왔지만 성서적·신학적·역사적 기반은 모호한 한국 교회의 관행과 면모들을 하나하나 밝혀 갈 것입니다. 신학교에서도 교회에서도 제대로 다루지 않았던, 그리고 세상 속에서 하나님 나라를 위해 거룩한 제사장으로 부름받은 성도들의 삶 속에서도 구현되지 못했던 과제들을 진지하게 탐구할 것입니다. 한국교회탐구센터는 한국 교회의 참된 회복을 위해 우리의 신앙 공동체에 대한 비판적인 분석과 선지자적 연민을 함께 일깨울 것입니다.

구체적으로 매년 '교회탐구포럼'을 개최함은 물론 연구 활동 및 자료 발간 등을 위해 힘쓸 것입니다. 그동안 "한국 교회와 직분자: 직분제도와 역할"(2011년), "한국 교회와 여성"(2012년), "급변하는 직업 세계와 직장 속의 그리스도인"(2013년), "교회의 성(性), 잠금 해제?"(2014년), "한국 교회 큐티 운동 다시 보기"(2015년), "한국 교회와 제자훈련"(2016년), "종교개혁과 평신도의 재발견"(2017년), "페미니즘 시대의 그리스도인"(2018년), "혐오의 시대를 사는 그리스도인"(2019년), "태극기를 흔드는 그리스도인"(2020) 등의 주제로 포럼을 개최했습니다.

한국교회탐구센터
주소 _ 04031 서울 마포구 동교로 156-10
전화 _ 070-8275-6314
팩스 _ 02-333-7361
홈페이지 _ http://www.tamgoo.kr

태극기를 흔드는 그리스도인

초판 발행_ 2021년 5월 6일

편집위원장_ 송인규
지은이_ 정재영·최경환·송인규·배덕만·김지방·김현준
펴낸이_ 정모세

펴낸곳_ 한국기독학생회출판부
등록번호_ 제313-2001-198호(1978.6.1)
주소_ 04031 서울시 마포구 동교로 156-10
대표 전화_ (02)337-2257 팩스_ (02)337-2258
영업 전화_ (02)338-2282 팩스_ 080-915-1515
홈페이지_ http://www.ivp.co.kr
이메일_ ivp@ivp.co.kr

ISBN 978-89-328-1827-6 (94230)
ISBN 978-89-328-1636-4 (세트)

ⓒ 한국기독학생회출판부 2021

책값은 뒤표지에 있습니다.
무단 전재와 복제를 금합니다.